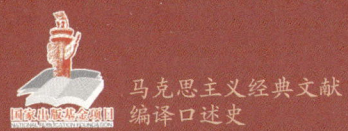

马克思主义经典文献
编译口述史

播撒火种的伟大先驱

本卷主编：张甲秀　方闻昊

中央编译出版社

矗立于中央编译局院内的马克思恩格斯铜像（吴为山塑）

全书顾问： 韦建桦　顾锦屏

总　　编： 魏海生

副 总 编： 徐　洋　刘　强　路　军

编　　委：（按姓名拼音排序）

方闻昊　冯　雷　龚格格　李春阳　李　平

李媛媛　刘中文　柳　宁　平建东　寿自强

郗卫东　杨大群　苑　洁　曾银慧　詹　珩

张甲秀　张文成　张远航　张忠耀

本卷主编： 张甲秀　方闻昊

总序
向"播火者"致敬

魏海生

在人类发展的历史长河中,有一种理论犹如壮丽的日出,照亮了人类探索历史规律和寻求自身解放的道路,为人们认识世界、改造世界提供了强大思想武器和精神力量,对世界产生了广泛而深刻的影响。它就是以全世界无产阶级和劳动人民的革命导师、近代以来最伟大的思想家马克思的名字命名的科学理论——马克思主义。

马克思主义自创立以来,跨越国度、跨越时代,在世界范围内得到广泛传播,以其强大的实践指导力、深邃的理论穿透力、巨大的精神感召力,不仅深刻改变了世界,也深刻改变了中国。中华民族有着5000多年源远流长的文明历史,为人类文明进步作出了不可磨灭的贡献。然而进入近代以后,西方列强入侵,封建统治腐败,中国逐渐成为半殖民地半封建社会,中国人民饱受战乱,生灵涂炭,中华民族遭受前所未有的劫难。为了改变这种内忧外患的悲惨境遇和命运,许许多多爱国先驱前赴后继,不懈探索。

魏海生为第十三、十四届全国政协委员,中央编译局原副局长,中央党史和文献研究院原副院长。

太平天国运动、戊戌变法、义和团运动、辛亥革命……一场场气壮山河的抗争接连而起；资本主义、改良主义、自由主义、社会达尔文主义、无政府主义、实用主义、民粹主义、工团主义……各种主义和思潮"你方唱罢我登场"。但最后都以失败而告终，没能解决中国的道路和命运问题。中国依然山河破碎、积贫积弱，中华民族依然被压迫、被奴役，中国人民依然生活在苦难和屈辱之中。中国迫切需要新的思想引领救亡运动，迫切需要新的组织凝聚革命力量。

"十月革命一声炮响，给中国送来了马克思列宁主义"，引导苦苦探索救亡图存之路的中国人民实现了伟大觉醒，走出了漫漫长夜，找到了前进方向。李大钊、陈独秀、毛泽东、邓中夏、蔡和森、李达、李汉俊等一批先进知识分子纷纷高擎马克思主义真理的火种，点亮神州大地。正是在马克思主义传播的历史大潮中，一个宣示以马克思主义为指导思想的政党——中国共产党应运而生。从此以后，马克思主义的命运同中国共产党的命运、中国人民的命运、中华民族的命运紧紧连在了一起，中国共产党人成为了马克思主义的忠诚信奉者、积极传播者、坚定实践者。

今天，中国共产党已走过了100多年的光辉历程。一部中国共产党的历史，就是一部不断推进马克思主义中国化的历史。马克思主义的中国化，首先是马克思主义文本的中国化，即将马克思主义的载体——马克思主义经典著作在中国编译、出版和传播。无论在战争年代还是在和平环境，无论在革命时期还是在建设、改革时期和新时代，我们党都始终高度重视马克思主义经典著作的编译、出版和传播工作。1921年9月,中国共产党成立仅仅两个月后,党中央就在上海成立了我党第一个出版机构——人民出版社,负责人是党的一大代表李达。李达拟订了丰富的出版计划,包括"马克思全书"15种,"列宁全书"14种,等等;1923年11月,党中央组建了上海书店,毛泽民担任经理,组织翻译出版了一批重要的马克思主义经典著作,1926年被查封;同年底,党中央在汉口建立了长江书店,在瞿秋白领导下,不到一年的时间就出版马克思主义书籍40多种,1927年遭查封;大革命失败后,白色恐怖笼罩中华大地,中国共产党人冒着被关押、被杀头的危险,秘密创办了华兴书局、上海神州国光社、北方人民出版社等,翻译出版了大量马克思主义经典著作;中央红军长征到达陕北后,为提高全党的理论水平,党中央于1938年5月5日,即马克思诞辰120周年纪念日当天成立了马克思列宁主义学院(简称马列学院),马列学院下设干部培训部和编译部,编译部专门负责编译马列主义著作,张闻天担任马列学院院长兼编译部主任,这是中国共产党历史上第一个专门编译马列主义经典著作的机构,也被看作是后来的中共中央马恩列斯著作编译局的前身。编译部汇集了一批精通外语、又有一定理论水平的同志,先后编译出版了《马克思恩格斯丛书》10册、《列宁选集》20卷以及其他马克思主义著作,对提高全党马列主义理论水平起了极其重要的作用。毛泽东同志热情称赞这些从事马列著作翻译工作的同志:"如果没有翻译工作者的努力,中国哪晓得什么是马列主义?","没有你们的工作,我们就是聋子瞎子",他鼓励翻译工作者"学个唐三藏及鲁迅,实是功德无量的";1943年5月,毛泽东同志主持中央书记处会议,作出关于翻译工作的决定,强调马列主义经典著作的翻译工作"是党的重要任务之一",决定由何凯丰、博古(秦邦宪)、洛甫(张闻天)、杨尚昆、师哲等同志组成翻译校阅委员会,并开始重新校阅马恩列斯著作的中译本,以提高译文质量;1948年,中央宣传部在河北平山县设立斯大林全集翻译组(1949年初改设为斯大林全集翻译室);1949年2月,党中央重新编审一套"干部必读"书目,包括《共产党宣言》等12种重要马克思主义著作,由毛泽东亲自审批推荐给党的七届二中全会,成为广大干部学习马列主义理论的必备书,为有效提高全党的理论水平起了十分重要的作用;1949年5月,中共中央作出《关于成立外文翻译机构的决定》,6月,中央俄文编译局正式成立,师哲任局长。新中国成立后,马克思主义经典著作编译工作更加有组织、有计划地大规模展开。1953年1月29日,毛泽东主席亲自批准了关于成立中共中央马恩列斯著作编译局的决定。决定指出:"中央决定将中央俄文编译局与中央宣传部斯大林全集翻译室合并,并以此二单位为基础成立马恩列斯著作编译局,其任务是有系统地有计划地翻译马克思、恩格斯、列宁、斯大林的全部著作。"中央编译局的成立,是马克思主义百年传播史上的大事,标志着马克思主义经典著作编译工作进入了一个崭新的阶段。根据党中央的要求，中央编译局全面实施三大全集编译工程，取得丰硕成果；改革开放以来，马克思主义经典著作编译工作开创了新的局面，特别是党中央组织实施马克思主义理论研究和建设工程，有力推动了马克思主义经典著作的编译、出版和传播；党的十八大以来，以习近平同志为核心的党中央立足强国建设、民族复兴伟业，高度重视理论强党，推动马克思主义经典著作编译事业进入新时代，取得新辉煌。习近平总书记多次围绕马克思主义理论主持中央政治局集体学习，要求"加大经典著作编译力度，坚持既出成果又出人才，培养一支新时代马克思主义经典著作编译骨干队伍。要深化经典著作研究阐释，推进经典著作宣传普及，让理论为亿万人民所了解所接受，画出最大的思想同心圆"。

在党中央的坚强领导下，经过几代马克思主义经典著作翻译家的不懈努力，我国先后编译出版了《马克思恩格斯全集》中文第一版、第二版（至今已出版36卷），《列宁全集》中文第一版、第二版、第二版增订版，《斯大林全集》，《马克思恩格斯选集》《列宁选集》《斯大林选集》《马克思恩格斯文集》《列宁专题文集》《马列主义经典作家文库》以及大量的马克思主义经典著作单行本和专题汇编，已成为世界上翻译出版马克思主义经典著作最多、最全的国家，逐步形成了种类齐全、形式多样、系统完整、准确可靠的马克思主义经典著作版本体系，建立起全球最大的马克思主义理论宝库，为马克思主义中国化时代化提供了源源不竭的思想理论资源，充分彰显了中国共产党人对马克思主义科学真理的坚定信仰。

回首马克思主义在中国传播的百年历程，从第一本《共产党宣言》中文版的艰难问世到今天马克思主义经典著作的大规模编译出版，我们永远不会忘记那些追求真理、坚守信仰、呕心沥血、无私奉献，用汗水、鲜血乃至生命翻译和传播马克思主义的优秀中华儿女，他们就像希腊神话中的普罗米修斯一样，为盗取天火造福人类而历经磨难、百折不挠，在东方这个古老大地上播撒了马克思主义的火种，照亮了中国人民前行的征程。

在血雨腥风的革命年代，许多马克思主义"播火者"，为传播真理而前赴后继、视死如归，有的遭到反动势力的迫害，有的甚至为此献出宝贵的生命，演绎出一曲曲荡气回肠的英雄赞歌。中国共产党的主要创始人、马克思主义在中国传播的伟大先驱李大钊，"铁肩担道义，妙手著文章"，面对敌人的绞刑架，他"实践其所信，励行其所知，为功为罪，所不暇计"，从容就义。中国共产党早期领导人蔡和森，在法勤工俭学期间不顾严重的哮喘疾病，废寝忘食地"猛看猛译"马克思主义著作，翻译了《共产党宣言》《社会主义从空想到科学的发展》《国家与革命》等著作的重要段落，回国后创作的《社会进化论》一书，是中国人以马克思主义唯物史观写就的第一部社会发展史，后被国民党反动派残酷杀害。与李大钊并称"南杨北李"的另一位传播马克思主义的先驱杨匏安，四次被捕入狱，最后英勇就义。被董必武称为自己的"马克思主义老师"的一大代表李汉俊，是《共产党宣言》陈望道译本的校对者，所翻译的《马格斯资本论入门》成为最早的《资本论》中文解读本，毛泽东等老一辈无产阶级革命家正是通过这本书对《资本论》有了最初的了解。后被反动军阀秘密杀害。马克思主义早期传播者瞿秋白，"在青年期走上了马克思主义的初步，无从改变"，立誓"取得火种，把它点燃在中国的黑暗的大地"，被俘后唱着自己翻译的《国际歌》走向刑场，慷慨就义。"黑地有灯，热焰不熄"的马克思主义播火者恽代英，曾翻译了考茨基的《阶级争斗》一书，该书被毛泽东称之为特别深地铭刻在自己心中，建立起他对马克思主义信仰的三本书之一。后遭蒋介石下令杀害。将翻译《资本论》作为自己毕生事业的潘冬舟，敌人因其"信仰马克思列宁主义，就非杀不可"，后被国民党反动派秘密杀害，为真理献出了年轻的生命。中国共产党的主要创始人陈独秀，也是中国早期传播马克思主义的主要代表人物，为了自己的理想和追求曾经五度入狱，"出了研究室就入监狱，出了监狱就入研究室"就是他为真理而不屈不挠的真实写照。《共产党宣言》第一个中文全译本的翻译者陈望道，呕心沥血，食不知味，用真理的甘甜哺育灾难深重的中国，为中国共产党的诞生作了思想理论上的准备，而自己长期受到反动当局的监视和迫害。著名马克思主义传播者吴亮平，在遭受王明的打击和国民党的白色恐怖下，夜以继日地翻译恩格斯的《反杜林论》，首次把这部马克思主义重要著作介绍给中国人民，后被国民党关进监狱，历经磨难。人们熟知的郭沫若，也是一位马克思主义传播者，早年抱定全文翻译《资本论》的决心，虽因种种原因未能实现自己的抱负，但"为翻译《资本论》而死，那也是死得光荣的"的精神，激励着后来的翻译者。他翻译完成的《政治经济学批判》《德意志意识形态》第一章以及《神圣家族》部分章节，对马克思主义唯物史观和唯物辩证法的传播起了重要的作用。中国《资本论》翻译第一人陈启修，大革命失败后流亡日本，潜心研究和翻译《资本论》，1930年，他翻译的《资本论》第一卷第一分册在上海昆仑书店出版，成为我国最早的中文译本。还有侯外庐、王思华、郭大力、王亚南、吴半农等，他们不畏艰难，不计得失，先后投入《资本论》翻译事业，把马克思的这一宏伟巨著翻译、传播到中国，谱写了一曲曲马克思主义传播史的动人篇章。《共产党宣言》的翻译者华岗、成仿吾、徐冰、博古、乔冠华、谢唯真、陈瘦石等，以及在马克思主义传播史上彪炳史册的李达、邓中夏、邓恩铭、何叔衡、张太雷、何孟雄、施存统、张西曼、邵飘萍、杨明斋、朱镜我、朱泽淮、沈雁冰、沈泽民、张闻天、李立三、冯雪峰、艾思奇、柯柏年、李一氓、许德珩、周建人、何锡麟、王学文、何思敬、沈志远、曾涌泉、曹汀、曹葆华……他们用一部部闪耀着真理光芒的马克思主义文献译本，有力地推动了马克思主义在中国的广泛传播，生动地诠释了"理想之光不灭、信念之光不灭"的深刻意义。

新中国成立后，一代又一代马克思主义经典著作编译工作者赓续先驱者的精神，怀着对马克思主义的坚定信仰，日复一日、年复一年，殚精竭虑、无私奉献，让"代圣人立言"的崇高事业代代相承，让传播真理之火的神圣工作永续下去。师哲、陈昌浩、张仲实、姜椿芳，这一个个闪光的名字，是新中国成立后相当长一段时间马克思主义经典著作编译事业的领导者和翻译大家，为"三大全集"工程，即《马克思恩格斯全集》《列宁全集》《斯大林全集》的编译出版作出了重大贡献，树立了不朽丰碑。林基洲，《列宁全集》中文第二版的设计师和组织者、中央编译局原副局长，被同事们称为"拼命三郎"，为马克思主义经典著作编译和理论研究事业工作到生命的最后一息，生动地诠释了"人是要有一点精神的"这句话的深刻意义。周亮勋，国内权威的马克思恩格斯著作编译大家和带头人、全国"五一"劳动奖章获得者，年逾七旬仍全力以赴地从事马克思主义经典著作编译工作，最后病倒在工作岗位上，去世前能记得的只有稿件，说得最多的就是"我要工作"。宋书声，曾担任中央编译局局长16年，对马克思主义的坚定信仰和信念，对党对国家对人民的无限忠诚，对所从事的工作的无限热爱和执着，一直是支撑他的精神支柱，50多年如一日，始终坚守马列经典著作编译阵地，"甘为真理付韶光"，忠实地践行了"用我一生，去为党的事业贡献自己的力量"的承诺，如今虽已96岁高龄，仍关心着马克思主义经典著作编译事业的发展。曾长期担任中央编译局局长的韦建桦，自1978年起，已在马克思主义经典著作编译事业中耕耘了46个春秋，从满头青丝到两鬓斑白，清苦寂寞而乐此不疲，因为他在马克思主义经典著作编译中"找到了守志报国的阵地、安身立命的家园"，马克思在17岁时写下的名言"如果我们选择了最能为人类而工作的职业，那么，重担就不能把我们压倒"，一直是他恪守不渝的信念，为此而殚精竭虑、奋斗不息。顾锦屏，一位至今仍坚守在马列著作编译战线上的92岁老人，见证了新中国马列著作编译事业的起步与发展，正如他所说的那样："我把我的一生献给了传播马克思主义科学真理这一崇高事业"，"无怨无悔"。在新中国70多年的马克思主义经典著作编译事业中，这样平凡而又伟大的翻译家还有许许多多，这是一个坚守信仰、默默奉献的群体，是一个薪火相传、接续奋斗的群体，"一群人、一辈子、一件事"就是他们的真实写照。虽然他们的名字在这里无法一一列出，但为历史做出贡献的人们，历史终究不会忘记。在马克思主义中国化的百年史册上将永远镌刻着这些伟大而又平凡的"播火者"的名字！

为生动讲好这些"播火者"的故事，记录马克思主义在中国百年传播的艰辛历程，缅怀一代代编译人为马克思主义中国化作出的不可磨灭的贡献，致敬那些默默无闻播撒真理之光的马克思主义经典著作翻译家群体，激励后来者赓续马克思主义传播先驱的崇高精神，弘扬经典著作编译人的光荣传统，学习经典著作编译人的优良作风，为新时代推动马克思主义中国化时代化凝聚起砥砺前行的磅礴力量，我们编辑出版了这部"马克思主义经典文献编译口述史"丛书。

"马克思主义经典文献编译口述史"项目早在 10 多年前就启动了。2010 年以来,中央编译局曾组织人员采访了几十位老翻译家,积累了一大批口述史料。但由于种种原因,一直未能整理出版。其间有多位接受采访或撰写回忆资料的老翻译家已离开了人世,这使我们感到深深的遗憾和愧疚。得益于国家出版基金的支持和许许多多老领导、老同志的鼓励和帮助,我们克服重重困难,终于可以使这部丛书与读者见面了。

首批推出的口述史丛书共五卷。第一卷《播撒火种的伟大先驱》,收录了 53 位马克思主义文献编译家、出版家本人或亲属或研究者的口述、回忆资料 53 篇,生动记述了马克思主义在中国早期翻译、出版、传播的艰辛历程。第二卷《跨世纪的宏伟工程》,收录了 27 位马克思主义经典文献编译家和年轻编译工作者本人或亲属的口述、回忆资料 36 篇,其中包括四任中央编译局局长的采访录。从不同侧面讲述了新中国成立以来几代编译人组织领导和参与《马克思恩格斯全集》《列宁全集》《斯大林全集》三大全集编译这项跨世纪工程以及其他经典文本编译的奋斗历程。第三卷《为了共同的事业》,收录了 37 位从事中央文献对外翻译、马克思主义理论和世界社会主义研究、马克思主义文献资源建设、马克思主义宣传普及以及学术交流活动等方面的专家学者的口述、回忆资料 43 篇。我们知道,经典著作编译是一项复杂的系统工程,新中国成立以来,中央编译局始终坚持中译外和外译中同行、翻译与研究及宣传普及并重，不同岗位的工作相伴相生、相辅相成，共同构成了经典著作编译事业的完整体系。本卷就是这些工作领域的真实写照。第四卷《人是要有一点精神的》，收录了37位马列经典著作编译者本人或亲属、同事的口述、回忆资料45篇，另附有媒体采访报道8篇。生动记述了新中国成立以来，老一代编译人"严谨治学、无私奉献、追求理想、传播真理"的崇高品格、精神风范、优良传统、工作作风、治学经验以及青春风采，彰显了他们对马克思主义编译事业的敬畏与坚守、热爱与奉献。这是他们用心血和汗水凝结而成的宝贵精神财富，将激励后来者一代接着一代干，一棒接着一棒跑，奏响接续奋斗、无私奉献的时代强音。第五卷《我与〈资本论〉翻译》，是马列经典著作翻译家张钟朴先生的个人口述录。作为一套开放的丛书，今后我们还将陆续推出其他一些马克思主义文献编译者的个人口述资料。

　　需要说明的是，在马克思主义文献编译史上还有许许多多著名的翻译家，但由于我们无法查找到他们本人或后人有关这一方面的口述、回忆资料，因此未能在本丛书中得以反映，留下了很多遗憾。同时，由于历史久远，加之口述者个人的记忆有限，同一件事，可能在不同的口述者中有不同的说法，也难免有不准确的地方，但作为口述历史，我们不作考证和修改，原汁原味地呈现当事人及其后人的记述。此外，由于口述者讲述的内容繁杂，而且口语化，整理起来难度很大。本丛书难免有疏漏和不妥之处，谨请读者批评指正。

该丛书在编辑、出版过程中，得到了各方面的大力支持。李大钊的后人李亚中先生、陈望道的后人陈振新先生、李达的后人李典女士、恽代英的后人恽梅女士、秦邦宪的后人秦红女士、郭沫若的后人郭平英女士、郑超麟的后人郑晓方女士、何思敬的后人何理良女士、毛岸青的后人毛新宇将军、张仲实的后人张复先生、姜椿芳的后人谭琦女士、许德珩和齐淑文两代经典著作翻译家的后人许进先生，以及马克思主义军事著作翻译家鲍世修研究员，马克思主义在中国早期传播史专家、湖北大学马克思主义学院田子渝教授等，热情关心和支持本丛书的编辑出版，并欣然接受我们的采访或专门为本书撰写了回忆文章。编译局的老领导宋书声、韦建桦、贾高建、柴方国和顾锦屏、尹承东、张海滨、王学东、杨金海等，一直关注着该丛书的进展情况并给予多方指导，有的老领导还不顾高龄、病痛，手写或者口述了多篇回忆资料。中央编译局及机构改革后的中央党史和文献研究院所属的信息资料、老干部工作等部门的部分同志做了大量联络协调、采访、口述资料整理等工作。国家出版基金将该丛书列入资助项目，给予了鼎力支持。本丛书还转载了部分已出版、发表的口述或回忆资料，弥补了我们在一些编译者口述资料采集方面的缺憾。中央编译出版社的张远航、李媛媛等为本丛书的出版付出了辛勤劳动。在此，谨向所有关心、支持和参与本丛书编辑、出版工作的同志们、朋友们一并致以衷心的感谢！

目　录

"铁肩担道义，妙手著文章"
　　——李大钊与马克思主义文献编译　001

　　亢斋回忆录
　　——和守常同志在一起的日子 / 罗章龙　002

　　李大钊为中国"点种"马克思主义 / 李亚中　011

"真理的味道非常甜"
　　——陈望道与马克思主义文献编译　023

　　关于上海马克思主义研究会活动的回忆 / 陈望道　024

　　忆我的父亲陈望道与《共产党宣言》的翻译 / 陈振新　032

"传播马克思主义真理的普罗米修斯"
　　——李达与马克思主义文献编译　041

　　为真理而斗争的李达同志 / 侯外庐　042

　　记爷爷李达在马列著作翻译方面的重要贡献 / 李典　049

"翻译是革命的桥梁"
　　——瞿秋白与马克思主义文献编译　063

　　把翻译"当作庄严的革命的政治任务来完成" / 杨之华　064

　　罗汉岭前吊秋白 / 曹靖华　070

"追求真理,猛看猛译"
　　——蔡和森与马克思主义文献编译　077

　　永远不能忘怀的一件事 / 成仿吾　078

　　回忆我的良师益友蔡和森同志 / 唐铎　081

"黑地有灯,热焰不熄"的马克思主义播火者
　　——恽代英与马克思主义文献编译 / 恽梅　087

"马克思主义老师"
　　——李汉俊与马克思主义文献编译 / 田子渝　095

"从译文中学得了共产主义的初步知识" / 沈雁冰　105

我所知道的沈泽民 / 孔海珠　111

勤勉的译者郑次川 / 郑光衡　郑光华　119

张西曼与《俄国共产党党纲》中译本 / 张小曼　127

"ABC读少年老，丁字碑传客泪新"
　　——忆郑超麟翻译马列著作的一些情况 / 郑晓方　133

朱镜我与马克思主义在中国的传播 / 朱时雨　143

我译马克思和恩格斯著作的简单经历 / 柯柏年　149

我翻译马列著作的经历 / 吴亮平　157

"春华秋实味津津" / 李一氓　167

我翻译《哲学之贫乏》的经过 / 许德珩　177

郭沫若："译著之富，人所难及"的无产阶级文化战士 / 郭平英　191

"忠实地将马克思的学说介绍过来"
　　——《通俗资本论》序言 / 李季　201

关于《资本论大纲》的翻译 / 施复亮　215

纪念《资本论》首个中译本译者陈豹隐 / 刘诗白　221

"希望有更多的人来注意这一历史著作的翻译"
　　——《资本论》第一卷第二分册、第三分册"译者言" /
　　潘冬舟　229

《资本论》译读始末 / 侯外庐　235

"以忠实负责的态度译述马克思这部名著"
　　——《资本论》第一卷第一分册序言 / 吴半农　253

三十年代翻译《资本论》的经过 / 千家驹　257

"为党和人民留下了可贵的遗产"
　　——《资本论》首个中文全译本的译者郭大力 / 余信芬　265

王亚南翻译《资本论》的情况 / 胡培兆　周元良　281

"黄老板"的双肩 / 黄燕生　289

回忆出版《资本论》的情况 / 郑易里　295

父亲华岗翻译出版《共产党宣言》/ 华景杭　303

我翻译《共产党宣言》的经历 / 成仿吾　317

关于恩格斯《自然辩证法》的翻译 / 杜畏之　325

关于翻译列宁巨著《唯物论与经验批判论》的回忆 / 陈韶奏　333

《唯物论与经验批判论》的译者朱泽淮烈士 / 谭杞安　337

为了信仰，无惧生死，不计得失
　　——忆秦邦宪的红色翻译生涯 / 秦红　345

在洛甫同志领导下从事编译和研究工作 / 何锡麟　357

回忆在延安翻译马列经典著作的情况 / 何锡麟　365

我的回忆 / 王学文　371

在追求真理的征途上
　　——追忆父亲沈志远 / 沈骥如　375

父亲何思敬在我国马克思主义早期传播中的突出贡献 / 何理良　381

我在翻译和校对马克思和恩格斯军事著作方面的一段经历 /
  曹汀 389

总把明珠细细琢
  ——回忆曹葆华同志的翻译工作情况 / 严友强 曹忠侃 397

关于马列著作翻译工作的回忆 / 于光远 407

信仰马克思主义,传播马克思主义 / 周建人 411

邹韬奋在马列主义传播中的贡献 / 张仲实 417

忆北方人民出版社对马克思主义著作的出版传播之略况 / 王禹夫 429

华应申与马列著作出版传播 / 华焱 439

"三联"在传播出版马列著作方面的贡献 / 许涤新 445

编后记 450

李大钊（1889—1927）中国无产阶级革命家，中国最早的马克思主义者，中国共产党的主要创始人和早期领导人。字守常。直隶乐亭（今属河北）人。1913年毕业于天津北洋法政专门学校，后去日本早稻田大学读书。1916年回国后，历任北京《晨钟报》总编辑、北京大学图书馆主任和《新青年》杂志编辑，积极参与新文化运动。俄国十月革命后，迅即接受和传播马列主义，积极领导五四运动，并和改良思潮作斗争。1920年在北京发起组织马克思学说研究会和共产主义小组。中国共产党成立后，负责北方区党的工作。1927年4月28日在北京英勇就义。遗著收入《李大钊文集》《李大钊选集》等。

"铁肩担道义，妙手著文章"

——李大钊与马克思主义文献编译

亢斋回忆录
——和守常同志在一起的日子

罗章龙

  守常同志英勇就义50多年以来，每当忆起和他朝夕相处、共同战斗的岁月，他那谦虚、持重、英姿勃发而又气韵沉雄的音容笑貌，总是使我激动不已。自从我进入北京大学起，就亲聆他的教导，直到1926年9月我离开北方止（中间我曾一度离京出国赴欧洲工作），前后历经八年之久。我与他谊兼师友，肝胆相照，所受教益，终生难忘！

  我在中学时代，就从《新青年》杂志上读到过守常先生的学术与政论文章，心仪其人，却又无缘晤见。1918年9月，我考入北京大学后，在办理入学手续时，按照学校规章，须填写入学保证书，并由本校教师二人签章具保，才能入学。我初到北京，人地生疏，于是想到李守常先生，就试往拜访（他时任北京大学图书馆主任）。我走进红楼他新迁的办公室后，正值宾客满座，工作很忙。我向他说明

本文原载《回忆李大钊》，人民出版社1980年版，收入本书时有删节。罗章龙为中国共产党早期领导人，北京大学马克思主义学说研究会主要成员。

来意，他并未多加询问，随手在保证书上签名盖章后，嘱我及时前往教务处办理注册手续，以免逾期。临走时他又说："你们南方同学来京上学很不容易，如果还有像你这样急需具保的同学，你可介绍他们径来找我。"寥寥数语，道出了李先生对青年学生关切之情。我第一次见他，就留下了李先生待人接物十分谦和的深刻印象，同学们也乐于去和他接触。

入学以后，我选听了守常先生的《唯物史观》课程。过去的历史课，都不外是按旧史观，照本宣科，不出春秋义法和二十四史范围。而李先生讲授这门课程，在当年是件新鲜事物，这门课无现成教本可循，要自己编写讲义。他的讲义从科学的唯物史观出发，立意创新，内容精当，而且篇幅很多。他在课前亲自散发讲义，每次都有十张八张，的确开全校风气之先，足见他是经过了长期准备的。李先生讲课有系统，兼有条理，而且联系中外数千年的历史发展加以印证，具有高度说服力，所以同学们听课十分踊跃，座无虚席，迟到的就站着听讲，这些对我印象至深。北京大学前身是京师大学堂，封建思想浓厚，但一些青年接触了新知识，很不满现状，要求进步，渴望新的思想境界，而李先生学贯中西，思想新颖，正是这些青年学生所向往和追求的榜样，于是对他深为敬仰，自然地团结在他的周围。

李先生对班上同学的学习非常关切，我也因而有机会同他不断接触，就政治与学术方面共同感兴趣的问题向他求教。

我那时是预科德文班的学生。李先生对德国哲学、史学、文学艺术都怀有很大兴趣，常以自己不能阅读德文原著为憾，要我随时向他提供德国学术思想界的近况，包括政治、经济、文史、哲学等方面。我也向他建议，可以趁大战后德国通货膨胀、马克贬值的机会，大量购进德文书籍充实馆藏。他同意这样做，直接向德国出版机构定购了大量图书，其中有康德、黑格尔学派以及马克思主义的书籍，这是当时北京大学图书馆新增的财富，也为国内其它大学所不及，我们因而能直接接触到马克思的原著，较早地开始了对马克思主义的研究。

当时北大图书馆有各种文字的（英、德、法、日等）外文书籍，急待整理上架，需要一批工作人员，他们至少具备能看懂原文图书序言和目录的程度，以便写出提纲，做成卡片，才便于出借。那时图书馆里的旧职员多不能胜任，他们大多是一些逊清时代留用下来的旧人员，不能轻易撤换，而新人员又受名额限制，不能随便引进。于是，李先生找我去商量，想出了"义务劳动"的办法，由我邀集一些谙习外文的同学帮助整理，其中有李梅羹、王复生、王有德、高尚德、范鸿劼、商承祖、宋天放等德文班、英文班和法文班的同学，共勷其事。

当年图书馆的书库和外文阅览室，地方颇为狭小，我们编目时大部新书都放在地板上，大家席地而坐，进行翻译、编目、打印卡片。我们只能利用课余时间来做，因而工作是艰苦和紧张的。这样工作了一个时期后，外文新书都可以上架了。李先生很满意，对人说："这些同学做得很不错，我们在外面是找不到的。"他还赞誉我们是"被褐怀玉"，意指我们南方来的同学一般较穷，衣冠朴素，营养不佳，却勤奋好学，力求上进。

北京大学讲义课主任李辛白（安徽人）曾出版小型刊物《新生活》，介绍新思想，倡导民主、科学、牺牲精神，由北大师生共同撰稿，李先生写的文章最多，有60多篇。这个刊物虽小，但涉及许多当时的重大社会问题，因而很有影响。这个刊物也常是李先生和我谈话的题目。记得一个星期天，他约我去他家，漫谈中提到我在《新生活》上写的《世界工学运动》和关于旗民生计问题的文章，他看后认为文章提出了当前重大的社会问题。在讨论青年思想问题时，又涉及该刊上的一封白话通信（《新生活》第25期），那是我弟弟章璆写给我的，反映了青年们的思想苦闷。他阅后说，一个普通工厂学徒，能写出这样新颖的文字，可谓难能可贵，并向我讲了一个蜀国文翁箍桶的故事，赞誉劳动人民中的好学精神。在那次漫谈中，李先生还谈到他在日本治学的情况，话题转到翻译问题上，他说："日本学术界从事翻译又快又好，对世界学术动态反应敏锐，这也是他们科学昌明的一个重要因素，我们落后了，我们也应该这样办。但北大没有这个专业，只有靠我们自己创立，我希望你们多作些翻译工作。"这次谈话对我们很有启发，后来，我们就决定在以前编目的基础上，继续坚持翻译工作。

起初，我和同学商承祖合译了《康德传》约12万字，由蔡校长介绍到上海中华书局印行出版。后来我们才逐渐转到马克思著作的译述。我们这样做，提高了外文水平，锻炼了文字，大家劲头很大，一直持续到马克思学说研究会成立以后。

十月革命后一两年，我们开始较多地翻译一些马克思主义著作，这中间李先生也亲自参加了，其中包括《共产党宣言》和列宁在狱中写的《帝国主义是资本主义的最高阶段》。前者花了很大气力方完成初稿，后者只翻了一半，由于忙于工人运动就搁下了（关于《共产党宣言》从德文译出的片段，曾在1923年出版的《京汉工人流血记》中引用过）。

我们一面翻译，一面研究，慢慢地对马克思主义的认识也提高了，感到很不满足，认为只靠少数人从事这项工作是不行的，要求有更多的人来共同学习和研究马克思主义。这时，我们在李先生指导下，开始想到酝酿组织马克思学说研究会。

北京大学马克思学说研究会从1921年公开征求会员，到成立大会时有60多人，以后又陆续增加到110人左右，1922年夏季统计有150多人，1923年"二七"之前，增至300人左右，其中工人会员占20%，还有些少数民族会员，学会工作一直持续了七八年之久。

马克思学说研究会会员，是后来北方建党、建团的基本成员。从1921年开始，北大以马克思学说研究会为基础，成立了一个党支部，这是北方第一个党支部，这个支部以北大学生为主，包括北大印刷厂的工人党员在内，我兼任支部书记。与此同时，成立了共青团北京大学支部。以后，在北京八校的马克思学说研究会的基础上，先后成立了一些党、团支部，随着工人运动的发展，分布各地的马学会会员都成为当地党团中坚!

马克思学说研究会成立后，几经交涉，得到蔡校长的支持，学校拨出西斋宿舍中两间宽敞的房子，作为马克思学说研究会的办公会址。房子里还包括应有的设备、家具、书架、火炉等，还派有勤务员值勤。

马克思学说研究会的房子，守常先生和我们都亲切地称它为"亢慕义斋"，其中"亢慕义"是德文译音，全文意

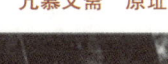

"亢慕义斋"原址

思是"共产主义小室"（Das Kammunistsches Zimmer），对内习惯用"亢慕义斋"或"亢斋"，我们的图书以及对外发出公告、资料都是用的"亢慕义斋图书"印记（北京大学图书馆现在还保存着60年前珍藏下来的盖有"亢慕义斋图书"图章的德文书八册）。这些图书一部分是由北大图书馆购进转给学会的，大部分则是第三国际代表东来后，陆续由第三国际及其出版机构提供的。

守常先生领导我们建立的"亢慕义斋"，既是图书室又是翻译室，还做学会办公室，党支部与青年团和其他一些革命团体常在这里集会活动。"亢斋"的地址在景山东街第二院，地名"马神庙"，又叫"公主府"，它同校长办公室相距不远，有校警站岗，闲杂人等不得入内，在校内是公开的。

"亢斋"室内墙壁正中挂有马克思像，像的两边贴有一副对联："出研究室入监狱，南方兼有北方强"，还有两个口号："不破不立""不立不破"，四壁贴有革命诗歌、箴言、格言等，气氛庄严、热烈。自分得房子后，大家欢腾雀跃，连日聚会。守常也和大家一起朗诵诗歌，表示庆祝，亢斋同人如天健、克钦和我都写诗纪念。

对联"出研究室入监狱，南方兼有北方强"是宋天放的手书，取自独秀和守常的诗句。上联意指搞科学研究和干革命，革命是准备坐监牢的；下联"南方兼有北方强"，意指马克思学说研究会里，有南方人，有北方人，守常称南方人为南方之强，我们则誉守常等为北方之强，南方之强又加上北方之强，表示南北同志团结互助，同心一德，这副对联概括了当时学会生活奋发图强的精神。

"亢斋"中"不破不立""不立不破"的口号，体现了北京大学校内的斗争。当时的北大，是新旧思想矛盾集中的地方，一方面，代表无产阶级革命思想的马克思主义如日方升；另一方面，守旧、复古思想其势犹炽，唯心主义、宗教思想也相当活跃。北大开唯心论的课，听的人也不少，同学中研究印度佛经和老聃、庄子思想的人也很多，那些留日、留英、留美的先生们，把西洋资产阶级反动思想贩运到中国来，可说是五花八门，样样货色都有。蔡元培当时的思想是居中偏左的，对马克思学说研究会的人怀有好感。在这样的情况下，我们不把马克思学说立起来，就无法破对方，不破对方，马克思主义的旗帜也打不起来。为了开展思想意识形态的斗争，我们努力翻译和介绍马克思主义的书籍，宣传马克思主义。当时也有有利条件，蔡元培先生很强调学习外语，课程安排上，外语比重相当大，有英、德、法、日、俄、西班牙语以及拉丁文、印度梵文等七八种之多，都开了班。我们"亢斋"的翻译组就是吸收这些外语系的同学，计有三四十人，其中德语有十来人，英语20多人，俄语四五人，法语五六人，日语也有一些人，还有老师辅导我们。

在中共北方区委和守常同志领导下，作为党的联合战线工作的一部分，我们在意识形态领域里展开反帝斗争，组织了两个团体，即反基督教同盟和非宗教大同盟。发起非宗教大同盟后，还在北京大学第三院召开成立大会，到会各界代表四五百人，编辑出版了非宗教丛刊。非宗教丛刊第一本书为《非宗教论》（北大图书馆保存有此书），其序言中提到："我们第一次汇集非宗教同志的言论，得了肖子升、罗章龙、罗素、蔡子民、张跃翔、陈仲甫、周太玄、吴又陵，李幼椿、李石曾、李守常、朱执信、王抚五诸君的文字共数十万言……"（该书编于1922年5月1日），还编有各省《教毒图》刊印出版。上述诸作者绝大多数都是非宗教同盟的发起者和中坚人物，上述丛书的出版，在北京引起了轰动，招致了激烈的争论，并受到帝国主义报纸的攻击。对立双方针锋相对，是意识形态领域中的一场激烈斗争。内容广泛，包括反对宗教统治时期的中世纪黑暗落后的独裁专制制度、各种各样的迷信和偶像崇拜等，提倡崇尚科学。在当时所起的作用，也可说是一次思想大解放。其后，杨明斋同志出版一本评东方文化及其哲学的书，也是在北方亢斋同仁协助下印行的，对于唯心论挑战作了应有的回击。

李大钊为中国"点种"马克思主义

李亚中

我的祖父李大钊是中国共产主义运动的先驱,伟大的马克思主义者,杰出的无产阶级革命家,中国共产党的主要创始人之一。受本书邀请,让我谈一谈关于祖父翻译、传播马克思主义经典著作的情况,在这里,我想强调的有两点:一是祖父虽然是中国最早的马克思主义者,但他由一个民主主义者转变为马克思主义者,历时了长达13年的艰辛求索。二是祖父被称为中国马克思主义的播火者,播火不仅仅是翻译、介绍马克思主义的著作,最重要的是祖父在推动马克思主义中国化过程中所作出的开创性、引领性贡献,以及为中国革命培育了一代精英,使中国革命走向成功。

一、积极投身马克思主义经典著作译介工作,广泛传播马克思主义

根据已有的史料,可以明确祖父在马克思主义经典著作,尤其是《共产党宣言》等的翻译和传播中作出了直接

李亚中为李大钊之孙。本文为李亚中口述,张甲秀整理。

的、非常突出的贡献。比如你们提到的在组织翻译马克思主义著作方面，1920年，在祖父的倡导下，北京大学学生发起成立"马克思学说研究会"（1921年正式对外公开）。这个研究会的主要活动之一就是组织翻译马克思主义著作。当时，研究会成立了一个翻译室"亢慕义斋"，下设英文、德文和法文三个翻译组。德文组曾翻译过《共产党宣言》油印本，其中的部分译文曾被《京汉工人流血记》引用过。1920年2月，陈独秀离京赴沪建党前，特地通过祖父从北京大学图书馆借走《共产党宣言》的英文本，这为后来陈望道翻译出版《共产党宣言》起到助力作用。还有像《资本论》的翻译，祖父早在五四新文化运动时期，就曾翻译过《资本论》的部分内容。但由于翻译工作的艰巨复杂，祖父生前为未能完整地看到这部巨著的中译本而感到十分遗憾。他曾鼓励年轻的侯外庐担负起这个重任。1927年4月，正准备赴法国留学的侯外庐得知祖父遇害的噩耗，就把翻译《资本论》作为求学目标，以祭祖父英灵。后来，侯外庐在回忆翻译《资本论》时这样说道："与李大钊同志的接触，使我的思想发生了根本性的变化"，我"从他那里感染到对理论的浓郁兴趣"。

根据你们的考据，1926年2月至3月初，祖父阅读并翻译了美国《工人月刊》第5卷第3期（1926年1月出版）刊载的马克思的《中国革命和欧洲革命》一文和编辑按语，并在同年3月12日发表的一篇文章中首次引述了马克思该文的部分内容。5月，他发表的《马克思的中国民族革命观》

完整译述了该文,将题名译为《中国及欧洲的革命》,并加以评述。

实际上,除了以上这些翻译工作外,祖父早在1919年所写的《我的马克思主义观》一文就翻译了很多马克思恩格斯著作中的经典片段,其中包括根据河上肇日译本的《共产党宣言》《哲学的贫困》《〈政治经济学批判〉序言》等翻译而来的大段的经典表述。下面引用其中的经典片段以飨读者。

(一)《哲学的贫困》片段(摘录):

社会关系与生产力有密切的连络。人类随着获得新生产力,变化其生产方法;又随着变化生产方法,——随着变

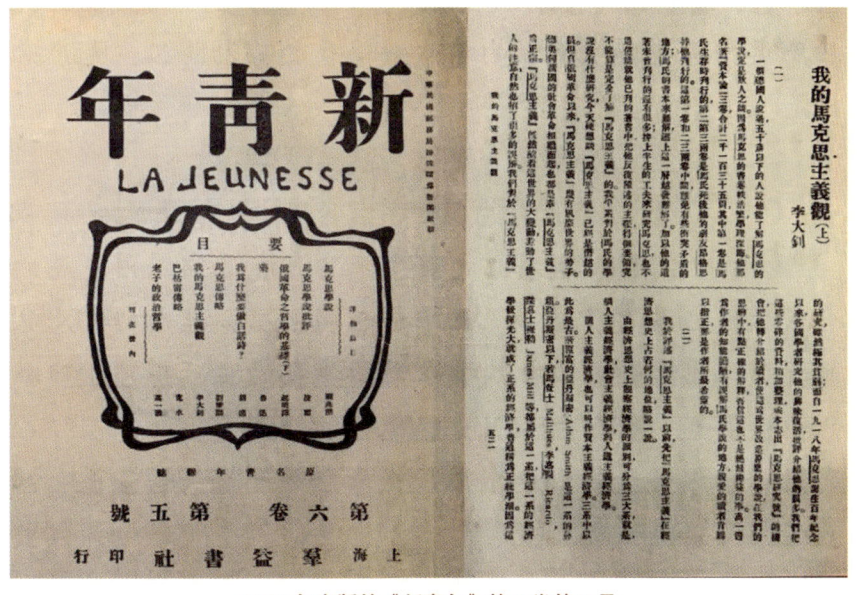

1919年出版的《新青年》第6卷第5号

化他们得生活资料的方法——他们全变化他们的社会关系。手臼造出有封建诸侯的社会。蒸汽制粉机造出有产业的资本家的社会。而这样顺应他们的物质的生产方法,以建设其社会关系的人类,同时又顺应他们的社会关系,以作出其主义、思想、范畴。

(二)《共产党宣言》片段(摘录):

凡以前存在的社会的历史都是阶级竞争的历史。

全社会越来越分裂为互相敌视的二大阵营,为相逼对峙的二大阶级:就是有产者与无产者。

有产者阶级,于其不满百年的阶级支配之下,就造出比合起所有过去时代曾造的还厚且巨的生产力。

有产者阶级不但锻炼致自(己)于(死)的武器,并且产出去挥使那些武器的人——现代的劳动阶级、无产者就是。

(三)《〈政治经济学批判〉序言》片段(摘录):

一社会组织,非到他的全生产力,在其组织内发展的一点余地也没有了以后,决不能颠覆去了。这新的,比从前还高的生产关系,在这个东西的物质的生产条件于旧社会的母胎内孵化完了以前,决不能产生出来。

以上这些有关祖父译介经典著作的史料考据是很有意义的,特别是祖父直接引用的《哲学的贫困》中的那段经典论述,据考证是马克思这部重要著作的内容第一次被译为汉语。上面列举的不少内容我也是首次读到，受益匪浅，也让我对祖父的了解更加全面了。

二、历经艰辛探索，选择和确立马克思主义信仰

20世纪初期，面对当时中国封建军阀官僚的反动统治和广大人民水深火热的苦难现实，祖父辗转多地求学，从家乡的永平府中学，到北洋法政专门学堂，再东渡日本到早稻田大学，急切寻求改变中国悲惨状况的"良方"和"工具"。在求学过程中，祖父不但刻苦学习规定课程，还利用课余时间阅读大量报刊、书籍，如饥似渴地吸取各种新思想的养分，广泛涉猎西方各种民主、自由学说和各种社会主义思潮，并将各种学说加以比较研究、融汇吸收，这些都为日后接受马克思主义做了理论上、思想上的准备。

1905到1918年是祖父在对不同思潮的比较探索中摸索适合中国国情的正确道路的时期。严格来说，在这一时期，祖父只是一位民主主义者。不过，他在将资产阶级民主思想付诸实践的过程中，遇到了很多现实困难，处处碰壁，由此转向了对于各种类型的社会主义以及无政府主义的考察，并最终找到了马克思主义这一科学真理。相较于很多马克思主义者来说，祖父对马克思主义的探索时间是比较漫长的，这也充分说明他对马克思主义的信仰是经过多方比较而得出的极其慎重的选择，这样做出的选择也就更为坚定和成熟，也为后来的许多革命家在寻找革命道路的过

程中减少了很多弯路，省去了很多时间。

祖父早在北洋法政专门学堂学习时就打下了坚实的日语、英语等外语基础，这为他从一些外国报刊获得国际无产阶级革命运动的消息打下了良好的基础。在俄国十月革命爆发之前，祖父就已经对这一重大革命事件可能产生的巨大影响有了超前且精准的认识。1917年10月10日，也就是十月革命爆发的28天之前，祖父就在《太平洋》第1卷第7号发表了《此日》一文，文中指出："最近俄人且于酣战之中，不惮高树赤旗，以奠自由民主之基。"这里可以看出祖父思想的超前预见性和深邃性。

俄国十月革命爆发后，祖父千方百计通过日文和英文报刊搜集十月革命的消息。俄国十月革命的成功使正在探求救国救民真理的祖父欢欣鼓舞，他以敏锐的眼光看到，十月革命是世界无产阶级运动的先导，将成为不可抗拒的新潮流。祖父可以称得上是十月革命之后，第一个在暗夜里的中国高举马克思主义火炬的人。他在《我的马克思主义观》中激动地指出："我总觉得布尔什维主义的流行，实在是世界文化上的一大变动。我们应该研究他、介绍他，把他的实象昭布在人类社会。"十月革命之前，祖父对马克思主义还限于理论层面的了解和认可，因其还没有经过实践的检验，尚在其密切关注中。到俄国十月革命爆发后，马克思主义经俄国革命实践检验后获得了巨大的成功，祖父采用马克思主义的方法和观点于1918年7月1日发表了《法俄革命之比较观》，明确确立了对马克思主义的信仰。

三、"因时、因所、因事",不断推动马克思主义中国化

作为在中国传播马克思主义的第一人,祖父的贡献远远超出翻译、传播马克思主义思想这一层面,他更是一位率先使用马克思主义的立场、观点、方法研究中国具体实际的革命家和学者,在推动马克思主义中国化的过程中起到了突出的作用。他从最初接触马克思主义开始,就不是将其当作教义,而是深入中国社会实际,将其与中国实践紧密结合。

马克思主义诞生于德国,诞生于处在资本主义工业国环境之下的欧洲,而当时的中国还是生产力极为落后的封建农业国,国情与欧洲各国存在巨大差异。早在中国共产党成立之前,1919 年 8 月,祖父在《再论问题与主义》一文中提出,任何主义都需要紧密结合当时的实践,不能脱离实际,妄自空谈。他说道:"大凡一个主义,都有理想和实用两面。……把这个理想适用到实际的政治上去,那就因时、因所、因事的性质情形,有些不同。社会主义,亦复如是。……我们只要把这个那个的主义,拿来作工具,用以为实际的运动,他会因时、因所、因事的性质情形生一种适应环境的变化。……在别的资本主义盛行的国家,他们可以用社会主义作工具去打倒资本阶级。在我们这不事生产的官僚强盗横行的国家,我们也可以用他作工具,去驱除

这一班不劳而生的官僚强盗。一个社会主义者，为使他的主义在世界上发生一些影响，必须要研究怎么可以把他的理想尽量应用于环绕着他的实境。所以现代的社会，主义包含着许多把他的精神变作实际的形式使合于现在需要的企图。"这里提到的"因时、因所、因事""实境"等，指的就是不能将马克思主义当作教条，而是要当作指导实践的工具来进行使用，要在不同的条件下对其进行适应环境的变化。

也是在1919年，祖父对中国革命主要力量作出了明确的选择，这是他对马克思主义如何在中国应用所作出的深刻思考，也是马克思主义中国化的开端。在马克思恩格斯的论述中，工人阶级是作为无产阶级的同义语而使用的，他们是社会主义革命的主要力量。但1919年的中国仍旧是封建农业国，农业是中国国民经济的基础，中国当时的总人口是4.5亿，农民占总人口比例约达80%，工人总数大概200万，占总人口数还不足0.5%。中国工人阶级在数量上、在国民经济地位上都处于弱小状态。中国革命的主要力量或动力如果仅仅依据马克思的理论只依靠工人的话，是不可能取得中国革命的成功的。因此，祖父没有采取"拿来主义"或教条主义的态度，而是根据中国的农业国国情在中国革命主要动力中增加了农民，提出了中国革命的主要动力是包括农民和工人的劳工阶级的创新理念。1919年2月，祖父就在《青年与农村》中写道："我们中国是一个农国，大多数的劳工阶级就是那些农民。他们若是不解放，就是我们国民全体不解放;他们的苦痛,就是我们国民全体的苦痛;他们的愚暗,就是我们国民全体的愚暗;他们生活的利病,就是我们政治全体的利病。"后来,到1925—1926年,他在《土地与农民》中再次强调:"在经济落后沦为半殖民地的中国,农民约占总人口百分之七十以上,在全人口中占主要的位置,农业尚为其国民经济之基础,故当估量革命动力时,不能不注意到农民是其重要的成分。""中国浩大的农民群众,如果能组织起来,参加国民革命,中国国民革命的成功就不远了。"祖父还认为,"劳工"一词能够更大范围地涵盖革命群众,因此在许多文章中使用了"劳工阶级"一词,如他在《青年与农村》中就提出:"要想把现代的新文明,从根底输入到社会里面,非把知识阶级与劳工阶级打成一气不可。"

祖父是这么说的,更是这么去做的。他在《再论问题与主义》中就谈到了不能做空谈家,更要做实干家:"这可以被证明主义的本性,原有适应实际的可能性,不过被专事空谈的人用了,就变成空的罢了。"祖父对于中国革命主要力量的选择也不是仅仅停留在口头上的,而是付诸于实践。1921年夏,他发展了史文彬、邓培等第一批工人党员。1923年,在他的指导下,共产党员弓仲韬到河北省安平县台城村发展了第一批农民党员弓凤洲、弓成山,成立了我们党的第一个农村基层组织台城特别支部。这些实践都表明他对马克思主义理论的运用,不是拘泥于个别具体的论断,而是将它看作改造中国的工具,注意结合中国国情进行创新和发展。

此外,在提倡马克思主义中国化的过程中,祖父还提出了"与时俱进"的思想。1917年10月,他在《此日》中就说道:"即以此未来之一年……月异岁新,与时俱进,页页联缀,永续无穷。"可见,"与时俱进"的思想在这篇文章中已经开始萌发了。

谈到在实践中"点种"马克思主义,那还得谈谈祖父对青年同志的影响。祖父到北京大学图书馆工作后,他在红楼的办公室成为传播马克思主义思想的重要阵地,这里吸引了许多热情上进的年轻学子。他不仅影响和培育了第一批中国共产党人,还直接培养了一代坚定的马克思主义、共产主义革命者,如邓中夏、高君宇等党早期的著名活动家,还有毛泽东等无产阶级革命家也曾受到他思想的影响。

1918年秋天,青年毛泽东从湖南来到北京,经在北大工作的杨昌济教授介绍,认识了祖父,并在祖父的积极安排下,担任了北大图书馆的助理员。1918年10月至次年4月,在这约六个月的时间内,祖父与毛泽东经常交流,不仅向他推荐了马克思主义的著作,还经常一同探讨马克思主义学说。祖父对于对中国革命主要动力是农民的判断,也对毛泽东产生了重大影响。祖父壮烈牺牲后毛泽东将祖父李大钊的理念付诸实践并发展。毛泽东后来回忆道:"我在李大钊同志手下在国立北京大学当图书馆助理员的时候,就迅速地朝着马克思主义的方向发展。"

关于在祖父的影响下走上马克思主义经典著作翻译道

路的翻译家的情况，我个人了解不够，但是据相关材料显示也有不少，如侯外庐、刘仁静、许德珩等人就在祖父的影响下成为翻译马克思主义著作的骨干力量。据有关材料，祖父在自身生活清苦、经济出现困境的情况下资助侯外庐出版《下层》刊物，在该刊被查禁后，又及时鼓励支持侯外庐。当得知侯外庐对理论研究有着相较于政治工作更加浓厚的兴趣时，他诚恳表示："先从理论下手也好。"侯外庐回忆道："他一向教导，搞理论应从马克思恩格斯的原著入手，从原著中汲取科学社会主义理论的真谛。……我向他表白了一个心愿，想翻译一点马克思的原著……对此，大钊同志是赞成的。当时我的这个决心，决定了我一生的方向和道路。"

"铁肩担道义，妙手著文章"是对祖父光辉一生的真实写照。而祖父为传播和实践马克思主义所彰显的"勇往奋进以赴之""瘅精瘁力以成之""断头流血以从之"的精神值得我们永远铭记和学习。

陈望道（1891—1977）中国教育家、语言学家，五四新文化运动的积极推动者，《共产党宣言》中译本首译者。浙江义乌人。早年曾留学日本，回国后在浙江第一师范学校任教。后与陈独秀等发起成立上海的中国共产党早期组织。中国共产党成立后，曾担任中共上海地方委员会书记。新中国成立后，历任复旦大学校长，上海市政协副主席，中国科学院哲学社会科学部学部委员，第四届全国人大常委会委员，第三、四届全国政协常委等。翻译有《共产党宣言》《马克思的唯物史观》《社会意识学大纲》《伦理学的根本问题》等。

"真理的味道非常甜"
—— 陈望道与马克思主义文献编译

关于上海马克思主义研究会活动的回忆

陈望道

  我是1919年五四运动爆发后回国的。回国后我感到群众运动的热情很高。当时全国都在抵制日货,我刚从日本回来,全身行头都是日货。到上海刚下船,我就发现有几个青年一直跟着我不放。起先我不知道是怎么回事,后来想到大概他们把我当作日本人了。我到旅馆后让茶房帮我买了一件长衫,穿上后,青年们就不跟着我了。

  回国后,我在杭州的浙江第一师范学校教书。我的学生施存统写了一篇题为《非孝》的文章,遭到顽固势力的猛烈攻击。这件事牵涉到了我,我也被加上"非孝,废孔,公妻,共产"的罪名。随即我便离开一师,回到家乡义乌翻译《共产党宣言》。我是从日文本转译的,原书是戴季陶供

本文为陈望道自述。节选自陈望道生前关于上海马克思主义研究会和马列著作翻译工作的谈话记录,原载《复旦学报》(社会科学版)1980年第3期。收入本书时经陈望道之子陈振新审读。

给我的。译好后,由上海共产主义小组①设法出版。起先找不到书局印,后来才找到。上海书店也曾出版。第一版印了千把本,奉送,有很多地方翻印。到北伐战争时印得更多,随军散发。在白色恐怖下,我用"佛突"("望道"二字英文译音第一个字母为 V.T.)这个笔名。

戴季陶、李汉俊、沈玄庐三人在上海编《星期评论》。1920年5月,我在家乡收到他们打来的电报,要我去上海。原来孙中山先生电召戴季陶去广州,他们有意要我代替戴季陶负责这个刊物。我到《星期评论》社,在三楼阳台上见到他们。戴同我见面后,大哭,说舍不得离开这个刊物。除李汉俊、沈玄庐外,沈雁冰、李达也在场。第二天,我们开会决定《星期评论》停办。

我来时,陈独秀已在上海。他被认为太"左",于是北京大学文科学长(即文学院院长)是当不成了。他大约于1920年二三月间到的上海。在上海共产主义小组成立之前,我和陈独秀、李汉俊、李达等先组织了马克思主义研究会。研究会吸收成员的标准起初比较宽,只要有兴趣的都可以参加,后来就严格了。比较机密的有五六个人,总共不到十个人。以后把邵力子也吸收进来。邵力子是国民

---

① 在陈望道的谈话中,"上海马克思主义研究会""共产党"(有时简称为"党")和"上海共产主义小组",都是指同一组织,"上海马克思主义研究会"是对外公开的名称,"共产党"是对内的称呼,"上海共产主义小组"则是后来的名称。但是陈望道也曾说,在上海共产主义小组成立之前,先有马克思主义研究会。可见二者又不完全是同一组织。它们之间的关系究竟如何,尚待进一步查证。

党员，怎么办？当时有争论。经过讨论，大家同意用跨党的办法。后来他代表国民党去苏俄，就脱离了共产党。马克思主义研究会是对外的公开名称，内部叫共产党，有组织机构，有书记，陈独秀就是书记。陈独秀、李汉俊和我是研究会的核心，我还当了三个月的劳工部长（也叫工会部长）。1920年下半年，陈独秀应邀去广州任广东省教育委员会委员长（相当于教育厅长）。上海马克思主义研究会由我和李汉俊负责，我做代理书记。

上海马克思主义研究会的活动，主要是组织工会、编刊物和办学校。最先组织的是纺织工会、邮电工会和印刷工会。印刷工人有点文化，所以要先把他们组织起来，这同我们在印刷方面的需要也有关系。参加工会的大部分是年纪大的工人，也有青年工人。我们在租界里，流氓常来捣乱。我们就让一位青年打进工部局，一有动静我们就知道，便于对付流氓。由于工人的文化程度低，我们组织工会不大用文字宣传品，主要口头宣传，办了很多业余学校，把政治性的内容结合到教学中去。工人刊物有《劳动界》，我给它写过文章。还出过《共产党》月刊，起初我参加过这方面的工作，后来转到文化教育方面去了，具体情况已记不起。我们把原在北京出版的《新青年》迁来上海，还通过邵力子把上海《民国日报》副刊《觉悟》拉过来。我们还办了学校，如外国语学校，它实际上是C.Y.（共产主义青年团）机关，地点在明德里。刘少奇、柯庆施可能是那里毕业的。李达住在我们办的平民女校里，这个女校收容逃出来的女孩子，丁玲曾经是平民女校的学生。除了陈独秀以外，我们都教书，白天在普通学校，晚上在业余学校。

活动一搞起来，谣言就来了，说我们拿卢布。我们的钱怎样来的？李汉俊、沈雁冰、李达和我都搞翻译，一夜之间可译万把字，稿子卖给商务印书馆，沈雁冰那时在该馆工作。李汉俊译得最快，但文字并不好。每千字四五元，大家动手，可以搞到不少钱。在研究会成立之初，商务印书馆就有人私下来说，你们要钱，可以帮助。我们不要，而是卖稿。

《新青年》原来由陈独秀主编，他去广州后就叫我主编。李汉俊、沈雁冰、李达也参加。我原住在邵力子家里（即三益里，在法租界），这时就搬到陈独秀家里（即渔阳里，也在法租界）去了。《新青年》在楼上编，马克思主义研究会在楼下开会。我同李汉俊、沈雁冰等天天碰头，研究有关问题。《新青年》既然已经是马克思主义研究会的刊物了，为什么内容还是那样庞杂，为什么还刊登不同思想倾向的文章？这是因为《新青年》原有的作者队伍本来就是庞杂的，要照顾他们，来稿照用。改组后，我们的做法不是内容完全改，不是把旧的都排出去，而是把新的放进来，把马克思主义的东西放进来，先打出马克思主义的旗帜。这样，原来写稿的人也可以跟过来，色彩也不被人家注意。我们搞点翻译文章，开辟《俄罗斯研究》专栏，就是带有树旗帜的作用。但是，胡适反对《新青年》的这个变化，反对迁到上海。他同我们打笔墨官司，写过一个明信片给我，说他不是反对我，而是反对以《新青年》为赤化工具。有一次胡适来上海，郑振铎请客，胡适坐在我旁边，郑振铎为我作介绍。胡适说："认识认识。"不打不相识，其实我原来并不认识他。

上海《民国日报》副刊《觉悟》，也有很大的影响。我们常常利用它来进行游击性的战斗。《民国日报》是叶楚伧负责，社论主要由他执笔。副刊《觉悟》则是邵力子负责，邵力子忙不过来时，我就去帮助编辑。邵、叶二人观点不一致，叶楚伧为《觉悟》写稿，邵力子有时不登。《觉悟》有时还发表文章转弯抹角地批驳《民国日报》的社论。《民国日报》的正张人家不大看，都要看副刊，报纸靠副刊来吸引群众，维持它的影响。《民国日报》很穷，没有专电，就"偷"人家的。邵力子的记忆力强，他到别的报馆（如《新闻报》）去找人聊天，听到一些东西，看到电稿，就记在心里，回来拟成本报专电发表。《民国日报》同《时事新报》对立。《时事新报》钱多，稿费高。《民国日报》没有稿费，靠革命热情。很多青年不分昼夜编写，没有个人打算。《时事新报》办一个什么专刊，我们也办一个，与之对垒。《民国日报》最多办过七个副刊。《时事新报》有许多女士写的文章，《觉悟》上也就出现许多女士的作品（其实有些是冒充的）。《时事新报》还用装着讲学问的手法来反对我们，他们同胡适打成一片。我们以《觉悟》为阵地，同他们进行针锋相对的斗争。文化界不欢迎胡适，杜威还讲所谓民主，在中国知识分子当中有影响，受他影响最大的是大学，其次是中学。《时事新报》出面反对我们的是张东荪、陈布雷。租界巡捕房也骂我们，常常找编辑去谈话，我们都不去，总是推邵力子去。《觉悟》还收到很多读者来信，主要是中学以上学生写来的，提出青年问题、教育改革问题，等等。对于青年学生提出的改革要求和罢课行动，我们是坚决支持的。《觉悟》起先附在报上，以后印成单张，独立发行，可以零卖，每期印几万份。《觉悟》上面当然也有不少错话，但总的方向是对的。

我们还有些稿子插到其他报刊中去，例如国民党办的一些报刊。国民党办的《建设》月刊，同我们没有关系，但我们也给它写稿。

除了上述活动以外，我们还在群众中搞了宣传鼓动工作。1921年新年，陈独秀建议我们到外面去拜年。贺年片上一面写"恭贺新禧"，另一面写共产主义口号。我们一共七八个人，全都去，分两路，我这一路去"大世界"和南市。两路都是沿途每家送一张贺年片。沈雁冰、李汉俊、李达等都参加了。人们一看到贺年片就惊呼："不得了，共产主义到上海来了。"

总的说来，在五四新文化运动之初，人们对于新与旧的看法，有过一种情况：凡是中国所没有的都叫作新，都是好的；凡是中国有的都叫作旧，都是不好的。什么工团主义、无政府主义，都搬来了。胡适更主张"全盘西化"。那时，被认为旧的，都反对，如反对中医、中药和京剧。到马克思主义传播开来以后，才逐渐认识到对新与旧要作

陈望道翻译的《共产党宣言》中文第一版

具体的、科学的分析。

上海共产主义小组成员有：陈独秀、沈雁冰、李汉俊、李达、陈望道、杨明斋、邵力子、沈玄庐等人，施存统不在上海。戴季陶最初来过几次，以后不来了。有苏俄人来接头，我们开过会。那个时候，陈独秀表现得很有勇气，胆大、能吃苦、没有架子，也能身体力行，但主观主义，理论不强。我同陈独秀意见不合，做法有距离。在1921年中国共产党准备开一大时，我声明不参加党，但严守一切机密，我从事文化教育工作去了。以后我参加过上海大学和中华艺术大学的工作。这两所大学，是在党领导下办的，也都有保护色。起先我不愿去上海大学，陈独秀写了一张小纸条给我，要我去工作，说教师全力支持，署名"知名"。上海大学有三个系：中文、外文、社会。在中文系，"左"的、右的（有西山会议派）各一半，沈雁冰、郑振铎教过书。外文系完全洋腔。社会系教马克思主义，系主任初为瞿秋白，后为施存统，教员大都是中共在上海的领导成员和理论家。色彩淡的公开当教员，色彩浓的以讲演方式出现。李季曾经和施存统争做社会系的主任。李季懂德文，能译马克思的原著，读书不错，但有书呆子气，开口闭口说"50万字的马克思传"，后来成了托派，解放后作过交代。沈志远是上海大学中学部教员，教英文，是沈玄庐的侄子。在上海大学时，我们一边学（学马克思主义），一边做（教书），碰到问题就翻书。我在上海大学担任过教务长、中文系主任。学生常在上海大学集会，参加运动。后来曾被反动当局查抄，我们头一天就知道消息，早有准备，装作不知道，他们是晚上来的。中华艺术大学的文学系是党办的，图画系的面貌则不同。

忆我的父亲陈望道与《共产党宣言》的翻译

陈振新

2021年是中国共产党建党百年，这是一个非常伟大的历史时刻，全中国人民都采取各种方式进行隆重纪念。《共产党宣言》作为一部标志性著作也更加深入中国人民的内心。习近平总书记曾在很多场合，多次提及我父亲翻译《共产党宣言》时的趣事。这让我深受感动，也让我再次追忆父亲的足迹。

父亲年轻的时候，就是一位热血的爱国青年。他在读中学时，看到我们国家非常贫穷落后，就想实业救国、科学救国。为了实现这个理想，他到日本留学四年半，拼命地读书，读了三个大学，早稻田大学、东洋大学、中央大学，还有一个物理夜校，既学文学、法学、哲学，还学数理化。他非常关心当时的政治，基于爱国热忱，在留学期间参加了留学生组织的各项爱国学生运动，积极投入当地留日学生反对袁世凯接受日本"二十一条"卖国条约和反对洪宪帝制的政治斗争。十月革命的炮火震撼了世界，也在

陈振新为陈望道之子。本文为陈振新口述，张甲秀整理。

日本产生了巨大的反响。就在此时，父亲结识了日本早期社会主义活动家河上肇、山川均等人。在他们的启发和帮助下，父亲开始接触马克思主义的基本知识。在课余时间，他如饥似渴地阅读河上肇、山川均等翻译的马克思经典著作。他逐渐认识到，除了实业救国、科学救国，还可以走俄国十月革命的道路来拯救中国。

1919年，在俄国十月革命的直接影响下，我国爆发了伟大的五四运动。大批中国留学生意识到自己肩负的重任，纷纷回到祖国。我父亲也不例外，于1919年6月回国，应聘为浙江第一师范学校的国文教员。这时五四运动的浪潮已经冲击到了浙江。浙江一师在当时是浙江新文化运动的中心，其校长经亨颐兼任省教育会会长，是个新派人物。父亲到了一师以后，立即投身于正在蓬勃兴起的反帝反封建的新文化运动，与夏丏尊、刘大白、李次九等进步教师一起搞语文改革，教新文学作品，反对文言文、提倡白话文，并支持学生创办进步刊物《浙江新潮》等。他为学生上的第一课，就是鲁迅的白话文《狂人日记》。

父亲的学生施存统写了一篇叫《非孝》的文章，发表在《浙江新潮》第二期上，因为文章反对不平等的"孝道"，主张平等的"爱"，反抗封建礼教，被反动当局视为洪水猛兽。当局查封了《浙江新潮》，要开除校长经亨颐以及陈望道等四名国文教员，引起全校师生的抗议。1920年3月，浙江一师学生掀起了一场维护和巩固新文化运动的"一师风潮"。在"一师风潮"中，当局调动数百名武装军警包围学生。父亲为了保护学生，就站在学生前面，挡着那些刺刀。

"一师风潮"对父亲的影响很大。父亲后来在回顾翻译《共产党宣言》前后经历时讲道："这次查办斗争使我更加认识到所谓除旧布新并不是不推自倒、不招自来的轻而易举的事情。我也就在这次事件的锻炼和启发下，在事件结束之后，回到我的故乡浙江义乌分水塘村去，进修马克思主义，并且试译《共产党宣言》。"

那时候他收到了邵力子的来信，谈及担任《星期评论》主编的戴季陶希望他翻译《共产党宣言》，父亲马上答应下来。恩格斯曾说过，要将这本书翻译成其他文字是异常困难的，不单单是文字上的问题，还因为这里边有很多马克思主义的理论，不懂这个理论，就不可能翻译得确切。戴季陶提出了译者需要具备的三个条件：一是要对马克思主义学说有深入了解；二是要精通德、英、日三门外语中的一门；三是要有较高的语言文学素养。当时邵力子是《民国日报》副刊《觉悟》的主编，我父亲给《觉悟》写了很多文章，他对我父亲很了解。父亲曾在之江大学学了两年英文，学得很好。后来到日本留学，精通日语，且在日本留学期间接受了马克思主义学说。而且父亲小的时候，从六岁开始读私塾，读了十年的四书五经，中文基础很扎实。邵力子说我父亲的文笔很好，且翻译了很多文章，可以看出的确是有翻译功底的。而且他说，之所以我父亲会进入他的视野，是因为在"一师风潮"中父亲的表现。于是邵力子便把父亲推荐给了《星期评论》，并表示能承担此任者"非杭州陈望道莫属"。

我父亲的翻译工作是在异常艰苦的条件下进行的。为了有一个安全又清净的环境，他躲进了义乌分水塘村的一个破旧的柴屋里。这间柴屋年久失修、破旧不堪，在山区农村的初春天气里，还不时有刺骨的寒风透过四壁向他袭来，冻得他手脚发麻。柴屋内只有极简单的几件用具，一盏昏暗的煤油灯伴随着他度过了那段难忘的翻译历程。

在这段艰苦又难忘的翻译历程中，有一件小事、趣事多次被习近平总书记提及，令人难以忘怀。那是1920年4月初的一天，父亲正在破旧的柴屋中废寝忘食地进行翻译工作，由于时间紧任务重，他的一日三餐和茶水等，常常由其母亲送过来。一天母亲端来粽子和一碟红糖给他吃，吃完后，在收拾碗筷时，竟发现他满嘴墨汁。原来父亲专心致志翻译，竟把墨汁当作红糖蘸着吃粽子，却浑然不觉，当母亲问他甜不甜时，他答道："够甜，够甜的了！"

父亲翻译的《共产党宣言》是我国的第一个中文全译本，也是用中文印行的第一本马克思主义经典著作，中国人民第一次看到了国际共产主义运动纲领性文件的全貌。《共产党宣言》一经出版，立即受到中国先进知识分子的热忱欢迎，并引起了强烈的反响。上海共产主义小组的成员还在人民群众中广泛开展宣传鼓动工作。1921年的新年，在陈独秀的倡议下，小组决定给上海人民拜年，给每家每户分发贺年片。于是，父亲根据《共产党宣言》的内容起

陈望道翻译的《共产党宣言》部分版本

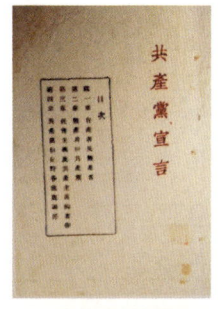

草了一份鼓动劳苦大众起来反对剥削者的"太平歌",印在贺年片的反面,而正面则写上"恭贺新禧"四个大字。一共七八个人全部都去。父亲他们这一路去"大世界"和南市,沈雁冰、李汉俊、李达都参加了。陈独秀等人去另一路。两路都是每家送一张贺年片,人们一看到贺年片就惊呼:"不得了,共产主义到上海来了。"

《共产党宣言》第一个中译本的正式出版,对中国共产党的创立和建设,对党的领袖人物、革命先驱者的成长,都起过十分重要的作用。《共产党宣言》出版时,正是中国共产党上海发起组成立的时候。《共产党宣言》的出版,对早期党的发起和组成,以及1921年中国共产党的诞生,作了思想上和理论上的准备。

《共产党宣言》一书对确立毛泽东同志的无产阶级世界观,对他由一个革命的民主主义者转变为共产主义者有很大的影响。毛主席曾在1936年对斯诺说过这样的话:"有三本书特别深刻地铭刻在我的心中,建立起我对马克思主义的信仰。我一旦接受了马克思主义对历史的正确解释以后，我对马克思主义的信仰就没有动摇过。"这三本书就包括父亲翻译的《共产党宣言》。

但是在旧中国，国民党反动派和世界上一切反动势力一样，妄图千方百计扼杀、阻止马克思主义的传播。父亲也曾回忆说："在反动统治之下，马克思主义书籍是'禁书'。反动派常把读马克思主义的书和所谓'公妻''共产''洪水猛兽'牵连在一起，想以此来扼杀马克思主义。"我父亲作为译者也因此一再受到迫害。直到1933年父亲应聘到安徽大学任教，国民党《社会新闻》获悉后马上刊出一则消息："《共产党宣言》译者陈望道最近拟定赤化安大计划如何如何，已于某月某日走马上任矣"，并把这份报纸寄给安大的校长、院长、系主任。父亲抵安大时，"新闻"已经先他而到，接踵而来的便是盯梢、监视和无休止的迫害。

"但马克思主义是真理。真理总是不胫而走的……真理在无声地前进，没有办法阻挡马克思主义的发展和胜利。"《共产党宣言》中译本出版后曾一再翻印，广为传播。在第一次国内革命战争时期，单是平民书社从1926年1到5月就翻印了10次。北伐战争时期，曾将这个译本在军内散发，几乎人手一册。在第二次国内革命战争以及抗日战争时期，也曾多次翻印。为了避开敌人的耳目，有时不得不将书伪装起来，如书名只写"宣言"两字；译者也一再改名，如用"陈佛突"等；或者改变出版地点，改写成广州出版，等等。《共产党宣言》的这个中译本是在国民党统治区流传最广、影响最大的一个译本,由此可见我父亲对马列主义在中国的传播、对党的理论建设作出了不可磨灭的贡献。

李达（1890—1966）著名马克思主义理论家、哲学家、教育家，中国共产党的主要创建者和早期领导人，中国传播马克思主义的先驱。湖南零陵（今永州）人。1913年留学日本。1920年与陈独秀等共同发起成立上海共产主义小组，筹备和组织中国共产党第一次全国代表大会，并在"一大"上当选为中央局宣传主任。新中国成立后，历任湖南大学校长、武汉大学校长、中国科学院哲学社会科学部学部委员、第一任中国哲学学会会长。是中共八大代表、第三届全国人大常务委员会委员，第一、二届全国政协委员。代表作有《〈实践论〉解说》《〈矛盾论〉解说》《唯物辩证法大纲》，翻译有《唯物史观解说》《马克思经济学说》《社会问题总览》等。

"传播马克思主义真理的普罗米修斯"

—— 李达与马克思主义文献编译

为真理而斗争的李达同志

侯外庐

李达同志是我国著名马克思主义宣传家、理论家和教育家,又是中国共产党的创建人之一。他在长达半个世纪的革命活动中,积极从事理论研究和翻译工作,给人民留下了宏富的著作。李达同志的著作凝聚着他的全部心血,也是他毕生为真理而斗争的真实纪录。

在中国现代革命史上,李达同志是一位普罗米修士式的播火者。从五四时期开始,他就孜孜不倦地在中国人民中间传播马克思主义的真理,成为中国无产阶级最早的启蒙思想家之一。在《李达文集》第一卷中,我们可以读到他的许多早期启蒙之作。这些作品生动地反映出他在当时一面学习马克思主义,一面宣传马克思主义的高度热情。如他在建党前夕所写的《劳动者与社会主义》《劳工神圣颂》《社会革命的商榷》等一系列文章,热情讴歌了劳动者创造世界文明的伟业,宣告:"单单一个人是神的时代已过去了。现在是劳工神圣的时代了。"而且指出劳动者必须信奉社会主义,结成团体,实行社会革命,"采用阶级斗争的

本文原载《光明日报》1981年6月18日。侯外庐为中国著名历史学家、《资本论》中文本译者。

手段，改造现制度，创立劳动者本位的社会"。尽管这时的李达还不可能把马克思主义的普遍真理与中国革命的具体实际结合起来，但是他向工人群众灌输科学社会主义思想，唤起他们的阶级觉醒，这对于中国无产阶级先锋队——中国共产党的建立，是起了积极的思想动员作用的。

作为马克思主义的宣传家，李达同志兼具著作家和翻译家一身而二任的特点。一方面，他亲自翻译马克思的一

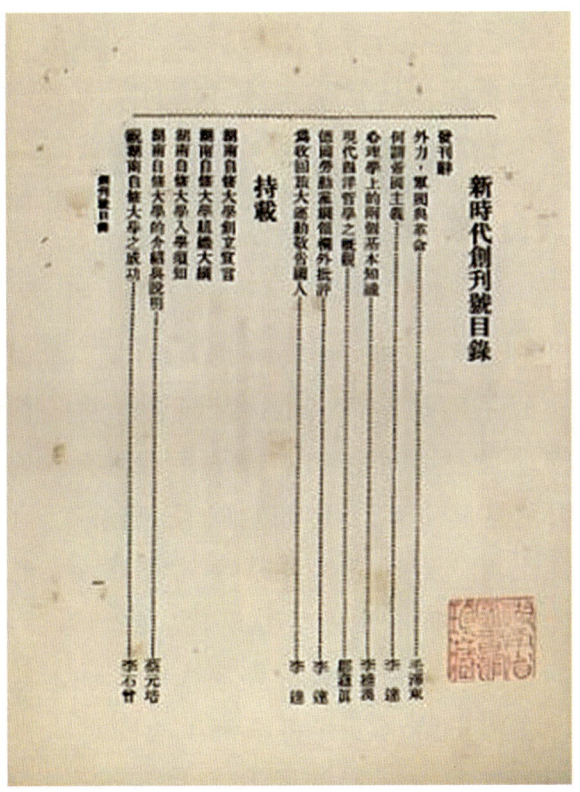

1923年4月出版的《新时代》周刊上刊发李达翻译的《德国劳动党纲领栏外批评》(即《哥达纲领批判》)

些重要原著，如《德国劳动党纲领栏外批评》（即《哥达纲领批判》）等书。此外，他还翻译了国外介绍马克思主义的许多书籍和文章，如他早在留学日本期间所译的《马克思经济学说》一书，就曾为李大钊同志于1920年发起马克思主义研究会时列为阅读文献之一。另一方面，他又撰写了大量著作，对马克思主义哲学、政治经济学和科学社会主义理论做了比较系统的阐述。为了防止鱼目混珠，划清马克思主义与机会主义的界限，他注重介绍国际工人运动史，对欧洲各种反马克思主义的机会主义派别，尤其对当时影响甚大的第二国际修正主义者进行了批判。他还对当时国内的无政府主义思潮、江亢虎的假社会主义以及梁启超、胡适、张东荪等为代表的反马克思主义思潮做了针锋相对的斗争，对于马克思主义在中国的传播起了廓清道路的作用。

李达同志始终是忠诚的马克思主义者。即便在他因故离开党组织的一段时期内，他也从不动摇自己的信仰，仍然坚持不懈地通过各种方式宣传马克思主义。因此，他曾几次受到国民党反动派的通缉追捕，险遭杀害。1932年秋，李达同志从上海来到北平大学法学院任教，当时我也正在这所学校教书，因而有幸能够结识他。我们虽然初次相识，出于共同的信仰，却一见如故。他告诉我说，他是刚从泰山下来的，在那里给冯玉祥将军讲了马克思的哲学。30年代初的北平，国民党反动当局和宪兵三团实行白色恐怖，迫害进步人士。李达同志经常受到宪兵和特务的监视，处境艰难。在学校里，他常常戴上大口罩，借以躲避敌人的监视。但他并不因为环境险恶而放弃宣传马克思主义。他不仅在北平大学授课，而且在中国大学、朝阳大学兼课，讲授经济学、社会学（即马克思主义哲学）、社会发展史等课程，并从事马克思主义理论的研究工作。他的名著《经济学大纲》和《社会学大纲》就是从这时开始写作的。李达同志学识渊博，造诣很深，为人治学，堪称楷模。我对他十分钦敬，遇到问题常常向他请教。他十分重视宣传工作，总是希望扩大马克思主义的思想理论阵地。有一次，他对我说：我的目标大，不便在社会上公开活动，你年轻，可以多做些工作。在他的鼓励下，我也尽可能利用学校和社会的讲坛以及其它渠道开展宣传。即便后来敌人把我关进了监狱，自己仍坚持为继续翻译《资本论》做准备。新中国成立后，李达同志和我在北京胜利重逢，言及往事，都是很兴奋的。直至"文革"前夕，他和我都还有书信往还。后来当我得知他不幸去世时，不觉怆然涕下。对他给我的帮助，我是永志不忘的。

作为马克思主义的理论家，李达同志具有严肃的科学态度和理论联系实际的优良学风。他认为，革命家应当有信仰的热情，而革命思想却不可以有宗教的内容。李达同志对于马克思主义之所以有坚贞不渝的信仰，不是别的原因，正是因为这个理论本身具有迄今世界上最严密和最完整的科学内容。

李达同志认为，宣传马克思主义的目的，在于"应用马克思学说改造社会",解决中国革命的实际问题。为了这个目的,他应用马克思的唯物史观对中国社会的历史和现状进行了广泛而深入的研究,得出了不少合乎实际的科学论断。如他在20年代所写的《马克思学说与中国》《现代社会学》《中国产业革命概观》《社会之基础知识》等著作中,阐述了中国社会的性质以及中国革命的性质、任务和前途种种问题。他曾这样写道:"中国一面是半殖民地的民族,同时又是半封建的社会。所以为求中国的生存而实行的中国革命,一面要打倒帝国主义,一面要铲除封建遗物,前者是民族革命的性质,后者是民主革命的性质,其必然的归趋,必到达于社会革命,而与世界进化的潮流相汇合。"在大革命时期,针对陈独秀的右倾思想,他还尖锐地提出了革命的领导权问题:"领导革命运动者,果必为资产阶级乎?抑为无产阶级乎?此首应发生之疑问也。"他的回答是后者,而不是前者。他认为,只有把革命的领导权从资产阶级"移于共产党",才能取得反帝反封建的民主革命的胜利,才能解决农民问题的中心——土地问题,从而"到达于社会革命","以求实现真正自由平等的新社会"。可见他较早地阐述了民主革命的道路以及民主革命与社会革命相联结的思想。当然,李达同志这些理论著作,没有也不可能像毛泽东同志那样对中国新民主主义革命的理论、纲领、路线、方针、政策和策略作出全面系统的科学论述,但是,他在"应用马克思学说改造社会"的探索过程中所取得的理论成就,则是中国现代革命史上一份宝贵的思想财富。

李达同志的理论贡献，尤为突出地表现在哲学方面。他既是在中国最早传播马克思主义哲学的播火者，又是毛泽东哲学思想的宣传者。他在30年代所写的《社会学大纲》是中国人自己写的第一本马列主义哲学教科书，曾经受到毛泽东同志的高度赞扬。这本阐述科学宇宙观和历史观的哲学著作，在经过几乎半个世纪的实践检验之后，现在读来仍然是很有价值的。解放以后，李达同志怀着极大的热忱为毛泽东同志的哲学名著《实践论》和《矛盾论》分别作了通俗的"解说"，对于普及辩证唯物主义的教育起了很大的作用。他在晚年还主编了《唯物辩证法大纲》一书，可惜未及出版，他便因反对林彪的"顶峰"论遭受迫害而与世长辞了。在哲学上，李达同志一贯强调坚持辩证唯物主义的认识论，坚持实践是检验真理的唯一标准。他早在《社会学大纲》第四章中指出："人类的认识，是一个过程，并且是一个辩证法的过程。认识的过程，由实践出发，而复归于实践，其中包括着由物质到感觉及由感觉到思维的认识的发展过程。"这和毛泽东同志在《实践论》中所总结的实践、认识、再实践、再认识的思维发展规律是基本一致的。然而，现在有人认为这种对人类认识规律的概括是一种狭隘经验论。这种说法是不对的，显然缺乏马克思主义的基本知识。但它却又说明经过十年动乱，林彪、江青反革命集团确实搞乱了人们的思想，弄得一些人连马克思主义的基本知识也非常缺乏。要纠正诸如此类的无知妄说，最好的办法就是重新进行马克思主义的启蒙教育。我们不仅要重温马克思主义的经典著作,而且也要学习老一辈马克思主义者的著作。在民主革命时期,李达同志的著译曾经启迪过一批又一批革命者,引导青年追求真理的光辉,现在重温它也将使我们从中汲取马克思主义理论的营养,澄清许多模糊的思想。诚如鲁迅先生论定李大钊同志那样,李达同志的著译,是中国革命史上的丰碑。

李达同志离开我们已经15年了,他留下的丰富的思想理论遗产,很值得我们学习和研究。然而,我觉得最重要的,就是学习他毕生忠实于马克思主义,为真理而斗争的宝贵精神。

记爷爷李达在马列著作翻译方面的重要贡献

李典

我的爷爷李达同志，名庭芳，字永锡，号鹤鸣，祖籍湖南零陵。作为中国共产党的主要创建者之一，著名的马克思主义理论家、宣传家、教育家、哲学家、经济学家、法学家，爷爷为马克思主义在中国的传播、运用和发展，辛勤耕耘、呕心沥血，奋斗了几乎半个世纪。他在中国现代史上发挥了重要影响，留下了卷帙浩繁的著译，作出了令人敬仰的重大贡献。虽然我本人未曾有幸与爷爷一起生活，对他的生活和工作缺乏直接的了解，但是出于对爷爷及其事业的崇敬，我从很多历史文献、著作以及回忆录和传记中，不断加深了对爷爷的了解。在此，应本书主编之邀，主要来谈一谈我爷爷在译介传播马克思主义理论方面的独特贡献。

爷爷为寻求救国救民的真理，早年曾两次东渡日本求学。俄国十月革命爆发后，他刻苦学习马列主义，读了《共产党宣言》《资本论》第一卷和《国家与革命》等书。爷

李典为李达之孙女。本文为李典口述，张甲秀整理。

爷通晓日、英、德、俄四种外文。五四运动后，他一方面积极向国内报刊投稿、宣传社会主义，另一方面努力翻译马克思主义的书籍。1918年秋至1920年夏，爷爷在国外翻译了包括马克思主义三个组成部分内容的三本书，即《唯物史观解说》《马克思经济学说》《社会问题总览》。《社会问题总览》一书着重介绍科学社会主义理论和各国社会党的实践，以及社会政策、工会问题、妇女问题等，是当时一部难得的好书。《马克思经济学说》着重介绍剩余价值理论，也多次再版。这里面尤其值得重视的是《唯物史观解说》一书。

《唯物史观解说》是爷爷用日文和德文对照翻译的，1921年5月由中华书局出版，原著者是荷兰人郭泰。书中有爷爷的两篇附录，一篇是《译者附言》，另一篇为《马克思唯物史观要旨》，翻译了马克思和恩格斯关于唯物史观的重要论述。后一篇的主要部分是马克思在《〈政治经济学批判〉序言》中写的关于唯物史观的那段著名论述和他发现唯物史观的经过的那段说明。关于唯物史观的这段著名论述曾出现在李大钊《我的马克思主义观》一文中，是李大钊从河上肇的著作中转译的，对此，爷爷不仅重译了这一段，而且加译了马克思的那段说明，译文更完整些。再一部分是恩格斯1888年1月为出版《共产党宣言》英文版写的《序言》中的两段话，说明贯穿《共产党宣言》的核心思想是唯物史观的基本原理。爷爷最初翻译的马克思恩格斯的这些论述，尽管是

李达在工作中

一些片段,但却是很重要的,对于国内当时渴望学习马克思主义的人来说,也是很急需的。他翻译《唯物史观解说》一书,正是为了帮助大家理解马克思和恩格斯唯物史观的基本思想,这对建党作思想理论准备也是有意义的。

1920年夏,爷爷回国后,立即和陈独秀等人共同发起组织中国共产党,并参加编辑《新青年》。这时《新青年》成了党的上海发起组的公开机关刊物,加强了马克思主义的宣传,陆续刊登了列宁的一些著作,其中爷爷自己翻译了一篇《列宁底妇人解放论》(《新青年》第九卷第二号),他说明这是从列宁的《劳农俄罗斯中劳动底研究》一书中摘译的一节。接着,党的上海发起组又于 1920 年 11 月创办了秘密的《共产党》月刊,由爷爷担任主编。爷爷在这个刊物上刊登了列宁在俄共九大的报告《俄罗斯的新问题》(载该刊第一号,震寰译)、《国家与革命》的第一章(载该刊第四号,P.生译,P.生即茅盾),以及列宁起草的、第三国际第二次代表大会通过的《加入第三国际大会的条件》等。

爷爷在《新青年》上发表的其他重要译著还包括:《劳农俄国底结婚制度》(山川菊荣著)、《俄国农民阶级斗争史》(佐野学著)、《从科学的社会主义到行动的社会主义》(山川均著),等等。爷爷当时翻译和在他编辑的刊物上登载的列宁的著作或一些著作的章节,使很多人受到了马列主义的启蒙,在建党过程中起到积极作用。

爷爷不仅是《新青年》的编辑人和撰稿译稿人之一,还是"新时代丛书社"的创办人之一。1921 年 3 月,爷爷同陈独秀、李大钊、李汉俊、陈望道、沈雁冰、夏丏尊等 15 人组织创办了"新时代丛书社",编辑出版新时代丛书。

中国共产党成立后,爷爷负责党的宣传工作。当时由于公开出版的马克思主义的著作和文章比较少,除了上海的社会主义研究会于 1920 年 8 月出版过陈望道翻译的《共产党宣言》外,只有少数报刊登载过马克思、恩格斯和列宁的少量著作或著作章节和片段。因此,对于那些想研究马克思主义、探寻真理的人来说,出现了马列主义的"知识荒"。为了解决这一问题,有些人不得不凑在一起,由懂得一些外文的人翻译一段、念一段,大家记录一段、学习一段。同时，由于很多人只能从一些报刊上看到马克思、恩格斯和列宁的个别著作，或者马克思恩格斯零散的论断，因此对马克思主义不可能有比较完整准确的理解，分不清马克思主义和非马克思主义、反马克思主义的界限，不能树立起坚定的马克思主义信念。再者说，党成立时，理论、思想准备也不够，当时党员的马克思主义水平普遍不高，迫切需要用马克思主义武装起来，以便加强全党团结，提高战斗力。在这样的时代背景和需求下，爷爷依据一大关于宣传工作的决议，创办并主持了地下的人民出版社，这也是我们党建立的第一个出版社。

人民出版社成立后，制定了一个规模宏大的出版计划，准备出"马克思全书"15种，计有《马克思传》《工钱劳动与资本》《价值价格与利润》《哥达纲领批评》《共产党宣言》《法兰西内乱》《资本论入门》《剩余价值论》《经济学批评》《革命与反革命》《自由贸易论》《神圣家族》《哲学之贫困》《犹太人问题》《历史法学派之哲学的宣言》。"列宁全书"14种，"康慕尼斯特丛书"（即"共产主义丛书"）11种，其他9种，包括恩格斯的《空想的科学的社会主义》。从计划出的"马克思全书"看，包括了马克思主义哲学、政治经济学、科学社会主义三个组成部分的内容，既有马克思和恩格斯思想成熟后的著作，又有他们的早期著作。由此可以看出，爷爷计划出的这套"马克思全书"，旨在使革命者能全面研究马克思主义的三个组成部分，了解马克思主义是怎样产生、怎样成熟、又怎样不断完善的。加上

"列宁全书",又可以了解到在新的历史条件下,列宁是怎样发展马克思主义的。这在当时是一个前所未闻、别开生面的出版计划。

但是,那时大量出版马克思主义著作是很困难的。首先是受到帝国主义和国内反动派的阻扰。1921年春,设在上海的新青年社遭巡捕房查封,被迫迁移广州。当时正在排印的《新青年》第八卷第六号,"所有稿件尽被辣手抓出",只得重编推迟出版。《共产党》月刊也受到袭击,这年4月出版的该刊第三号被迫开天窗,首篇文章的头一页没有原文,印着"此面被法捕房没收去了"一行醒目大字。爷爷亲身经历了这些事,有了经验教训,在办人民出版社时,就更加机智警觉了。人民出版社本来设在上海成都南路辅德里625号,为了避免敌人注意,他有意把社址写成"广州昌兴新街26号",出版的书的封面上标为"广州人民出版社"。译者和编者一般不署真名。因出版工作是秘密的,再加上人力、物力和经费的困难,爷爷就亲自承担编辑、校对、发行各项工作,有时还亲自译稿和撰稿。尽管受到种种条件的限制,难于按计划出书,但爷爷克服重重困难,一年内仍出书17种,其中"马克思全书"三种,有马克思、恩格斯的《共产党宣言》(陈望道译,这次出版时译者改用"陈佛突"的笔名)、马克思的《工钱劳动与资本》(袁湘译,袁湘即袁让),此外有《资本论入门》(马尔西原著,李漱石译,李漱石即李汉俊);"列宁全书"五种,有列宁的《劳农会之建设》(李立译)、《讨论进行计划书》(成则人译,成则人即沈泽民)、《共产党礼拜六》(王静译)、《劳农政府之成功与困难》(李墨耕译),此外还有《列宁传》(张亮译);"康慕尼斯特丛书"四种;其他编著四种,其中有爷爷以"李特"的笔名与人合编的《李卜克内西纪念》。人民出版社当时出版的马克思、恩格斯和列宁的著作,除《共产党宣言》属于重排外,其他都是在我国首次出版。

爷爷在党的二大上辞去中央局宣传主任职务,应毛泽东同志的函邀,在上海人民出版社和新青年社准备合并前夕,到长沙任湖南自修大学校长,讲授唯物史观、剩余价值学说和社会进化史,并主编该校的校刊《新时代》。为了使该校学友和广大群众能够直接学习马克思主义经典著作,他翻译了马克思的《德国劳动党纲领栏外批评》(即《哥达纲领批判》),刊登在1923年4月出版的《新时代》创刊号上。除此之外,大革命时期,爷爷还编译出版了《劳农俄国研究》,翻译出版了安部矶雄的《产儿制限论》和高柳松一的《中国关税制度论》等。

1926年至1927年初,爷爷先后任国民革命军中央军事政治学校代理政治总教官、国民革命军总司令部政治部编审委员会主席及武汉图书馆馆长。大革命失败后,武汉笼罩在大屠杀的阴霾之中,爷爷被迫从武汉潜往上海。形势的发展,提出了中国向何处去的问题,迫切需要在广大人民群众面前用马克思主义作出正确回答。在这种形势的要求下,20世纪20年代末至30年代中期,爷爷又亲自翻译出版了13本包含经典著作在内的马克思主义理论书籍，累计近5000页之多。

与此同时，爷爷和邓初民、熊得山、张正夫、熊子民等人于1928年冬创办了昆仑书店，大量出版马克思主义书籍和各种进步书籍。这个书店于1930年在我国首次出版了马克思的《资本论》(第一卷第一分册)，是陈启修根据1928年德文版译的第一、二、三章，后来和东亚书局1932年出版的潘冬舟翻译的《资本论》第二、三分册合成第一卷整卷。同年，又出版了爷爷翻译的马克思的《政治经济学批评》和钱铁如翻译的恩格斯的《反杜林论》(上册)。1932年出版了一本署名恩格斯的《机械论的唯物论批判》，是杨东莼、宁敦伍依据德人赫尔曼·唐克尔1927年编的马克思主义文库第三篇合译的。在当时出版马克思主义书籍方面，昆仑书店和江南书店等进步书店起了带头作用，有力配合了党的华兴书局，促成了出版马列主义之类进步书籍的风气。许多书店为了显示自身的进步性，都跟着出版这类书籍，就连一向专出碑帖书画的神州国光社，也开始出版起这类书来。

1930年冬季以前，革命文化虽然受到国民党反动派日益加剧的打压，但马克思主义理论书籍尚能公开发行。到了这年12月，国民党反动派对革命根据地发动第一次残酷的大"围剿"，同时对革命文化也展开反革命"围剿"。再至1932年，国民党的宣传品审查标准更加严苛，规定凡宣传共产主义，被认为"反动"；凡要求抗日，批评国民党的不抵抗政策，被认为"危害中华民国"；凡对国民党政府稍有不满，被认为"替共产党张目"，一律严加禁止。他们查闭进步文化机关，捣毁书店，逮捕、屠杀革命文化工作者。当时的上海，一片白色恐怖，很多书店害怕了，比较进步的书店难以继续存在下去。翻译、编著、出版马克思主义的书籍极为艰难，已出版过的再版也不容易。为了对付国民党反动派，打破他们对革命文化的反革命"围剿"，革命的文化工作者就办了一些挂名书店（即找一些书店把书印刷出来，但不用这些书店的名义出版发行，另挂一个假书店的名号来出版发行），冒着危险继续出版马克思主义理论著作和各种革命的、进步的书籍。爷爷1932年创办的笔耕堂书店，就是这种性质的。吴黎平翻译的恩格斯的《反杜林论》，江南书店曾于1930年11月出版。正在出版这本书的时候，吴黎平被反动派逮捕下狱。不久，这本书成了禁书，江南书店难于再版。鉴于恩格斯的这一著作系统地阐述了马克思主义哲学、政治经济学、科学社会主义三个组成部分，吴黎平的译本又是一个完整的译本（昆仑书店出版的只有哲学篇），为了使恩格斯这一重要著作广为流传、扩大影响，爷爷冒着风险，于1932年7月用笔耕堂书店再版了这个译本，出版时把译者改名为"吴理屏"，印刷数量比江南书店初版扩大一倍。30年代，爷爷不断地、巧妙地用笔耕堂书店出版了不少马克思主义哲学、政治经济学、科学社会主义以及史学方面的重要著作。1937年5月，他用这个书店出版了他的著名的《社会学大纲》。

爷爷翻译的不仅是最新的书,而且是论述精辟而又通俗易懂的"很好的入门书"和"必读之书",非常契合当时的需要。他翻译速度快、效率高,不少书都是在问世后的次年就有中文本推出,其中河上肇的《马克思主义经济学基础理论》长达700多页,爷爷仅用了半年时间就将其译成中文出版。就拿1930年来说,仅此一年,爷爷就翻译出版了6本书。同时,爷爷对于文献翻译的态度是十分严谨的,尽量确保译文准确无误。比如,他的《现代世界观》译本,最初是根据两种日译本翻译而来的,但是他一直不甚满意,于是后来又对照德文本重新校正改译。1934年,神州国光社出版了傅子东翻译的列宁的《唯物论与经验批判论》。译者写的《序言》中说明这本书的译文曾"请求了知友李达先生以德文和日文译本详细审核","李先生对这个译文,有许多修正,这是译者应当对他致深厚的感谢的","至于专门名词,尤其是人名,以及一二学术上的译名,他也细心修改过"。那时,爷爷在北平大学法商学院任教授,兼任经济学系主任,教授多门课程,同时在中国大学、朝阳大学兼课,并从事大量翻译和著述工作。当时他的眼病时而复发,看书写字十分吃力。但为了使列宁这一重要哲学巨著的译文准确、流畅,他把自己的翻译、著述工作置放一旁,从繁重的教学活动中挤出时间,抱病用几种文字的译本,对照这个译文的原稿,"详细审核""修正",甚至对专有名词、人名、术语都一一"细心修改",

付印前又作了最后一次校对。从这里也可以看出爷爷对翻译出版马克思主义经典著作高度的热情与强烈的责任心。爷爷译介马列著作的目的非常明确，就是为了广泛深入地传播马克思主义，推进有关中国革命的理论研究事业的发展。

在翻译、出版马列主义著作的同时，爷爷还特别关注革命人才的培养，尤其注重提高他们的外语素质。1920年秋，为了培养革命干部和输送革命青年去苏俄学习，党的上海发起组创办了外国语学社，由杨明斋和维经斯基的夫人教授俄语，爷爷教日文，李汉俊教法文，李震瀛教英文，学生多时达五六十人，其中有刘少奇、任弼时、肖劲光、罗亦农、柯庆施、彭述之等人。

爷爷的著译也影响了很多人，其中既包括毛泽东、刘少奇在内的无产阶级革命家和领导人，也包括侯外庐、丁玲等马克思主义学者和作家。他们要么读过爷爷的著作，要么听过他的哲学课程，或者接受过爷爷的指导和帮助。就拿《辩证法唯物论教程》这本译著来说吧，该书是苏联批判德波林学派过程中最初产生的一部很有影响力的哲学著作，1931年在苏联出版后，爷爷于1932年就将其翻译出来，1935年由上海笔耕堂书店出版。该书出版后很快流传到革命圣地延安，毛主席两次认真阅读了此书，并在这本书第三版的书眉和其他空白处，先后用毛笔、红黑蓝铅笔写下了近12000字的批注，而且还从头至尾作了圈画和标记。这些批注有的是对原著扼要而精辟的概括、简明的赞同评语，也有的是对原著观点的批判、引申，特别是联系中国实际所作的思考。这是毛主席"批注文字最多"的一本书。

爷爷不仅亲自投身马克思主义理论著作的翻译实践，还对我国的翻译理论作出了重要贡献。他的翻译观反映在他1954年参加的一次座谈会的发言《谈谈翻译》中。他认为，译者"必须努力提高自己的中文修养"，"必须努力提高自己的政治水平"，"必须翻译自己熟悉的东西"，"必须采取对人民负责的态度，决不能粗制滥造"。爷爷在这里通过几个"必须"，不仅谈到了"译才"，更着重强调了"译德"；既提出了理论，也指明了方法，提供了遵循。

在近半个世纪的教学和科研中，爷爷著译兼攻，不仅翻译了《唯物史观解说》《理论与实践的社会科学根本问题》《辩证唯物论教程》等近100万字的哲学专著，而且撰写了《现代社会学》《社会学大纲》《〈实践论〉解说》《〈矛盾论〉解说》，主编了《唯物辩证法大纲》等多达一百几十万字的哲学专著。由于他在五四时期所用过的笔名还未完全弄清楚，加之十年动乱期间他的全部书稿和文献都被查抄，有些至今下落不明。因此，他一生中的著译还无法作出精确的统计。

鲁迅先生把翻译、介绍外国的进步理论，比喻为古希腊神话中普罗米修斯偷窃天火到人间，又比作私运军火给起义的奴隶。爷爷就是这样一位无怨无悔的窃天火者。侯外庐先生曾在《光明日报》发表的文章中赞扬爷爷道："在中国现代革命史上,李达同志是一位普罗米修士式的播火者",认为"李达同志的著译,是中国革命史上的丰碑"。这是中肯的评价,也是历史作出的结论。

瞿秋白（1899—1935）中国无产阶级革命家、理论家、文学家和宣传家，中国共产党早期领导人。又名霜。江苏常州人。1922年加入中国共产党。1923年在上海中共中央机关负责《新青年》《前锋》《向导》等刊物的编辑工作。1925年后历任中共中央局委员，中共中央常务委员会委员，中共中央政治局委员、常委。1927年国民党叛变革命后，任临时中央政治局常委、主席。1934年任中华苏维埃共和国第二届中央执委会委员、中央执委会主席团成员、人民教育委员会委员、中华苏维埃共和国中央政府教育部部长等职。1935年2月在福建长汀被国民党军逮捕，6月18日就义。译有《国际歌》，遗著编有《瞿秋白文集》《瞿秋白选集》等。

"翻译是革命的桥梁"
——瞿秋白与马克思主义文献编译

把翻译"当作庄严的革命的政治任务来完成"

杨之华

秋白在和鲁迅一起领导左翼文化运动时,始终从当时党领导的整个革命斗争的全局出发,来从事各项工作。他在《当前问题》《苏维埃的文化革命》《文艺的自由和文学家的不自由》等文中,根据当时革命的总形势和总任务,提出了文化战线上的任务。他强调指出:"首先要注意的,就是文化运动和一般革命斗争的关系。这里,一切革命的文化团体,必须用文化运动的方式去发动广大的群众,来参加苏维埃政权的全部斗争。""新兴阶级为着自己的解放而斗争","同时也就要用文艺来帮助革命","他们在文艺战线上,一样是为着创造整个新社会制度——整个新的宇宙观和人生观而斗争的。"

为了广泛深入地开展革命斗争,秋白针对王明极左路线的宗派主义和关门主义,特别重视团结问题,强调指出:"革命的文化运动的大众化,就是目前最重要的中心问

本文节选自《回忆秋白》,人民出版社1984年版。题目为编者所加(引自文中瞿秋白语)。杨之华为中国妇女活动家,瞿秋白的第二任妻子。

题,""文化团体的任务是在党的领导之下成为文化战线上的强有力的群众斗争的队伍,必须能够动员极广大的党外的劳动民众和革命的知识分子,使他们团结在苏维埃的旗帜之下,来进行革命的文化运动"。这是他认为当时党领导的"左翼文化总同盟"和隶属于它的包括"左翼作家联盟"在内的各社团的总任务和总政策。他在同冯雪峰、夏衍等同志的许多谈话中,同鲁迅和茅盾商议工作时,对"文总"和"左联"等组织的工作所提的意见和他自己进行的一切实际工作,都切实地贯彻了这种总任务和总政策,希望党内同志和广大文艺工作者明确斗争方向,同仇敌忾,团结战斗,克服宗派主义和"文人的小集团主义"。

他因此特别重视马克思列宁主义的文艺理论的建设工作,认为"真正革命文艺学说的介绍,那正是革命普洛文学的新的生命的产生"。这项工作是紧密结合当时文化战线上的实际斗争进行的,一方面他在与自称为"自由人"的胡秋原和"第三种人"的苏汶(杜衡)的错误文艺观的论争中,写了《文艺的自由和文学家的不自由》和《"自由人"的文化运动》等文,批判了资产阶级的文艺思想,阐述了马克思列宁主义的文艺理论。与此同时,他编译了《"现实"——马克思主义文艺论文集》《列宁论托尔斯泰》和《高尔基论文选集》。在这些著译里面,也针对当时中国文艺界存在的错误观点作了批判和论述。

当时马克思列宁主义的文艺理论工作的薄弱,是促使秋白致力于这项工作的一个重要原因,这种无产阶级的科学文艺论的介绍和讨论,在当时还只有三几年的时间,即在1928年前后"创造社"、"太阳社"和鲁迅、茅盾之间关于革命文学和无产阶级文学的问题上进行的论战结束之后。秋白指出:"这时期的争论和纠葛转变到原则和理论的研究,真正革命文艺学说的介绍,那正是革命普洛文学的新的生命的产生。……鲁迅现在说:'我有一件事要感谢创造社的,是他们"挤"我看了几种科学的文艺论,明白了先前的文学史家们说了一大堆,还是纠缠不清的疑问……以救正我——还因我而及于别人——的只信进化论的偏颇。'"①鲁迅当时深感革命队伍内部应该团结,他指出:"我以为联合战线是以有共同目的为必要条件的。……而我们战线不能统一,就证明我们的目的不能一致,或者只为小团体,或者还其实只为了个人,如果目的都在工农大众,那当然战线也就统一了。"②为了使革命文艺队伍目的一致,战线统一,鲁迅在1929—1930年间翻译了卢那察尔斯基的《艺术论》、普列汉诺夫的《艺术论》、苏联出版的《文艺政策》等文艺理论书籍。"创造社"、"太阳社"的一些同志和冯雪峰等同志在这方面也作了一些介绍和论述。这些工作为1930年3月初"左联"的成立准备了理论和思想上的基础。但是这些还仅仅是开始,因此正如秋白所指出的,这里所发生的错误,实在是多得很。如普列汉诺夫文艺理论中包含的非辩

---

① 见秋白著《〈鲁迅杂感选集〉序》。
② 见鲁迅著《对于左翼作家联盟的意见》。

证法的方法论、客观主义、对阶级的了解的机械论成分等；波格唐诺夫的"艺术组织生活"的唯心论，等等。同时，资产阶级的反动文艺思想，通过"新月派"的梁实秋，"自由人"的胡秋原和"第三种人"的苏汶等人，在影响着文艺工作者。而革命的文艺工作者由于没有很好地掌握马克思列宁主义的文艺理论，就不能明辨是非，拨乱反正。

鉴于这些情况，秋白认为为了武装革命文艺工作者，粉碎反动文艺论，纠正错误的文艺观，教育和团结广大的文艺工作者，更好地组织和扩大文化革命的统一战线，进行马克思列宁主义的文艺理论的基本建设工作，是当时党加强对文化工作的领导的一项首要任务，也是他应尽的重要责任。

与马克思列宁主义文艺理论的阐述和革命的大众文艺的倡导紧密联系着的，是他对文学翻译工作的重视。他在这一阶段中，有计划地每天用两三个小时，翻译文艺理论和革命文学作品。他主张马列主义的文艺理论和国际革命文艺创作，也都要用大众化的方法介绍到中国来。翻译不要曲解原文，不要文言白话夹杂和中国文法同外国文法瞎凑，而必须用完全的白话和现代中国语文的文法。马列主义文艺理论的介绍，除了翻译，尤其要编纂，要针对中国广大群众之中对于文艺的许多旧观念，进行批判论述。他说，"这里要把马克思列宁主义的方法实际地运用到中国的文艺现象上来"。他自己就是这样做的。如在他翻译的《马克思主义文艺论文集》里，编写了《马克思恩格斯和文学上

1930 年 7 月,瞿秋白与杨之华在莫斯科合影

的现实主义》《恩格斯和文学上的机械论》《文艺理论家的普列汉诺夫》《拉法格和他的文艺批评》等文。这些文章都联系当时中国文艺界的情况，阐明了马列主义文艺论，驳斥了反动谬论，批评了错误思想。

谈到翻译工作，秋白做的不仅是文学方面的。在这以前，他还编译了很多马克思列宁主义的基本理论著作，那都是在紧张的革命斗争中挤出时间或利用养病进行的。

秋白把翻译看作是为中国革命服务的一项重要工作，是他的一种责任。他常说自己有些根基的还是俄文，应该多做些翻译工作，他总是不满足自己在这方面已经做的工作。他鼓励我做翻译工作时常说："翻译是革命的桥梁，文化的桥梁，对中国革命很有好处，我们自己也可丰富知识。所以要像蜜蜂采蜜那样，下苦功夫，认真细致地做，一字一句也不要马虎。"他同鲁迅谈到翻译工作时，都认为需要教育一些青年人改变在翻译和学习外国语上不用功、不踏实的浮浅作风。秋白说："掌握一种外国语，用功的人要花十年，一般的人要花十五年。"鲁迅根据自己学习日文、德文的体会，深有同感地说："十年还是不间断用功的十年！"

秋白不仅自己努力翻译，也热情地鼓励别人去做。他对曹靖华同志说过："马克思列宁主义的文艺理论和苏联的革命作品，中国太需要了。你应该专力从事这种工作，把它当作庄严的革命的政治任务来完成。"他还热情地祝贺过鲁迅在翻译工作上的成就。

罗汉岭前吊秋白

曹靖华

秋白，1923年初，你回国后，住在北京黄化门西妞妞房你的叔叔家里。我常去看你，有一次，我把我的第一篇译稿——契诃夫的独幕剧《蠢货》交给你，你看了就在你主编的党的机关刊物《新青年》季刊第二期上发表了。这给了我多大鼓励呵。你教我多学习，多介绍。你说中国文艺田园太贫瘠了，教我作一个引水运肥的"农夫"。

我记得，你住的是一个跨院，有两小间房，外间靠门口的隔壁跟前，放着一张小风琴。你那时正在译《国际歌》，仔细斟酌好了一句，就在风琴上反复地自弹自唱，要使歌词恰当地能配合乐谱。你说《国际歌》当时已经有了三种译文，可是没有一种译得像样，更谈不到能唱了。你要把它译得能唱，使它在中国人民口头上传布开来。最令我惊佩的是外文"国际"一词，在外文是那么长的一串音节，而在汉语却只有"国际"两个音，这怎么能使它配上原谱呢？你说这个字在西欧各国文字都是同音，所以汉语也应该相同。你采用了音译"英德纳雄纳尔"，解决了这一难题，并且认为这

本文原载《忆秋白》，人民文学出版社1981年版，收入本书时有删节。曹靖华为中国著名翻译家。

样在唱时可和各国之音一致，使中国劳动人民和全世界无产者得以同声相应，收万口同声，情感交融之效。在译作时，你是这样深刻地思考、处理问题的呵。你不但是中国人民杰出的战士，而且是杰出的全才。1922年过阴历年时，你在莫斯科东方大学俱乐部参加演出的那一个独幕趣剧，连苏联同志对你演的角色，都大为惊叹不已！

本来，你回北京后，由李大钊同志介绍，请你到北京大学俄国文学系教俄国文学史，可是反动的北大教务长顾某，把门关得紧紧的，始终不发聘书。过了一个时期，你就到上海去了。

秋白，我在学习俄文中，常把遇到的困难，特别是原意懂而中文难于表达得恰当的那些词句，向你请教。有一次，我随便提到契诃夫剧本中两个人物吵嘴时那样最普通的例子，如："Видали Мы"，我照直译为"我们见过的"，你改为"我们见识过的"。这些小节，将近40年了，我都记得清清楚楚。加一个字，显得多么活现！你后来把极艰深枯燥的哲学论文，译得那么细腻、委婉、动人！诚如鲁迅所说，"信而且达，并世无两。"马列主义的文艺理论文章，仗着你那生花之笔，在中国广大读者的心中生根、开花了。

那是1924年吧，你在上海，我把我的译稿——契诃夫的《三姊妹》，寄给你看，你看后，改了一些地方，交给郑振铎，列入文学研究会丛书出版了。那时你写信说你完全用药养着命，在极端艰险条件下，从事革命工作。我每逢写信向你请教时，每个问题你都详细地解答着，有时甚至

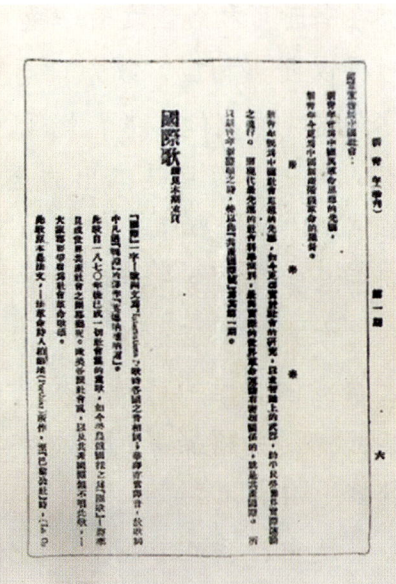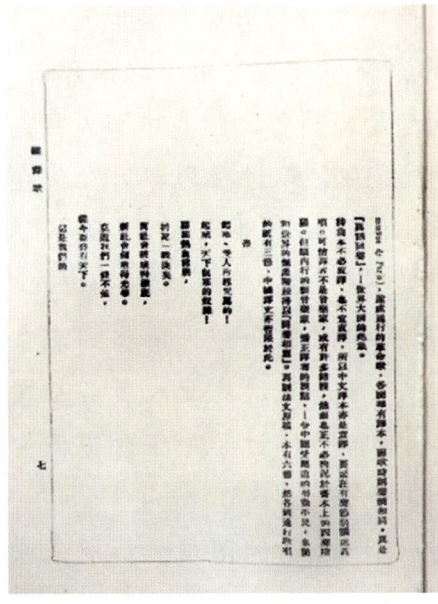

1923年6月15日出版的《新青年》季刊上刊发瞿秋白翻译的《国际歌》歌词

是长篇大论地论述。

大革命失败后,我避难到莫斯科,不久你也到了那里。旧地逢故人,万感交集,真不知话从哪里说起!一天傍晚,我们在大教堂附近的莫斯科河畔散步,你谈到我走后武汉各方面的情况……王一飞同志被害了,罗觉(一农)同志被害了……最后你谈到中国极需要苏联的文艺作品与文艺理论的介绍,你教我专力在这方面工作。你说应当把介绍苏联文艺作品与文艺理论工作,当作庄严的革命的政治任务来完成。

1929年,有一次,我从列宁格勒到了莫斯科,临走前到你住的地方——柳克斯饭店看你。你总是像从来那样昂奋,那样忘我地为中国人民、中国革命打算。你谈笑风生地,充满着革命热情地谈着文艺大众化问题,谈的使我听得出神,差点儿误了火车。

是1929年深秋吧,你回国前,最后一次到了列宁格勒,在我家里畅叙半日,不意那次相会,竟成了我们最后一次的会见!

你回国后,直到1933年我回国以前,这期间,在国民党反动派对苏联封锁的情况下,你同鲁迅先生想尽方法,经常往列宁格勒给我寄书刊。其中有你们办的半公开,或不公开的刊物,如《文学导报》《十字街头》《文学月报》《前哨》等等。我在那些刊物上辨出了你在白色恐怖下,用宋阳、易嘉、范易嘉等等不同的笔名,写出了火焰般的、战斗的文艺作品,文艺理论和批评文章。

那时我也不断寄些苏联的书报,托鲁迅先生转给你,有时为防特务没收，每种寄双份，甚至寄三份，分批寄，或经西欧转寄。用尽心思要逃过国民党的没收，把苏联的书刊寄到你手里。记得有一次，你收到葛拉特柯夫的长篇《新土地》时，很快就译了出来，并且写信说："这书已译好，交商务印行，出版时，我要写一篇序文印在书前，这序文只有五个大字，就是：'并非乌托邦！'"谁知你无限心血凝成的这部译稿，在1932年1月28日，上海抗日战争中，竟被日本帝国主义强盗烧毁了。现在仅剩你遗稿中的第一章的几页残稿。秋白，你的译稿被强盗烧毁了，但是，你替中国革命打算的一颗赤心，任何强盗的烈火都烧不毁的！你理想中的"新土地"，而且为了这"新土地"你终于慷慨以身殉之的，这"新土地"呵，在咱们的英明的党和全国人民最爱戴的领袖毛泽东同志的领导下，在中国出现了！

1931年秋，我在列宁格勒利用暑假，译完了《铁流》的附录部分，没有功夫再将该书最主要的一篇长序译出来。鲁迅先生又急着将书出版，于是就请你在那"岩石似的重压之下"，将那篇序文译了出来。鲁迅先生当时往列宁格勒去信说："《铁流》长序在此已另请人译，那人你是认识的。"但始终却没料到这就是你！那真是作者之幸，译者之幸，中国广大读者之幸呵！那译文，直到现在为止，是中国翻译史上空前的译笔了。鲁迅先生在《〈铁流〉编校后记》中说：

"没有木刻的插图还不要紧，而缺乏一篇好好的序文，却实在觉得有些缺憾。幸而，史铁儿竟特地为了这译本而将涅拉陀夫的那篇翻译出来了，将近二万言，确是一篇极重要的文字。读者倘将这和附在卷末的《我怎么写〈铁流〉的》都仔细地研读几回，则不但对于本书的理解，就是对于创作，批评理论的理解，也都有很大的帮助的。"

接着又说：

"在现状之下，很不容易出一本较好的书，这书虽然仅仅是一种翻译小说，但却是尽三人的微力而成，——译的译，补的补，校的校，而又没有一个是存着借此来自己消闲，或乘机哄骗读者的意思的。"

秋白，你被害后，鲁迅先生在悲痛之余，用"诸夏怀霜社"来替你编印《海上述林》。怀着"纸墨更寿于金石"的心情，用这来纪念你。这是"对于先驱者的爱的大纛，也是对于摧残者的憎的丰碑"。

1936 年 8 月 27 日鲁迅先生来信说："它兄集上卷已在装订，不久可成，曾见样本，颇好，倘其生存，见之当亦高兴，而今竟已归土，哀哉。"

但是，秋白，你虽然被杀害，虽然"竟已归土"，可是你用自己的生命开辟的"新土地"已经出现了。这"新土地"上开遍了令全世界亿万人羡慕的中国人民胜利的奇花。这是宇宙间最美丽的幸福的宝花。这是你和无数革命先烈用鲜血灌溉出来的，它将更庄严而绚烂地开遍全世界！

秋白，这正是三十年前你满怀信心地所要大书特书的："并非乌托邦！"

蔡和森（1895—1931）中国无产阶级革命家，马克思主义理论家、宣传家，中国共产党早期领导人。湖南湘乡永丰镇人。1918年同毛泽东组织新民学会。五四运动后，赴法勤工俭学。1921年冬回国，加入中国共产党。曾任中共中央机关报《向导》周报主编，中共第二至四届中央执行委员，第五、六届中央政治局常委，中共中央代理秘书长、宣传部部长，中共两广省委书记等。1931年在组织广州地下工人运动时遭叛徒出卖被捕，8月4日牺牲在广州军政监狱。译有《共产党宣言》《社会主义从空想到科学的发展》《国家与革命》等，著有《社会进化史》《蔡和森文集》等。

"追求真理，猛看猛译"
——蔡和森与马克思主义文献编译

永远不能忘怀的一件事

成仿吾

蔡和森同志是我党早期卓越的理论家和宣传家。为了追求进步思想，寻找马克思主义真理，1919年底，他举家赴法勤工俭学。在法国，他刻苦学习法语，十分重视马克思主义的理论学习和各国革命经验的探讨。在短时间内，他不仅收集了许多马克思主义和各国革命运动的书籍，而且选其重要者"猛看猛译"。当时留法的中国青年所能读到的《共产党宣言》《社会主义从空想到科学的发展》《国家与革命》《无产阶级革命与叛徒考茨基》《共产主义运动中的"左派"幼稚病》等著作和一些宣传十月革命的小册子，就是蔡和森同志从法文翻译过来的。这件事，在当时是非常难能可贵的，是很有影响的。

蔡和森同志并不以此为满足。虽然我不曾见到过蔡和森同志，但是有一件事却使我深深印在脑海里，永远不能忘怀。

记得1928年秋，我从莫斯科到柏林去，在莫斯科见到张闻天同志，当时他是驻共产国际的中共代表，我同他

本文原载《回忆蔡和森》，人民出版社1980年版。成仿吾为著名马克思主义翻译家、《共产党宣言》中文本译者。

早就熟识的。这次见面,他知道了我在柏林的旅欧支部的地址。

同年冬(1929年初),蔡和森同志担任驻共产国际的中共代表,他大概就是根据张闻天同志所提供的线索写了一封信给我,要我根据德文原著翻译《共产党宣言》,并要我尽快翻译出来,寄到莫斯科外文出版社交 Watson 收。Watson 就是蔡和森同志当时的化名。

我接到蔡和森同志的信后,就着手《共产党宣言》的翻译工作。在1929年的上半年,这件工作就完成了。1929年夏,我托德国党的一位同志带到莫斯科去,交外文出版社的 Watson 收。但是后来没有回音,我写信查问,才知道蔡和森同志已经回国了。我的稿子由外文出版社转给别的同

1920年春假,在法国蒙达尔纪学习的勤工俭学学生合影(前排左一为蔡和森)

志，几经易手，没有了下落，以后也没有找着。

我的稿子虽然没有送到蔡和森同志的手中，但从这件事情上已使我深深感到他是如何重视和忠实于马克思主义原著的。恩格斯非常关心《共产党宣言》及其他马克思主义经典著作的翻译工作，表扬那些译得好的，批评某些译得不好的。他在1885年曾写过一篇《不应当这样翻译马克思》，指出应该按德文原著翻译马克思的著作，而不应该从别国译本转译。看来，蔡和森同志是很重视恩格斯这个意见的，因此他在1929年就要我根据德文原著翻译《共产党宣言》。

事情已经过去半个世纪了，由于革命征途上饱经风霜，许多往事已经模糊，但这件事我却永远不能忘怀。现在，我把它写出来，告诉青年同志们，让同志们知道我们老一辈理论家如何重视外语学习和如何忠实于马列主义原著。我们现在的青年同志不仅学自然科学的要很好学习外语，就是学社会科学的也要很好学习外语，以便从外文原著完整地准确地学习马克思列宁主义。

我现在正根据中共中央的决定，按德文原著，从事对马恩著作的中文译本的校订工作。回想起来，这件工作也可以说是当年蔡和森同志要求完成的那件工作的继续。我今年82岁了，但一定竭尽有生之年的精力，把这件事做细做好。今年3月30日是蔡和森同志诞辰85周年纪念日，让我们就以这样的行动来作为对蔡和森同志的一点纪念吧！

回忆我的良师益友蔡和森同志

唐铎

敬爱的蔡和森同志,在五四时期,就是赞成俄国革命的具有初步共产主义思想的知识分子的优秀代表之一。在中国大革命的风暴中,他迅速地把自己锻炼成了一位杰出的马克思主义理论家和宣传家,坚强的共产主义战士,并成了我们党早期卓越的领导人之一。

1920年2月,蔡和森同志远涉重洋到达法国,开始了留法勤工俭学的战斗生活。同年五月上旬,我和萧子暲、傅钟、赵世炎等同志乘坐法国邮船阿芒伯西号,从上海出发,经过四十多天的航行,也到达了法国,并被分派到巴黎南部附近的小城市蒙达尼去学习。蔡和森、蔡畅、向警予、李富春等先前已经到达法国的同志们,还有新民学会的其他会员,大部分也都在这里学习。我们在这异国重逢,那种亲切、温暖、高兴的心情是难以形容的,特别是这些同志都把我当小孩子看待,使我在他们身边,就像是有了靠山似的。

本文原载《回忆蔡和森》,人民出版社1980年版,收入本书时有删节。唐铎早年参加留法勤工俭学运动,为开国少将,曾任辽宁省政协副主席。

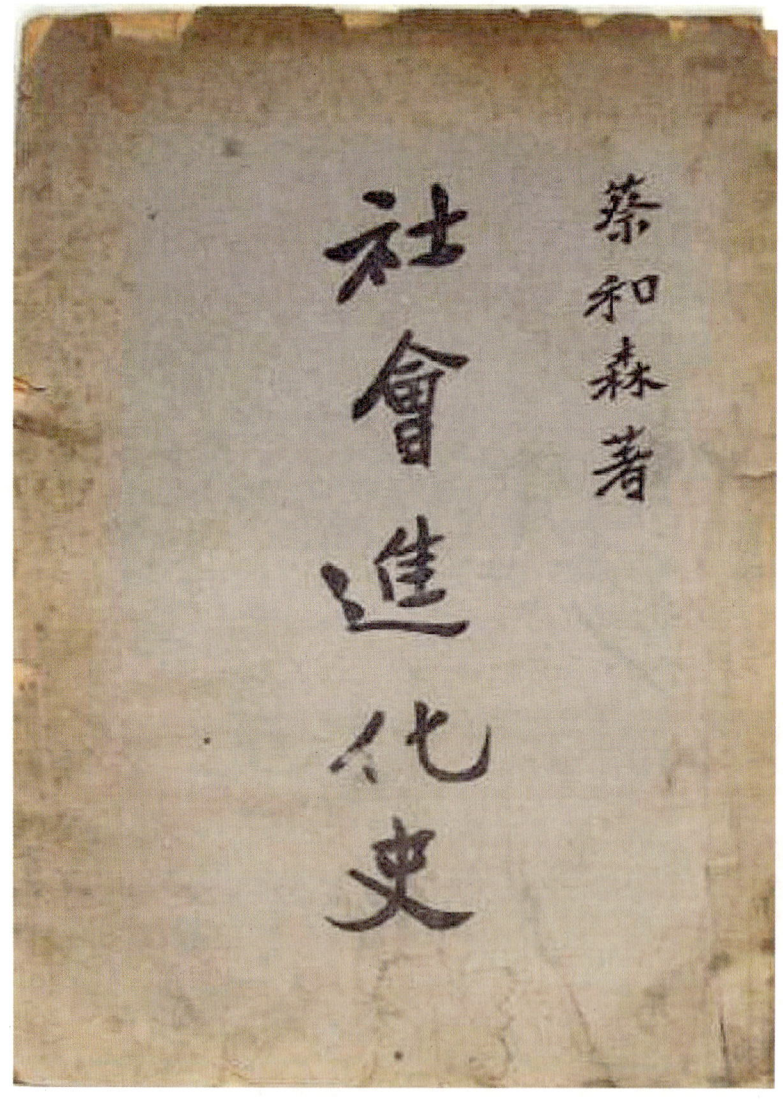

蔡和森著《社会进化史》

蔡和森同志在很短的时间内,对马克思主义就有了很深刻的理解,这同他认真研究墨子思想,吸取我国古代的优秀文化遗产,特别是其中的平等互助、同情劳苦人民、讲求实际、忧国忧民等精神,是有很大关系的;这同他接受杨昌济老先生的高尚人格的影响和为中华民族的解放而献身的教育,固然也有很大关系;但最根本最重要的原因,还是他直接的刻苦的研究学习马克思、列宁的著作的结果。那时,他住在蒙达尼,日以继夜地读书翻译,就在病中他也是"日看法文报一节","日唯手字典一册,报纸两页,以为常"。他在国内时,就很注重研究有关苏俄的报道,到了法国,他迅速地收集了许多马列著作和介绍马列主义及各国工人运动的小册子,通过"猛看猛译",很快就掌握了马列主义的基本精神。1920年8月13日他在给毛泽东同志的信中曾说道:"我到法国后,卤莽看法文报,现门路大开,以世界大势律中国,对于改造计划略具规模。现搜集各种重要小册子约百种,拟编译一种传播运动的丛书。"他当时曾翻译了《共产党宣言》《社会主义从空想到科学的发展》《国家与革命》《无产阶级革命与叛徒考茨基》等著作以及许多宣传十月革命的小册子。他同时就把其中的内容一方面写信介绍到国内去,一方面就讲给我们听。

我当时年纪小,文化水平又不高,和森同志所翻译的那些著作中讲得许多道理,一时还理解不了。但从他与陈绍休、李维汉、李富春等年长的一些同志的谈话中或辩论中,我也已经开始认识到中国应当走十月革命的道路,要像俄国革命那样先把中国的军阀政府推倒,而且要从根本上摧毁反动的国家机器,代之以苏维埃,建立一个人人平等、没有压迫和剥削的新社会,那是最理想的了。在国内参加五四运动的情景,这时也经常在我脑子里出现,感到对那些帝国主义、军阀、官僚、有钱有势的人们,对那些反动统治阶级,单靠请愿、罢课、游行示威,是解决不了问题的。所以,当听到和森同志反复宣传要采取激烈的俄式革命,组织共产党,通过阶级战争实行劳农专政的主张时,我就觉得蛮有道理。

青年们是勇于追求真理的。和森同志由于掌握了马列主义的真理,很自然地也就吸引着人们追随他。例如,他在"工学世界社"会议上的一次讲话,就是个有力的证明。"工学世界社"原来是新民学会会员李维汉、李富春、张昆弟、任理、贺果、李林、张增益等人于1920年2月组织成立的"工学励进会",同年8月改称"工学世界社"。它实际上是新民学会在法国的一个分支组织,其宗旨是把有志气、品行端正的勤工俭学学生联络在一起,互相勉励,共创将来大业,同时互相砥砺,以免堕落。同年秋冬时节,在蒙达尼男子中学召开了一次"工学世界社"全体会议,到会的有李维汉、李富春、张昆弟、罗学瓒、贺果、颜昌颐、萧子暲、侯昌国、郭春涛、欧阳钦、萧拔等一共30多人。李维汉同志特意请蔡和森同志到会给大家讲话。我记得他主要讲了中国革命应该走什么道路的问题。在会上有的人主张实行工读主义,坚持勤工俭学到底;有人则主张用无政府主义改造中国社会。由于和森同志在会上多次发言,非常有说服力,大部分社员终于表示接受他的见解,赞成信仰马克思主义,实行俄国式的社会革命。由此可见,和森同志不仅给我们树立了刻苦钻研马列著作的榜样,而且是引导我们许多留法勤工俭学学生走俄国十月社会主义革命道路的引路人。

恽代英（1895—1931）中国无产阶级革命家、理论家、宣传家，中国早期青年运动领导人。江苏武进（今常州市武进区）人。1920年创办利群书社。1921年底加入中国共产党。1923年起任上海大学教授、中国社会主义青年团中央执行委员、宣传部主任，创办和主编《中国青年》。1925年参与领导五卅运动。1927年参与组织南昌起义。12月参与领导广州起义，任广州苏维埃政府秘书长。后任中共中央宣传部秘书长、组织部秘书长。是中共第五、六届中央委员。1930年5月6日在上海被国民党当局逮捕，1931年4月29日被杀害于江苏南京。译有《英哲尔士论国家的起源》《阶级争斗》等。

"黑地有灯，热焰不熄"的马克思主义播火者

——恽代英与马克思主义文献编译

恽梅

　　爷爷恽代英是中国共产党早期杰出的领导人和理论家，也是在中国传播马克思主义的先行者。他的革命的一生可谓是"黑地有灯，热焰不熄"，为了心中的理想一直战斗到了牺牲前的最后一刻。他创办和主编的团中央机关刊物《中国青年》影响了当时整整一代人，以至郭沫若后来回忆说："在大革命前后的青年学生们，凡是稍微有些进步思想的，不知道恽代英，没有受过他的影响的人，可以说没有。"

　　五四运动后的一两年，是中国先进知识分子群体思想发生急剧变化的时期，爷爷也不例外。他早期对无政府主义、新村主义、工读互助主义等思想进行了学习和研究，代表作有《未来之梦》。1919年10月，爷爷在参加少年中国学会后，新世界观开始萌芽。1920年底，他在安徽收到

恽梅为恽代英之孙女。本文为恽梅口述，方闻昊整理。

了陈独秀对他的《未来之梦》提出的深刻批评："在全社会底一种经济组织、生产制度未推翻以前，一个人或一团体决没有单独改造底余地，试问福利耶以来的新村运动，像北京工读互助团及恽君的《未来之梦》等类，是否真是痴人说梦？"这对爷爷触动很大。与此同时，他领导的新村运动屡屡受挫。利群书社开办不久，常受经济压迫，难于维持，终于在1921年6月7日，因当地军阀王占元的部队发生兵变，在战火中被毁之一炬。此外，利群毛巾厂的产品抵不过帝国主义现代化机器生产的商品竞争，平民教育团成立月余便被湖北反动当局取缔，工学互助团也宣告失败。这些残酷的现实更让爷爷感受到救国无路的无量苦痛。在经历了一系列失败后，爷爷逐渐认识到空想社会主义并不符合当时中国特殊的国情，他开始重新审视自己的救国方法论。在经过不懈的探索后，他找到了唯物史观的科学思想武器，从一个激进的民主主义者转变为真正的马克思主义者。

这里需要特别说明一点，利群书社虽然还不是真正意义上的马克思主义的活动团体，而且自1920年2月1日正式开办以来也仅存在了一年零四个月的时间，但是它当之无愧地成为了当地进步青年为社会兴办各项有益事业的大本营。早在爷爷还是中华大学学生的时候，为了和同样追求进步的同学一起接触更多新思想，就在学校门口建立了启智图书室，向广大学生推荐《新青年》《每周评论》《教育杂志》《新潮》《青年进步》等进步刊物。后来，爷爷在启智图书室的基础上组织成立了利群书社，聚拢了很大一批进步青年。他们自己租屋，自己扫除，自己裱糊，而且自己生火做饭，所有搬运橱架书籍一类的事情，一大半靠自己，目的就在于践行实现新的共同生活并服务于社会的宗旨。书社专门经销《共产党宣言》《共产主义ABC》《马格斯资本论入门》《阶级争斗》等马克思主义著作和《新青年》《共产党》等进步杂志。这些书报几乎完全是与新思想新文化有关的，而且多半是武汉别家书店所不卖或不曾卖的。可以说，书社客观上成为了长江中游传播马克思主义的重要阵地。

在我们党的创建时期，爷爷还十分注意翻译工作对于传播马克思主义的重要作用，并积极地参与其中。他最先对恩格斯《家庭、私有制和国家的起源》一书的部分内容进行了翻译，于1920年10月发表在《东方杂志》第17卷第19、20号上，当时的标题是《英哲尔士论国家的起源》，并亲自撰写了《译者志》。这本书是马克思主义国家学说的代表作，书中运用历史唯物主义的基本原理，剖析了国家的起源和实质，论证了国家由阶级产生，随着阶级的消亡也必将消亡的道理，揭示了人类社会发展的一般规律。通过这项翻译工作，爷爷第一次向国人介绍了马克思主义国家学说，促进了马克思主义在中国的传播。

爷爷翻译的另一部马克思主义的重要著作是考茨基的《阶级争斗》。这本书是考茨基对1891年德国社会民主党《爱尔福特纲领》部分内容的解读，较好地阐述了作为历史唯物主义基本原理重要组成部分的阶级斗争学说。1921年1月,《阶级争斗》中译本由新青年社以"新青年丛书"第八种出版。这是我国第一部专门介绍马克思主义阶级斗争学说的重要著作,也是李汉俊推荐阅读的学习阶级斗争理论的唯一指导性著作。书中揭露了资本主义社会的基本矛盾,强调资本主义制度必将灭亡,社会主义制度必将取而代之。1921年8月1日,《新青年》第9卷第4号刊登"新青年丛书"出版广告,专门介绍这本书:"'阶级争斗'是社会主义始祖马克斯所发现的重要学理,也就是俄国、法国、美国,以及其余进步国的人们'现今社会运动底基音'。凡要彻底了解近代各国社会思想,须得先彻底明白'阶级争斗'是什么。这书原本是马克斯派著名人柯祖基①做的,对于'阶级争斗'说得很详尽,在外国也算是一部名著,在我们这智识荒的中国更不消多说,要算是重要的粮食了。"这本书一经面世,就产生了很大影响,它为当时的进步青年指明了前进方向,使他们认识到要改造中国,就必须进行全面的阶级斗争,唯有如此,才能彻底摆脱帝国主义、封建主义和官僚资本主义对人民群众的剥削和压迫。1936年,毛主席在与美国记者斯诺谈话时曾说过这样的话:"有三本书特别深地铭刻在我的心中,建立起我对马克思主义的信仰。我一旦接受了马克思主义对历史的正确解释以后,我对马克思主义的信仰就没有动摇过。"这三本书中就包括爷爷翻译

---

① 即考茨基,德国社会民主党和第二国际领导人之一。

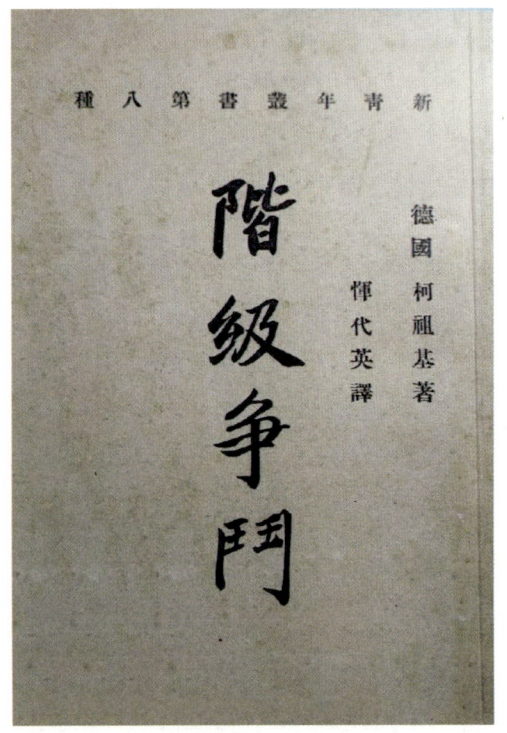

恽代英翻译的《阶级争斗》

的这本《阶级争斗》。

在这一时期,爷爷除了尽力翻译马克思主义的重要著作,还组织了专门的马克思主义研究团体。1922年5月5日,为纪念马克思诞辰,爷爷在川南师范组织成立了马克思主义研究会,与北京、上海、武汉、济南、广州等地的马克思主义研究会遥相呼应。这个团体主要组织当地的青年学生学习马克思、恩格斯的重要著作,传播马克思主义的唯物史观,同时又具有一定的组织性,为后来当地党组织的建立打下了一定基础。

这里还需要特别讲一下的是，大革命时期是爷爷致力于马克思列宁主义传播的最集中、最高产、最辉煌的时期。在创办和主编团中央的机关刊物《中国青年》期间，他以此为阵地，开始了职业宣传家的生涯。他撰写了《列宁与中国的革命》《列宁与新经济政策》《北庭与中俄交涉》《中国民族独立问题》《苏俄与世界革命》《苏俄与中国革命运动》《暑假的工作与苏俄研究》《赤俄与世界革命》《究竟苏俄是怎样的国家？》《〈苏俄国家的教育〉按语》《甘地与列宁》《狮子眼中的"苏俄帝国主义"》等文章，大力宣传马克思恩格斯的唯物史观和列宁的东方革命理论。在这个过程中，有一点是尤为难能可贵的，他评价列宁"从唯物史观得着了俄国革命成功的关键"，那就是"最注意的是俄国实际情形"，并从中受到启发，认为"解决中国的问题，自然要根据中国的情形，以决定中国的办法；但是至少可以说，伟大的列宁，已经亲身给了我们许多好的暗示了，我们可以不注意他么！"这就是说，一方面要走俄国十月革命所走的暴力革命道路，另一方面又要根据中国的实际找到我们自己的办法，实际上已经开始出现一些马克思主义中国化的思想萌芽。此外，他还撰写了《学术与救国》《八股？》《再论学术与救国》《关于政治运动的八问题》《国民革命与阶级斗争》等文章，批判了"单靠技术科学来救国"的主张，同时阐明了要多研究救国的学术即社会科学的观点，指出要救国只能走阶级斗争的革命道路，而不是学术改良的道路，帮助青年们拨开了种种错误救国主张的思想迷雾。

爷爷的一生是短暂的，他倒在国民党反动派屠刀下的时候才只有36岁；但同时他的一生又是有意义的，他树立了马克思主义的革命信仰并穷其一生致力于这一革命真理的广泛传播，帮助广大人民群众特别是进步青年向马克思主义靠拢，从而一同参与到改造旧中国的火热的革命斗争中去。愿爷爷的的理想与精神能够永远激励着我，激励着我们和我们的后辈，使我们能够在马克思主义真理之光指引下，为建设美好的社会主义、共产主义社会而不懈奋斗。

李汉俊（1890—1927）中国传播马克思主义的先驱。湖北潜江人，原名书诗，号汉俊，笔名漱石、先进等。1918年日本东京帝国大学（今东京大学）毕业。回国后在上海从事撰述和翻译工作，宣传新文化和马克思主义。1920年和陈独秀等先后发起成立马克思主义研究会和上海的中国共产党早期组织，并创办《劳动界》周刊，任《新青年》编委。1921年7月参加中国共产党第一次全国代表大会。次年去武汉，任湖北全省工团联合会教育主任委员。后自动脱离党组织。1923年参加京汉铁路工人大罢工。1924年脱党。1925年起任武昌师大、上海大学、武昌中山大学教授。1926年加入国民党，任国民党湖北省党部执委会委员，湖北省政府教育厅厅长等职。与国民党右派的反共活动进行斗争。1927年12月，被桂系军阀胡宗铎杀害于武汉。译著有《马格斯资本论入门》《妇女之过去与将来》等。

"马克思主义老师"
——李汉俊与马克思主义文献编译

田子渝

我研究李汉俊，冥冥之中也有受我父亲的影响。我的父母都是20世纪30年代参加革命的知识分子，父亲田海燕曾在董必武身边工作多年。而李汉俊被董必武称为"我的马克思主义老师"，这就将我一辈子的学术生涯与李汉俊联系在了一起。

1979年在五四运动60周年之际，我开始武汉新文化运动和武汉创建史的研究，"李汉俊"这个名字第一次进入我的视野。最初他是作为党史反面人物出现的。蔡和森、陈潭秋谈得比较具体、详细。主要观点有：李汉俊在中共创建时期是右的代表，是"合法马克思主义派"。主张长期宣传马克思主义，不赞成组织真正的无产阶级的政党；反对政治运动；反对劳动运动，等等。

田子渝为马克思主义在中国早期传播史研究专家，湖北大学马克思主义学院教授。本文为田子渝教授2023年口述。

然而董必武一直坚持说李汉俊是马克思主义者。1928年初，他在日本回忆詹大悲、李汉俊时，就说自己由资产阶级民主思想转向马克思主义是1919年在上海时受到李汉俊的影响。1936年他在与美国记者尼姆韦尔斯回忆时，明确地说"李汉俊这个从日本归国的学生、我的马克思主义老师"。1961年、1962年他在与我父亲系统地回忆自己早期革命生涯时，指出1919年"李汉俊刚从日本回国，常谈俄国消息。五四运动后，我们想俄国与中国问题，开始谈马克思主义。先看了一些无政府主义的书。从李汉俊那里知道许多俄国的消息。看《资本论入门》和考茨基的书。我们看到中国问题严重。又见'五四运动'是群众运动。从俄国革命中见到了搞群众运动。""1920年加入党组织，介绍者为李汉俊、刘伯垂两人。"1971年8月4日，他最后一次关于中共创建回顾的谈话中，指出"当时社会上有无政府主义、社会主义、日本的合作运动等等，各种主义在头脑里打仗。李汉俊来了，把头绪理出来了，说要搞俄国的马克思主义……""这就是我们的老师，我们的'本钱'。"

他们都是无产阶级革命家，都是中共创建时期的老同志，观点却截然相反，那么历史的真相究竟是什么呢？这不仅是如何评价李汉俊的问题，更是中共创建时期不可或缺的一段历史。于是我走进了历史。我先后和湖北大学老师骆美玲、中共一大会址纪念馆的研究员陈绍康、张玉菡，中国社会科学院近代史所学者李丹阳合作，在故纸堆里穷搜到大量的史料开展研究。四十年来，我们访问了二十多位李汉俊的亲属、学生、战友。我和李丹阳、张玉菡将他的文章、译作和著作142篇（部），共102万字合编成《李汉俊文集》，由中共党史出版社2013年出版。我著有《李汉俊》（河北人民出版社1997年版）、《中国共产党创始人——李汉俊》（武汉出版社2004年版），以及数十篇文章。李丹阳、张玉菡也将他们研究的成果发表。在我们共同努力下，还原了李汉俊光辉战斗的一生。

通过40年的研究，我感到在党的历史上，李汉俊是传播马克思主义的先锋：他第一个系统地介绍共产国际运动史，第一个高举反对中国基尔特社会主义的大旗。共产国际驻华代表马林赞誉他是中共"最有理论修养的同志"绝非溢美之词；他是中国共产党主要创始人：据现在掌握的资料，他是第一个提出在中国建立无产阶级政党的革命者。1919年9月7日在上海《民国日报》副刊《觉悟》上他公开宣布自己是无产阶级一份子，在中国建立无产阶级政党自己确实有这个"打算"。这段建党文字要比"南陈北李相约建党"早5个月；他是马克思主义中国化的探索者：他所写的《强盗阶级底成立》《金钱和劳动》《太平洋会议及我们的态度》《中国底乱源及其归宿》《我们如何使中国底乱源赶快终止？》《中国无产阶级及其运动的特征》等文章，初步探索中国革命如何进行，为早期马克思主义中国化作出了自己的贡献；他是中国工人运动的先驱：他与陈独秀创办了《劳动界》，用通俗易懂的语言向工人大众宣传马克思主义，成为中共领导下的一个马克思主义大众化的刊物。

建党初期，他主要从事教育和劳工运动，担任湖北全省工团联合会教育主任委员，参与并领导了震惊中外的京汉铁路大罢工。

但这其中首当其冲的，我认为是"传播马克思主义的先锋"。李汉俊14岁东渡扶桑留学，在日本深受马克思主义的影响，成为具有初步共产主义思想的知识分子。1918年回国后，李汉俊担任《星期评论》的编辑，将传播马克思主义作为自己的使命。1920年6月《星期评论》停刊后，他就组织《社会经济丛书》，第一期预告，翻译马克思主义的书籍有《共产党宣言》《社会主义从空想到科学的发展》《马克思传》《社会主义伦理》《社会主义运动史》等。1921年6月，中国共产党第一次全国代表的大会前夕，他与李大钊、陈独秀等组织"新时代丛书"，主要任务是翻译马克思主义以及新文化书籍。他精通日文，通晓英文、德文、法文等，他读了许多马克思主义的原始经典，在著述中翻译、运用马克思主义、社会主义的文献之多，成为早期马克思主义者翻译、摘录马克思主义原著的翘首。

通过研究，我们认识到，马克思主义早期翻译的重要著作都与李汉俊有关。一方面他积极帮助马克思主义名著的翻译出版。

1920年8月《共产党宣言》第一个中译本由陈望道出版。李汉俊和陈独秀校对，并组织社会主义研究社将其出版。李汉俊在1922年的《唯物史观讲义初稿》第七章"《共产党宣言》中所见唯物史观应用"，有1.1万字。这是早期马克思主义在中国传播中，对《宣言》最长的阐释文字。李达翻译的《唯物史观解说》是当时解读唯物史观的畅销书，李达在该书的"译者附言"中指出："我有一句话要声明的，译者现在德文程度不高，上面所说的那些补遗的地方，大得了我的朋友李汉俊君的援助。"在《唯物史观讲义初稿》中，李汉俊列出唯物史观的外文著作就有《共产党宣言》《〈政治经济学批判〉序言》《资本论》《哲学的贫困》《德国的革命和反革命》《法兰西内战》《社会主义从空想到科学的发展》《阶级斗争》等39种；列出中文著述有《唯物史观解说》《经济史观》《社会主义与进化论》《社会随经济条件底进化而进化》等。据《李汉俊文集》（2013）在"李汉俊文章英文目录"中列出的著述就有149种。这无疑对当时马克思主义名著的翻译、出版、传播起到了推动作用。

另一方面李汉俊翻译了两本马克思主义经济学的著作，在马克思主义在中国早期传播中产生过积极作用。

一本是《资本论解说》（简称《解说》）。这是考茨基的《马克思经济学说：通俗的叙述和阐释》第一本中译本。《资本论》是马克思主义的三大经典之一，标志着马克思主义理论体系的建立。但它"不是很容易了解的书，更不是读一两篇小论文便可以随便讲马克斯主义是如何如何"，所以《资本论》在中国传播是诠释书在前，《资本论》翻译出版在后。考茨基的《解说》是学界公认的解读《资本论》最好的著作。《解说》是由戴季陶主持翻译，初在1919年8月至1920年12月在《建设》连载，1927年10月由民智书局出版单行本。《解说》的翻译分工，戴季陶交待："这本书的翻译，我和执信先生两人共同作了二分之一，最后的校稿，都是执信先生的工作。和汉俊共同作了二分之一，差不多是汉俊译成初稿。我任校订。最后在今年才有汉民先生全部译完，并且把全书都从新校订过。""执信先生是尼采和马克斯的合成人格，汉俊是马克斯主义者，展堂（引者注：即胡汉民）是马克斯研究者，我只可以算是一个介绍者罢了。"1919年8月至1920年开始，他和戴季陶、朱执信等翻译考茨基的《马克思经济学说：通俗的叙述和阐释》，以《资本论解说》的书名在《建设》连载，1927年出版单行本。

另一本是《马格斯资本论入门》（简称《入门》）。该书1920年9月由社会主义研究社出版，是中共上海早期组织有计划地出版"社会主义小丛书第二种"，第一种是《共产党宣言》。这本书是第二本马克思主义的著作。《入门》是美国社会主义者玛丽·伊·马尔西（Mary E.Marcy）于1922年美国芝加哥Charles H. Kerr Co-operative出版。它是《资本论》第一本通俗经典诠释本，有六节，"将马格斯经济学的骨子即商品、价值、价格、剩余价值，以及资本和劳动的关系用很通俗的方法说明了出来"而深受欢迎，先后翻译成法、意、希腊、芬兰等多国语言版本，销量高达200多万册。李汉俊根据日本1919年东京文泉堂出版的译本翻译成中文。他翻译《入门》时，为了便于读者阅读与理解，对一些基本概念、术语作了进一步的通俗解释。

《入门》出版后大受欢迎。李大钊、陈独秀在文章中大

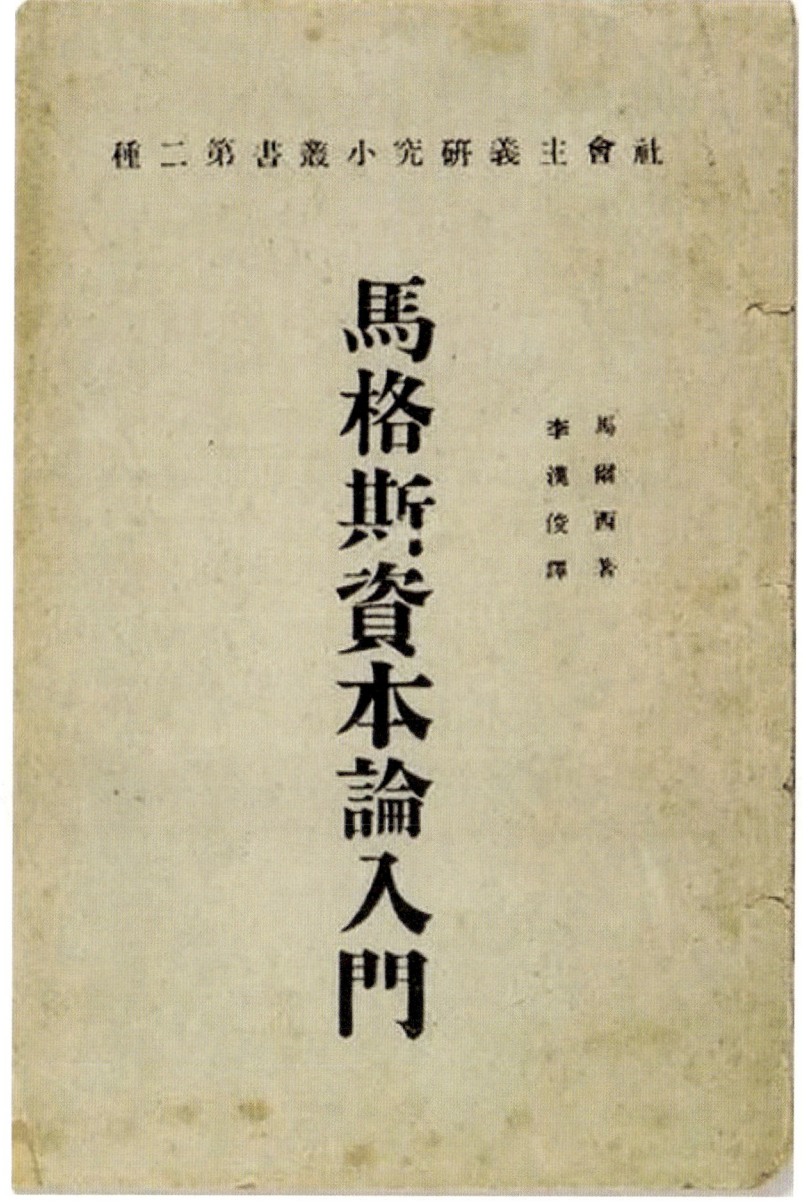

李汉俊翻译的《马格斯资本论入门》

力推荐。中共北京和武汉早期组织均把这本书当作学习马克思主义的必读材料。该书在毛泽东创办的文化书社仅七个月，就销售了二百本，位居销售榜首；长江书店等也多次翻印。

另据学者李丹阳女士考证，李汉俊还以李定、李漱石等名字，翻译过《价值、价格及利润》《资本论》(可能就是《马格斯资本论入门》)，《经济学批评》(可能是马克思的《政治经济学批判》)，《革命与反革命》(马克思《德国的革命与反革命》)、《〈资本论〉初版序言》等。

第三方面，李汉俊许多文章都是运用马克思主义的经典阐释中国革命。

在《研究马克思学说的必要及我们现在入手的方法》文中，他翻译了《资本论》德文第一版序言，阐释马克思主义的科学价值，呼吁中国人民用马克思主义的科学真理来改造中国。

马克思主义经典作家古斯特·倍倍尔的《妇女与社会主义》是马克思主义论述妇女的经典。李汉俊1920年9月在《新青年》第8卷第1号发表的《妇女将来的地位》，节译了《妇女与社会主义》第三篇，首次将其介绍给中国读者。随后他发表了《男女解放》《妇女问题的关键》《女子怎样才能得到经济独立》《第四阶级的妇女解放》等文章，阐释马克思主义的妇女观，深刻揭示了妇女社会地位、妇女的社会作用、妇女受压迫的根本原因以及妇女争取解放的途径等等。

据我所知，李汉俊还翻译了《民众艺术底理论和实际》等文章，翻译、撰写了俄国、德国、美国、波兰、希腊、以色列等国出版的无产阶级进步文学作品，宣传了无产阶级文学艺术观点，引导中国人民将文学艺术作为争取民族解放的斗争武器。

沈雁冰（1896—1981）中国作家、社会活动家。原名沈德鸿，字雁冰，笔名茅盾。浙江桐乡人。1916年北京大学预科毕业后进上海商务印书馆编译所工作，曾翻译列宁的《国家与革命》部分章节、《美国共产党党纲》《美国共产党宣言》等。1921年加入中国共产党。曾任国民党中央宣传部秘书、《民国日报》总编辑、新疆各族文协联合会主席和新疆中苏文化协会会长等职。新中国成立后，曾任文化部部长，中国文联副主席和中国作协主席，第四、五届全国政协副主席等职。主编《人民文学》和《译文》等刊物。有《茅盾全集》行世。

"从译文中学得了共产主义的初步知识"

沈雁冰

1920年7月，上海共产党小组成立了。发起人是陈独秀、李汉俊、李达、陈望道、沈玄庐、俞秀松。本来还有张东荪和戴季陶，可是刚开了一次会，张东荪和戴季陶就不干了。据说张东荪所持的理由是：他原以为这个组织是学术研究性质，现在说这就是共产党，那他不能参加，因为他是研究系，他还不打算脱离研究系。戴季陶不干的理由是怕违背了孙中山的三民主义。这些事，我是在1920年10月间由李达、李汉俊介绍加入共产党小组后才知道的，和我同时参加共产党小组的还有邵力子。

那时，上海共产党小组正忙着筹备出版一个党刊，李达任主编，我一参加共产党小组，他就约我写文章。这党刊后来取名《共产党》。《共产党》是上海共产党小组成立后出版的第一个秘密发行的党刊，它与《新青年》的分工

本文节选自《茅盾全集》第34卷，人民文学出版社1997年版。题目为编者所加（引自文中）。

是,它专门宣传和介绍共产党的理论和实践,以及第三国际、苏联和各国工人运动的消息。写稿人都是共产党小组的成员。我在该刊第 2 号(1920 年 12 月 7 日出版)翻译了《共产主义是什么意思》(副题为《美国共产党中央执行委员会宣布》)《美国共产党党纲》《共产党国际联盟对美国

《共产党》1921 年第 4 号

IWW（世界工业劳动者同盟的简称）的恳请》《美国共产党宣言》，共四篇译文。通过这些翻译活动，我算是初步懂得了共产主义是什么，共产党的党纲和内部组织是怎样的；尤其《美国共产党宣言》是一篇马克思主义理论及其应用于无产阶级革命实践的简要的论文，它论述了资本主义的破裂，帝国主义，战争与革命，阶级斗争，选举竞争，群众工作，无产阶级专政，共产主义社会的改造等等。由于从译文中学得了这些共产主义的初步知识，我在1921年4月7日出版的《共产党》第3号上，写了一篇《自治运动与社会革命》，批判当时的省自治运动者鼓吹的资产阶级的民主，指出这实际上是为军阀、帝国主义服务的，中国的前途只有无产阶级革命。同期的《共产党》上又有我翻译的《共产党的出发点》。在1921年5月出版的《共产党》第4号，我翻译了列宁的《国家与革命》第一章，这是从英译的《国家与革命》转译的。我只译了第一章，便感到，对于马克思主义的经典著作没有读过多少的我，当时要翻译并译好《国家与革命》，是很困难的。于是也就知难而退，没有继续翻译下去。不过《共产党》月刊出到第7号也就停刊了。当时我感到必须多读马克思主义的经典著作，不料社会活动越来越多，竟不能如愿。

1920年12月，陈独秀应陈炯明的邀请到广州办教育去了，我和李汉俊等都去送行。陈独秀离沪时把《新青年》编辑事务交给陈望道。那时候，主张《新青年》不谈政治的北京大学的教授们都不给《新青年》写稿，所以写稿的责任便落在李汉俊、陈望道、李达等人身上，他们也拉我写稿。当时我们给《新青年》写稿都不取报酬。李汉俊此时忙于召开共产党一大的筹备工作，已经够忙了，然而他仍努力为《新青年》写稿，时常为了不致耽误预定的排印日期而通夜赶写。又因维持生活，还给改革后我主编的《小说月报》写了不少稿子。（因为《小说月报》是给稿费的，对于李的稿子，我还给了千字五元的最高稿酬。）他的这些有关文学的稿子，或译或述，用的笔名是海镜、厂晶（"厂"字非现在简体的"廠"字，而是古汉字，义为岩穴，或水厓高处，音汉）都是"汉俊"的谐音。

现在年轻的一代，乃至中年的一代，大概不知道李汉俊是怎样一个人。我在1921至1922年，同他有较多的工作关系，我很钦佩他的品德和学问。他是湖北人，中学时代就在日本，直至大学毕业，学的是工科。日文很好，自不待言，甚至日本人也惊佩。又通英、德、法三国文字。德文说得极流利，此与他学工科有关，法文英文也能读能译。他如果不从事革命，稳稳当当可以做个工程师，然而他自日本回国，就曾在京汉铁路工人中活动，为当地军阀所注意，在武汉不能存身，就来到上海，和陈独秀共同发起共产主义小组。他自奉甚俭，除香烟瘾特大外，别无嗜好，衣服朴素，像个乡下佬，乍见时谁也想不到他是通晓几国文字的留学生。他在上海时寄居在他的哥哥李将军的公馆。我们常在他那里开支部会，见其所居，仅一斗室。我们后来知道他的哥哥名李书城，是国民党少数元老之一，而且追随孙中山，始终是个左派。

李汉俊绝顶聪明，他是投身革命后才开始学习马克思主义的，但他的马克思主义理论水平是相当高的。可惜他忙于组织工作，这方面没有留下什么著作。他从没搞过文学，但给《小说月报》写的稿子，介绍欧洲文学运动，简明扼要，博得《小说月报》读者的欢迎。

"一大"选出陈独秀为总书记。但陈独秀当时尚在广州，并未出席"一大"。上海出席"一大"的是李汉俊和李达。"一大"以后，李汉俊与陈独秀、张国焘，也与国际代表，在建党问题上意见分歧，李的知识分子的高傲气质很重，坚持个人的独立见解，对一切听从国际代表的做法，很不以为然；争论结果，就负气脱党回武汉去了。从此，直到1927年国民政府由广州迁至武汉，李汉俊任湖北省政府的教育厅长，他只以国民党员身份从事工作。他任湖北省教育厅长时，自奉简朴如故，毫无官气，实心办事，努力想为乡梓做有益于人民的事。1927年7月15日汪精卫卸去假左派面具，筹划宁汉合流时，李汉俊力持正论，为共产党辩护，揭露汪派之反革命实质，遂为反动派所杀害，那时李汉俊还不满40岁。同时被害者，还有财政厅长詹大悲，他是国民党左派。李汉俊和詹大悲天真地认为反动派所要杀的，只是共产党，故不作隐避之计。他那时假使隐避起来，我相信他会重新加入共产党，对革命作出更多的贡献。

沈泽民（1900—1933）中国无产阶级革命家，早期马克思主义宣传家、翻译家。茅盾之弟。又名德济，笔名成则人等。浙江桐乡人。1920年去日本东京帝国大学学习。1921年回国，加入上海共产主义小组，并参与筹建上海平民女校。曾先后任上海大学社会系教授、中共上海地委委员、《热血日报》编辑等职。1926年去莫斯科中山大学和红色教授学院学习。1930年回国，历任中共中央宣传部部长、鄂豫皖省委书记等职。是中共第六届中央委员。译有《第三国际议案及宣言》《讨论进行计划书》《论策略书》等。

我所知道的沈泽民

孔海珠

发轫之初露锋芒

沈泽民出生于1900年6月23日，浙江省桐乡市乌镇人氏，原名沈德济，比他的哥哥沈德鸿（字雁冰，即茅盾）小四岁。兄弟俩先后在家乡的植材小学和湖州浙江省立第三中学读书。在校时，哥哥的国文成绩出类拔萃，弟弟则数理化成绩名列前茅。由于自小就抱有"实业救国"的理想，1916年夏，泽民遵父遗嘱，以优异成绩考入南京河海工程专门学校，立志学习河海工程，以救国利民。

南京读书期间，泽民受俄国十月革命和五四运动的影响，研读《新青年》等进步书刊，对政治和文学产生了兴趣。在哥哥引导下，从事外国科学小说的翻译，曾与兄合译《两月中之建筑谭》《理工学生在校记》等，在《学生

本文原载《档案春秋》2008年第6期，收入本书时有删节。孔海珠为孔另境之长女、茅盾和沈泽民之内侄女。

杂志》上发表，开创我国译介外国科学小说之先河。除此之外，沈泽民在南京参加学生集会，上街宣传，提出"拥护国权，发扬民主"的口号。这时，有一个社团吸引了沈泽民的注意，即由李大钊、王光祈等发起的"少年中国学会"。学会的宗旨是"本科学的精神，为社会的活动，以创造少年中国"，会员以"纯洁、俭朴、实践、奋斗"为信条。1919年11月，沈泽民与杨贤江、田汉、张闻天等参加了"少年中国学会"南京分会，泽民是该学会左派中坚力量之一。负责校勘分会月刊《少年世界》杂志，及"工厂调查类"编者按工作，还担任了《南京学生联合会日刊》的撰稿人。

是年寒假，沈泽民回家乡，与胞兄沈雁冰、嫂嫂孔德沚、同乡曹辛汉等发起组织了"桐乡青年社"，我父亲孔另境也是这个团体的成员。

1920年7月，沈泽民辍学与好友张闻天一起东渡日本。他们入东京帝国大学半工半读，学习日语版的《共产党宣言》和《国家与革命》等。沈泽民次年回国，旋即加入我国著名的新文化运动文学团体"文学研究会"，发表《近代的丹麦文学》《塞尔维亚文学概况》《俄国的批评文学》《俄国的农民歌》等等，大量译介苏联十月革命的文艺，为推动我国新文化运动摇旗呐喊；还撰写了《文言白话之争底根本问题及其美丑》等有份量的文章，成为捍卫新文化运动的一名骁勇闯将。

1921年5月，经沈雁冰（茅盾）介绍，沈泽民加入上海共产主义小组，成为中国共产党最早的党员之一。不久，由蒋光慈（一说恽代英）介绍到安徽芜湖中学当化学老师，在那里与进步师生组织了"芜湖学社"，创办了《芜湖》半月刊。后受上海地方兼区执行委员会委托，到南京建邺大学任教，目的在于发展南京地区的党团组织。泽民不负重托，很快在南京发展党团员，建立了南京党小组和南京团委会。

1922年5月沈泽民出席中国社会主义青年团第一次全国代表大会，当选为团中央委员，参与了团中央领导工作。1924年被选为中共上海地委委员兼国民党上海执行部宣传部干事。从那时起，他的主要精力倾注在革命活动上。他一面从事工人运动，一面在平民女校、上海大学等处担任义务教员，为培养党的后备干部作出了贡献。

历史文献中的沈泽民

20世纪60年代初，笔者在上海图书公司资料室工作时，曾接触过沈泽民以笔名"成则人"编译出版的一些有关马列主义的理论书籍，大致有：

1.《第三国际议案及宣言》第三国际著，成则人编译，1921年7月广州人民出版社出版。列为"康民尼斯特丛书"之一。

2.《讨论进行计划书》列宁著，成则人译，1921年9月广州人民出版社出版。

3.《论策略书》列宁著，成则人译，1921年12月广州

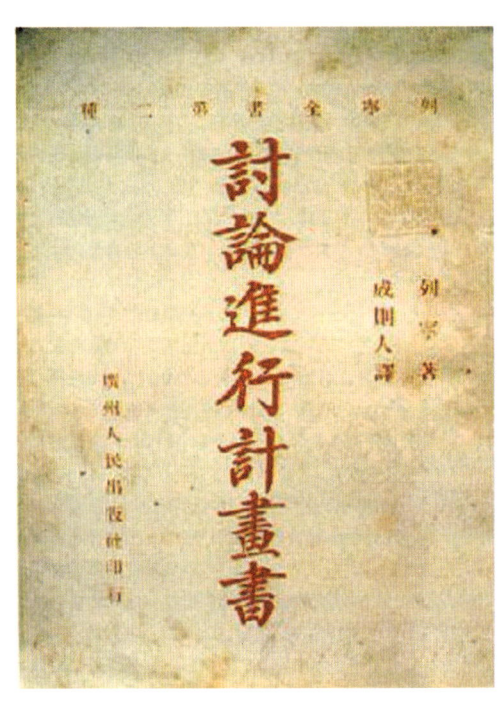

沈泽民翻译的《讨论进行计划书》

人民出版社出版。

从以上三册宣传第三国际及列宁主义学说的丛书单行本，可以看到沈泽民早年对理论学习和宣传第三国际工作精神的探求和努力。

另外，沈泽民很关注儿童教育、妇女问题和一些弱小民族文学的译介，在新文学运动早期的许多报刊等出版物上发表文章和翻译作品，如：

1.《儿童的教育》（瑞典）爱伦凯著，沈泽民译，1923年12月上海商务印书馆初版。1925年3月再版，列为"新时代丛书"之一。1933年7月上海商务印书馆国难后一版，列为"家庭丛书"之一。

2.《邻人之爱》（俄）L.安特列夫著，沈泽民译，1925年1月上海商务印书馆初版。列为"小说月报丛刊"之一。

3.《瑞典诗人赫滕斯顿》（瑞典）赫滕斯顿著，沈泽民译，1925年1月上海商务印书馆初版。列为"小说月报丛刊"之一。

4.《近代丹麦文学一瞥》亨利·哥达·侣赤著,沈泽民等译,1925年3月上海商务印书馆初版。列为"小说月报丛刊"之一。

5.《坦白》(法)佛罗贝尔等著,沈泽民等译,1925年4月上海商务印书馆初版。列为"小说月报丛刊"之一。

6.《爱人如己》(独幕剧)(俄)L.安特列夫著,沈泽民译,陈治策改编,中华平民教育促进会出版,初版时间不详,1935年11月再版。列为"平民读物"之一。

需要说明的是,当时的出版惯例,如上海商务印书馆,有的作品在他们出版的刊物上发表了,日后,他们有权结集出版单行本,尤其是作为丛书的一种,集体再次推出,并不一定要作者特别授权。从以上的第六种作品的出版时间,也可以看到这个情况,作者不可能关注到其出版情况,作品再版时,他早已经牺牲。

1930年4月,周恩来应共产国际和斯大林电召,赴莫斯科汇报中共工作。在周恩来的安排下,沈泽民化名李清扬,带着《共产国际执委给中共中央关于立三路线问题的信》(即国际十月来信)绕道法国,秘密回国。10月,他被委任中共中央宣传委员会成员、宣传教育秘书、党报委员会总干事会成员、《布尔什维克》编辑委员会负责人等,并协助瞿秋白于1930年11月召开中共中央政治局扩大会议。他在《布尔什维克》负责的任期很短。同年12月升任为中共中央宣传部部长、中共中央教育委员会成员。1931年1月在中共六届四中全会上被补选为中央委员,任中共中央宣传部部长。尽管如此，我们在查阅中共中央机关刊《布尔什维克》时，发现署名沈泽民的文章，仅集中在两期上，即4卷1期和2期。附带介绍一下：这两本期刊分别套用了《中国古代史》(钱玄同编著)、《金贵银贱之研究》(中国经济协会出版)的伪装封面。这是当时秘密出版物的需要，同时，也增添了该刊的神秘色彩。

刊在4卷1期(1931年)上署名"泽民"的文章有：

社论《中国革命的当前任务与反对李立三路线》、论文《三中全会的错误与国际路线》。

4卷2期上有：

论文《第三时期的中国经济》《关于"金贵银贱"与无产阶级运动的几个问题》。

很明显，批判立三路线的文章是与"国际十月来信"有关。沈泽民携带这个重要文件回国，传达会议的精神，贯彻执行反对李立三路线，与中国革命的当时任务有着密切联系。上面说过，《布尔什维克》是党中央的机关理论刊物，经常刊载重要的决议、通告和宣言等，有着指导性的作用。瞿秋白、邓中夏、蔡和森、李立三、沈泽民、张闻天等曾担任编辑部主任。当时，这个重要的有关路线的批判，在这个刊物上要传达和宣传，沈泽民是最佳人选，他直接从莫斯科来，他的发言有代表意义和权威作用。并且，作为新上任的宣传部长，理应撰写这样的文章，扭转三中全会的调和错误，贯彻共产国际来信的主要精神。国际来信中，对李立三路线的主要看法是："……立三同志的说法：以为一省几省的胜利，直接就是全国范围之内已经成熟的革命形势，这种说法把国际执委和中国共产党的估量事实，一下子都推翻了——这些事实是：中国封建军阀的割据，帝国主义的瓜分中国，中国各地经济发展的不平衡，革命运动发展的不平衡。"

沈泽民的文章，在分析了国际、国内的政治形势后指出："中国共产党的中心任务：领导日常经济斗争，团结群众，组织群众，使之由小的局部的斗争，转变到广大的统一的斗争；党应当用这样的方式去准备暴动。……"而李立三路线是，"由冒险的行动获得暴动的胜利，以完成夺取政权的任务……产生了六月十一日政治局（在立三同志的政治领导下）的盲动冒险的，不顾客观形势布置全国暴动的策略"。

其问题的严重性，"使党完全脱离群众，干部受到极大牺牲，使党自身和党在各群众团体内的工作方法工作系统受到极大的影响"。由于第三国际的监督，取消了这样的"全国暴动"布置。

批判立三路线是党的决议，沈泽民阐述的观点不仅是他个人的意见。在以后的批判中，还涉及对瞿秋白主持的三中全会调和路线的批判。瞿秋白受到处分，沈泽民也感到难过，要求哥嫂去看望瞿秋白。

当时中国共产党是共产国际的一个支部，组织上归属他们领导，许多决策意见由他们指示，许多决策和决议都得听从苏联共产党的指示，甚至盲从共产国际的指令。沈泽民当然也不例外。

民國九年八月二十日初版

岫廬公民叢書第二種

科學的社會主義 全一冊

定價大洋二角

版權所有 不許翻印	
校閲者	王岫廬
繙譯者	鄭次川
發行者	王岫廬
印刷者 上海浙江路三十號	華豐印局

發行所 棋盤街 上海羣益書社

北四川路海甯路口 上海伊文思圖書公司

各埠特約分售處

北京 郭紀雲圖書館
北京 中華書局
天津 新學書局
天津 啓新書社
濟南 教育圖書社
太原 習新書社
開封 文會山房
烟台 敎育圖書社
保定 直隸官書局
南京 共和書局
南通 翰文社
蕪湖 科學圖書社
長沙 鼎徐圖書公司
南昌 點石齋
蘇州 振新書社
蘇州 文怡書局
杭州 問經堂
寧波 汲綆齋
鎭江 啓潤書社
盧州 共和書局

廣州 英文書莊
廣州 協和書局
香港 翠文齋坊
成都 國民公報
成都 華陽賓報流通處
福州 宏文閣
蕪湖 涵海書局
雲南 雲南圖書局
雲南 維新書局
奉天 圖書的發行所
貴陽 羣明社
重慶 崇文書局
西安 公益書局
揚州 廣益書局
常州 文萃書局
徐州 敎育書局
松江 益智書社
嘉興 同源祥
紹興 敎育館

郑次川（1887—1925）近代翻译家、出版家，恩格斯所著《社会主义从空想到科学的发展》首部中译本译者。原名郑梦驯。浙江衢县（今浙江衢州）人。上海中国公学毕业。曾任衢县第一高等小学教员、《衢报》主笔。1917年赴日本东京帝国大学教育系学习。1919年回国参加五四运动，后在上海商务印书馆编译所任职。1920年8月翻译出版《科学的社会主义》一书，编入王云五主编的"公民丛书"社会类第三种，是恩格斯所著《社会主义从空想到科学的发展》最早以单行本形式出版的中译本，也是目前国内已知的恩格斯著作首部中译单体本。著有《柏拉图与老庄韩非的比较》，编写中学高级国语课本《古白话文选》《近人白话文选》《近人长篇白话文选》等。

勤劬的译者郑次川

郑光衡　郑光华

先父郑次川，原名郑梦驯，生于1887年。先祖安允公字信川，系前清岁贡，曾任庆元县训导。我父兄弟二人，初在祖父的私塾里读"四书五经"，清末废科举、兴新学后，改进学堂，嗣后又改进浙江两级师范学堂。伯父学理化，我父亲学外语。读到三年级时伯父患伤寒病殁，我父亲悲痛万分，便辍学扶柩回衢，意欲在家孝顺老母培养侄儿。后父亲去上海考入吴淞中国公学，和胡适同班。那时自学成才的王云五（岫庐）在校教英文。我父亲毕业考试主科国文、数学、英文三门都是一百分。从中国公学毕业后，曾任衢县东乡樟树潭两等小学教师。衢县第一高等小学高年级文史教员，《衢报》主笔。他在主编《衢报》时所写社论，能针砭时弊、揭露黑暗、不怕得罪权贵，颇受当时社会各方称赞。与此同时，我父亲还在家中为当地青年补习

本文原载《衢州文史资料》第3辑，浙江人民出版社1987年版。郑光衡、郑光华为郑次川之子。

国文、英文、数学。他的教学方法和教材选取较切合时宜，因此学生学业大进。上海商务印书馆《小说世界》的助编刘愚就是当时参加补习的青年。

我父亲在樟树潭教书时，和林科棠、王又新（光铭）都是好友，王又新兄弟多人，其中有个叫王一仁的后来学中医，曾在上海创办中国医学院。王又新、王一仁都能作诗。1916年王又新的弟弟瘦秋和绍兴寿秋雪等一群爱国青年组织"潮社"，吟啸于湖山浙水之间，我父亲也参加这一文学组织，在日本读书时还有旧体诗习作寄到社里去，这一年夏季"潮社"集刊了社友的诗作，出了第一集，王又新还写了序言。这一集中刊出我父亲的十二首诗，笔名为"歌哭无端室"。

我父亲而立之年，有志往法国留学，因故未能成行。后改往日本留学。当时因资斧不足，便向亲友以"扶会"方式集资，如是才坚持了在日本的三年学习。他读的是东京帝国大学教育系。同乡方光焘、程祥荣同时在日本留学。1919年中国在巴黎和会上的外交失败，丧权辱国的消息传到日本，在日本留学的爱国学生大批回国参加五四运动。我父回上海时，由同乡周如波介绍到商务印书馆编译所工作。由于他汉语根基扎实，英语、日语底子厚，故他的译文"信、达、雅"并重，所译出的书都能畅销。王云五未进商务印书馆前，为了迎合五四运动潮流，创办过公民书局，编过一套"公民丛书"，其中便有我父亲译著的书。王云五1921年9月就任商务印书馆编译所所长后，主持翻译"百科全书",不少出之我父手笔。1965年《解放军画报》副刊刊出的《五·四运动史话》照片中就有我父译写的恩格斯（封面上写成德国恩格尔著）的《科学的社会主义》一书，这本书便是当时的公民书局所出版，列为"公民丛书"的社会类第三种。王云五是一个很讲究科学管理和企业效益的精明出版商。因我父译书又好又快，以此很得他器重。他要我父亲把家眷接到上海去，于是我们母子四人迁居上海，住在闸北义品里。我父译书注重意译，文字流畅可读。我们随父在上海共两年，终因父亲对祖母非常孝顺，向王云五提出要回衢州老家侍奉老母，王云五便提出让我父将要译的书带回衢州译写。在衢州又得到我伯父的儿子光昌（秋芳）做助手。据秋芳大哥回忆说："叔父外语基础好，笔头快，他译通俗的读物，也译理论书，相比之下，还是喜欢译理论书。有时他也写东西方哲学思想比较研究的专书，记得出过一本名为《柏拉图与老庄韩非的比较》（商务印书馆出版）。"秋芳大哥经常给我父亲查对统一人、地译名，誊写稿件；去邮局领上海寄来的原版西书及汇来的稿费。每次稿费约有百余银元可兑，收到时必给我大哥十数元作为奖励。译书的内容、门类广泛，有哲学、政治、文学，也给当时徐应昶主编的《儿童世界》译写童话故事之类。父亲的朋友林科棠曾到王云五家当过家庭教师，也为商务印书馆译过数学书，都是我父亲介绍。那时衢州人徐寿龄也在商务编译所工作，徐比我父先进馆，他是经过考试受训后录用的，此人23岁便和数十位饱学之士共编一本《中国名

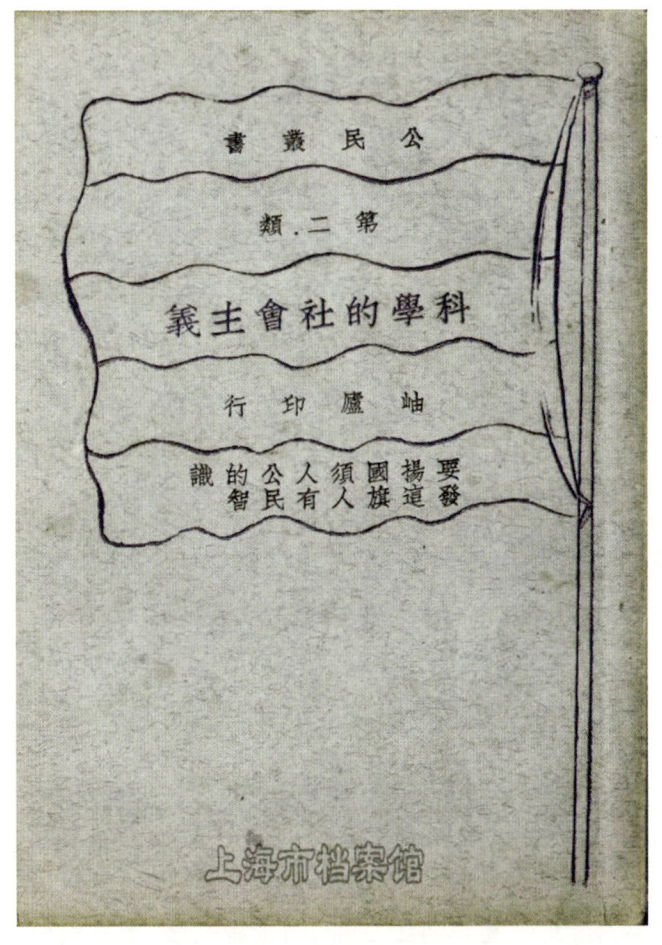

郑次川翻译的《科学的社会主义》

人大词典》(1921年出版)。徐和我父亦常相叙。我父回衢译书的效率比在上海时还高,原因是我母亲对他精心照顾,又有秋芳大哥的相助。

我父为人热情,乐于助人,从青年到壮年,一贯如此。清末他在杭州求学时,同乡因故缺钱,父亲总是慷慨解囊,及至自己需用匮乏时，只好将冬衣送进当铺典钱使用。有一朋友病死，家穷无力殡葬，我父协助周莲祥先生在亲友间发起互助集资把他的后事一一作了处理。我父在沪期间凡亲友求援无不相助，以至我母亲临产时竟无力支付医药费及其他费用，因而产后失调，患了黄胆性肝炎，只好向书馆预支薪金为我母治病。

父亲对亲友的学习、工作也很关心。我二表哥吴国芳在上海中国公学读书时，我父常选书指导他翻译，并为他审稿和出版。我舅父周松涛也在中国公学读书，毕业后我父把他推荐给王云五，受到王云五的重用，派他去主持香港分馆，可惜工作两年便客死香港。1942年舅父的大儿子进商务印书馆顶职，现在还在北京任职。据秋芳大哥回忆，我父1919年至1925年间，每二、三个月能译成一本书（零星短篇不计在内），收入是可观的，但他不会理财，多赚多花，喜欢买线装古书和原版西书。那时交通不便，要向上海邮购书籍，新书到后，爱不释手。他译成出版的书，商务印书馆每次总有十本赠送给他，自己仅留一本，其余分赠知友，从不托书店出售。

我父亲除译英文原本外，常重译日文书。后来还自学法语、德语。译书之暇又常披阅古籍和研读高等数学。他习惯在夜里译书，每天都要到午夜以后方休眠。周末才约诗友做诗、茶话，他的诗友有林长青、吴仁溥等人。

1924年是实行新学制的一年。我父和吴遁生（后来为安徽大学教授）合编过一部《近人白话文选》，由商务印书馆出版，此书所选的议论文、散文、诗歌等都是有代表性的作品，颇能反映当时反对封建礼教，提倡科学民主的思潮，这是一部供高级中学作教本的读物，是畅销书，1925年便印第三版。与此同时还编印了《古白话文选》两册、《近人长篇白话文选》两册。这些白话文选是和新学制的颁行应运而生的，是新学制高级中学的国语课本。

王云五1921年9月就任编译所所长后便提出编辑"百科小丛书"的计划。这套丛书，介绍西洋最新的学术思想。每册二、三万字。包含哲学、文学、社会、政治、自然科学等内容。这套书大多数是从《大英百科全书》中译出，后来又编"百科全书"。我父所译的书，有的自己署名，有的则署名王岫庐。我父亲每天至少译二、三千字，每月至少译6万字，每年不下70万字。最后5年间译书至少有350万言。

父亲译书和思考问题时绝端专心。秋芳大哥说，有一次父亲深夜译书，园外有窃贼凿壁，他误以为是老鼠啮东西，用旱烟杆敲地板，贼被吓跑了。有一次友人约他外出，行前要穿袜子，因他正在思考这个朋友请他配对联的下联，便把两只袜子都穿在左脚上，还到处寻袜。他作文或译书时凝神思考的毅力，实在罕见。

父亲晚年生活较有规律。每天工作前临写一张大楷，还朗诵古文，浏览英、日文书刊，精神状态一直很好。外貌则因频年勤劳译著，加上不事修饰，未到40岁便有早衰模样。

　　1925年夏历7月下旬，父病延医诊治无效，溘然长逝，享年39岁。

张西曼（1895—1949）中国著名社会活动家，九三学社创始人之一，中国早期马克思主义传播者、翻译家。湖南长沙人。1908年加入中国同盟会。十月革命前后，两度到苏俄学习。1919年回国后与李大钊、陈独秀等一同创立社会主义研究会，为传播马克思主义作出重要贡献。1935年在南京发起创建中苏文化协会并任常务理事。1945年创办《民主与科学》杂志，担任社长兼总编。1946年1月与许德珩等任九三学社筹备组成员，并任中国民主宪政促进会理事长。译有《苏联党政建构的重要资料》《俄国共产党党纲》等。

张西曼与《俄国共产党党纲》中译本

张小曼

我的父亲张西曼教授是近代早期的俄文翻译家和传播马列主义的革命家。我从父亲的遗著《历史回忆》一书中发现，我的父亲在20世纪20年代初期曾以"希曼"为笔名翻译出版了《俄国共产党党纲》一书，前两年我又在湖南文艺出版社出版的《中国现代文学作者笔名录》一书中发现记载着父亲的笔名之一是"张西望——见于译著《俄国共产党党纲》，广州人民出版社20年代出版"。在《中国现代出版史料》甲编第14页上，关于《俄国共产党党纲》一书出版的时间，记载是"1927年3月印行"。而我遍寻北京图书馆、中央编译局图书馆等，均未见到出版原书的踪迹，这就使我产生了寻找父亲早年出版的译著《俄国共产党党纲》原版本的强烈愿望。

1992年7月，俄罗斯驻华使馆给我发来了由俄罗斯保卫和平委员会和俄中友协联合署名的邀请函，在中共中央

本文原载全国政协文史和学习委员会编《回忆张西曼》，中国文史出版社2017年版。题目为编者所加。张小曼为张西曼之女。

统战部、全国政协、外交部、民盟中央等单位的大力支持和帮助下，仅用了半个月的时间我就办好了出国的一切手续，踏着父亲的足迹来到俄罗斯这片辽阔而神圣的土地，在莫斯科和彼得堡进行了为期两个月的访问，其间不仅瞻仰了著名的莫斯科红场列宁墓、冬宫、夏宫、阿芙乐尔巡洋舰等向往已久的名胜古迹，还亲切会见了俄中友协主席齐赫文斯基及费德林博士等中国人民的老朋友，得到了他们亲笔签名的赠书，我还多次到俄罗斯社会科学院的远东研究所和东方研究所，拜访了众多的俄罗斯的"中国通"，结交了许多新朋友，他们帮助我在俄罗斯国家档案馆和俄罗斯外交部找到了有关父亲的档案资料，尤其使我高兴的是，我在俄罗斯国立图书馆（原列宁图书馆）找到了我父亲1922年1月以"希曼"的笔名翻译出版的《俄国共产党党纲》的原版中译本。

　　该书是老式的32开本，封皮最上方从右至左横写着"康民尼斯特丛书第二种"，下方正中是毛笔竖写的《俄国共产党党纲》，看来是父亲的手迹，书名的右侧从上至下印着"希曼译"三个较小的字，译者名字下方有一方印章，上书"曾净吾印"，估计是第一位保存者的名字。书名的左侧竖写着"广州人民出版社印行"九个与译者名字同样大小的字，在书的封底最右侧，竖写着"公历一九二二年一月初版"的字样。在该书封底的倒数第二页，是广州群报的一则启事，内容是"本报是中国南部文化运动的总枢纽，是介绍世界劳动界消息的总机关，是在广州资本制度底下奋斗

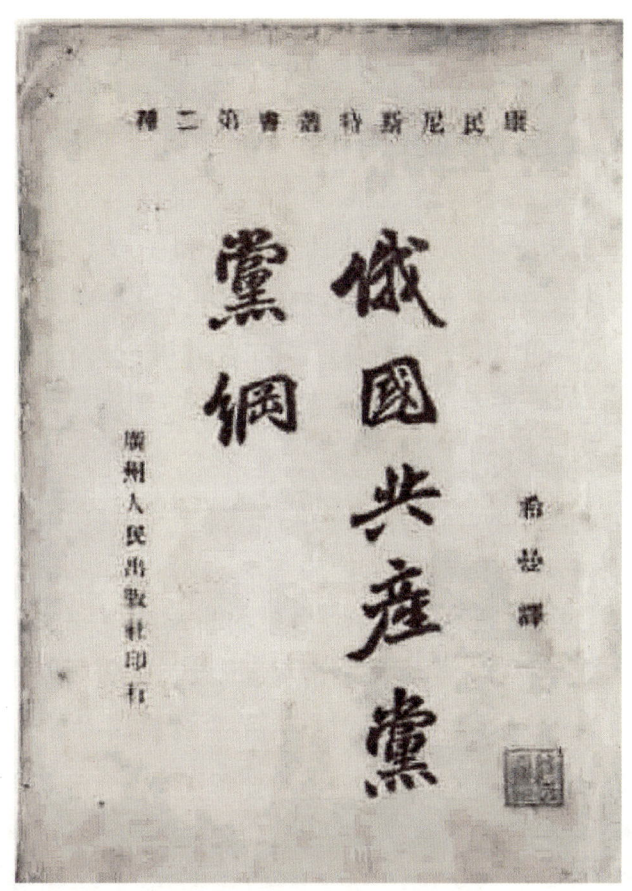

张西曼翻译的《俄国共产党党纲》

的一线曙光。诸君有关心文化消息、世界趋势和社会问题的吗?请看文化运动的中心、世界消息的总汇、改造社会的前驱"。这则启事登在该书上,我认为足以反映了这本书的政治倾向了。

据东方研究所的俄罗斯专家尤拉告诉我,在《中国现代革命史资料丛刊》之《"一大"前后中国共产党第一次代表大会前后资料选编》第三集第 8 页的《一九二一年北京共产主义组织的报告》（据考订，系张国焘执笔）中提到"……我们翻译了一些小册子，如《俄国革命和阶级斗争》和《共产党纲领》等等，但译文尚未印出。……"另外在 1989 年北京大学出版社出版的《李大钊史事综录》中提到陈独秀先生在 1922 年 7 月向共产国际的报告中也提到"我们出版了《俄国共产党党纲》"，而在《中国现代出版史料》甲编第 14 页中提到"康民尼斯特"的意义在法、意、西文中都指的是共产党，由此可见，我的父亲在 1922 年 1 月翻译出版的《俄国共产党党纲》不仅是为了提供给孙中山先生"以仿效苏俄改造国民党"的借鉴，同时也为中国共产党的建立提供了参考，父亲此书在当时的影响可见一斑。

我的父亲 1908 年加入中国同盟会，1909 年入京师大学堂学习，为避清廷追捕，1911 年留学俄属海参崴，曾为辛亥革命招募反满骑兵，并于 1911 年和 1918 年两次赴苏俄学习考察，与俄国革命党人发生了广泛的接触，认识到十月革命有远大的前途；1919 年 7 月回国后在北京大学图书馆编目室工作并与李大钊、陈独秀、毛泽东、周恩来等创立社会主义研究会，1922 年前后三次向孙中山建议实行三大政策，毕生为中华民族的自由、民主、独立、富强而奋斗，1991 年 4 月张友渔老伯为父亲题词"宣传马列主义 支持革命运动 回忆西曼先生"，正是对父亲一生最好的概括。当年父亲被称为"党外的布尔什维克""中国的普罗米修斯"是当之无愧的。我的父亲作为国民党统治区中唯一自始至终公开支持共产党、公开宣传马列主义、公开支持革命运动的革命者和老资格的国民党人，也必因他对中国革命、抗日救亡及中苏文化交流所作出的贡献而名垂青史。

郑超麟（1901—1998）中国早期马克思主义传播者、社会活动家，托洛茨基主义在中国的代表人物。字则连，号玉尹老人，化名马道甫，笔名超麟、林伊文、林超真、曹真等。福建漳平人。1919 年中学毕业半公费赴法留学，1922 年参加少年共产党，1923 年到莫斯科东方劳动者共产主义大学学习，1924 年正式转为中共党员，同年回国后在中共中央宣传部工作，后担任中共湖北省委宣传部部长、《布尔什维克》杂志主编等职，1929 年被开除出党。晚年任上海市第五、六届政协委员。译有《共产主义 ABC》《宗教·哲学·社会主义》《马克思给顾格尔曼的信》《马克思恩格斯书信选》《农民问题》等。

"ABC 读少年老，丁字碑传客泪新"
——忆郑超麟翻译马列著作的一些情况

郑晓方

我的爷爷郑超麟 1901 年出生于福建省南部山区的一个小县城——漳平县。他出生时虽然家世已经衰败，但仍旧维持着地主世家那个古旧的有教养的空架子。因此，他仍旧在旧式私塾中接受教育，最后才插入洋学堂的毕业班考得小学毕业证书。中学是旧制的，四年毕业，学的仍旧是中国传统文化。爷爷中学毕业那一年五四运动爆发了。机缘巧合，他得到了一个到法国学习的机会，由此开启了他的革命道路和马克思主义传播之路。爷爷回忆说："我的'新文化运动'是在从中国去法国的轮船上进行的。我上了船才看到《新青年》杂志，才知道有新文化运动，才经历了过去所受旧文化的教育和船上新学得的新文化之间的斗争。"

1919 年秋，爷爷被派往法国半官费留学。所谓"半官费"，即每年学费 600 元，其中县里出 300 元，自己出 300 元。1919 年 11 月 4 日，爷爷和福建广东的 58 名学生一起到达香港，登上了从上海出发的法国"宝勒加号"大游船。

郑晓方为郑超麟之孙女。本文为郑晓方口述，张甲秀整理。

经过33天航行，12月7日在马赛登陆。12月15日，包括爷爷在内的三十多名福建学生开始在圣日曼中学学习。1920年年底，因法国政府停止给中国留学生发放生活补贴，家里又无汇款，为了节省开支，爷爷离开学校去穆兰，开始自炊自学的生活。到了1922年2月，连这样的生活也无法再维持下去，爷爷不得不进入蒙达尔橡胶厂做工，同三十多位中国勤工俭学生一起住在森林中的一个木棚里。同住在这里的有秦治谷、李慰农、邓小平。爷爷晚年时还手绘了一张当年所住木棚的床铺的平面图。正是同工厂里勤工俭学生的朝夕相处中，爷爷的思想逐步发生了变化。爷爷同他们一起学习，一起斗争，一起参与组织"少年共产党"，从此走上了与他出国前设想的完全不一样的道路——革命的道路。

1923年春，少年共产党选派第一批成员，共计12人，由西欧去莫斯科东方大学读书，爷爷也在其中。

到了莫斯科东方大学后，爷爷学习的课程有经济学、唯物史观、阶级斗争史、工人运动史、俄国共产党史、自然科学、俄文，等等。爷爷回忆道："我们在法国差不多都学过俄文字母和拼音，我自修了半本法文，但俄文教员从头教起。"于是，爷爷常常依靠自学，自己研究文法，进行语言学习。在这期间，爷爷还提过这样一件趣事："东方大学本有瞿秋白翻译的《国际歌》，不是完全根据俄文，而是参考了法文原文的，可是唱起来不大顺口。可能是萧子暲（萧三）建议以法文原文为主另外翻译《国际歌》，而旅莫支部同意了的。……有时他也把我叫了去，解决某些法文字句的疑难问题。我的法文当时被认为较好的。萧子暲有时给法国朋友写信也要问我：某种意思应当用什么法国字来表达。翻译《国际歌》时，我只记得他们问我：'团结起来。到明天'是否可行？这里，'团结起来'后面是句号，结束上句；而'到明天'后面则是逗号，引起下句的。法国诗歌中常有这种句法。我认为'可行'，就是这样定稿了。"就是通过这种边学边译的方式，爷爷为今后的翻译工作打下了良好的基础。

1924年夏，旅莫支部选派第二批留学生回国工作，爷爷从莫斯科东方大学回到上海，被安排到中共中央宣传部，从事中央机关刊物《向导》和《新青年》的编辑和校对工作。1925年6月4日，中国共产党的第一份日报《热血日报》在上海创办，瞿秋白任主编，我爷爷从中共中央宣传部抽调到该报编辑委员会。6月28日，《热血日报》被查封停刊。在此期间，爷爷除了编辑党中央报刊外，每周有九个小时在上海大学任教。此外，他还抽出时间翻译了一些马列经典著作。爷爷后来回忆道："在那种生活中，我每月仍能抽出时间来翻译《共产主义ABC》。促成我翻译这本书的，是自己的印刷厂有多余生产力。运动比较沉静了，传单需要得少些，排字部和印刷部都很空闲。经理同志问我有什么书印，我说现成的书没有，不过我可以临时译出来，随译随印。"

关于《共产主义ABC》的翻译，爷爷在回忆录中这样写道:"这是一本解释俄国布尔塞维克党纲的书。第一章绪言,解释什么叫做党纲,第二章起就是《ABC》,《ABC》以后就是党纲本身。党纲篇幅同《ABC》相等。俄文、法文、英文、德文译本都是这样。我大胆把绪言和党纲都删去了,只剩下这部分解释的文字。随译,随排,随校,随印,许久才印出来。"

这部小小的共产主义册子之所以能在1926年翻译和出版,现在看来主动权完全取决于爷爷本人。他回国后在中央宣传部任秘书,从事党的宣传工作,参加中央会议,知道普及共产主义读物是当时迫切需要的。爷爷曾说:"《ABC》在那次革命中有一种意义,是一般人未曾注意到的,即:这是惟一的文字,告诉人共产党要的是什么。当时,觉醒起来的城市和乡村民众,有很大的求知欲,要知道这次革命究竟领他们往哪里去的。但他们在国民党宣传品中找不到满意的解答,即使这些宣传品是共产党员写的。他们去找共产党自己的宣传品,找《向导》《新青年》《中国青年》,以及北京的《政治生活》和广州的《人民周刊》,也得不到满意的解答,因为那里只说:我们要打倒帝国主义,要推翻军阀。共产党的要求仅仅是这样么?'共产'字就是这样解释的么?《ABC》出版了。于是他们明白,原来共产党果真是要废除私有财产制,要'共产',而这革命是客观发展必然的结果,是不可避免的。于是工人和农民怀抱了这个最后的目的来参加目前仅仅反帝国主义和军阀的斗争。"

正是由于爷爷具备高度的政治敏感性，又有深厚的中国传统文学功底，他在法国、苏联时期已经在国内发表翻译作品，他所翻译的作品通俗、易懂，适合中国读者阅读，他的翻译特色也受到瞿秋白的赞赏。

爷爷当初还给自己定了两个原则：不署译者名，不另支稿酬。以致现在人在撰写《共产主义ABC》时，不知道译

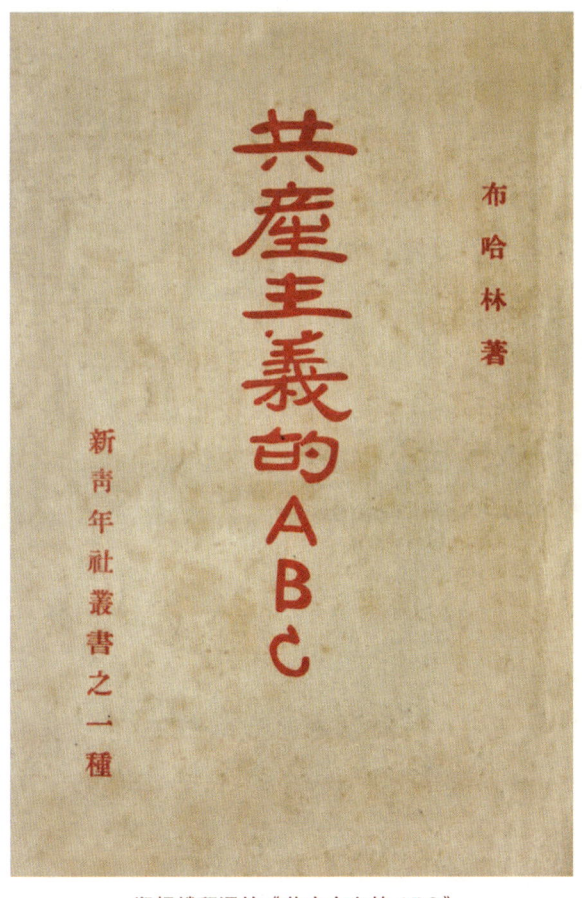

郑超麟翻译的《共产主义的ABC》

者是谁。

1925年6月1日出版的《新青年》不定期刊第二号和《向导周报》1925年6月第156期刊登了《共产主义ABC》出版广告：

"共产主义怪物"已经徘徊到中国来了。中国共产党便是这"怪物"变化的肉身。我们眼见着帝国主义军阀资产阶级结成黑暗的同盟以猎获这"怪物"；我们又眼见着几万万的工人和农民站立起来在这"怪物"的旗帜底下为自己的和民族的解放而奋斗。

"什么是共产主义？"——这是一切中国人眼前最迫切待解答的一个疑问。

这本书——共产主义ABC——就解答这个疑问。

这本书告诉我们：资本主义是什么，资本主义为什么要崩坏而达到共产主义的革命，共产党所要的是什么，共产党将怎样达到他的目的。——这不仅是赞成共产党革命的理论和策略的人们所应该读的？而且是一切加入"反共产"的黑暗同盟的人们所应该读的。

近年来在上海图书馆只能看到《共产主义ABC》1927年2月第四版，从版权页看初版于1926年1月出版，为新青年社丛书之一，32开，正文180页。

爷爷回忆说："我未曾想到这本书能在中国发生如此之大的影响！1927年，上海有一家小报曾统计那几年中国销行最大的书：第一本是《三民主义》，当然，但那大部分是官费印出来赠送的；第二本就是《共产主义ABC》，中央发行部并没有赠送规定，不过定价很低，每本二角，各地翻印的是否有赠送则不可知；第三本是张竞生编的《性史》。"

《共产主义ABC》是当年全国最畅销的书之一，几乎影响了整整一代人。不少老革命家在晚年回忆时都会提起受到这本书的影响。2011年，在纪念中国共产党成立90周年的时候，司徒伟智在《解放日报》撰文《启蒙中国——〈共产主义ABC〉对中共的历史贡献》，对于《共产主义ABC》的影响作了非常深入的叙述，其中说，邓小平在1992年1月的南方谈话中特地提及，而且提得那么崇高："学马列要精，要管用的。长篇的东西是少数搞专业的人读的，群众怎么读？要求都读大本子，那是形式主义的，办不到。我的入门老师是《共产党宣言》和《共产主义ABC》。"

2021年，在"郑超麟在中共中央机关史料征集与整理"学术研讨会上，上海党史研究室研究员沈建中在论文中指出：郑超麟翻译的《共产主义ABC》"成为一大批共产党人参加革命的入门书，在中国宣传马克思主义有很大贡献，他可以凭此青史留名。"原中共上海市委书记处书记夏征农曾说道："1927年我参加革命开始接触马克思主义，第一本启蒙课本就是布哈林的《共产主义ABC》。"

以《共产主义ABC》作启蒙课本的革命家数不胜数，他们在不同的岗位无不认真学习过它，甚至高层领袖大多请教过它。彭真在敌人的监狱里读，彭德怀在行军路上读，朱德在德国读，刘少奇在莫斯科读，《共产主义ABC》滋养了中国共产党人的大脑，功不可没。

当时，共产党人和左翼学者在宣传、讲授马克思主义理论时，常常将《共产主义ABC》作为主要参考书和理论依托：在广州主持农民运动讲习所的毛泽东曾将《共产主义ABC》的部分内容编入基础教材里；主持黄埔军校政治部的周恩来将《共产主义ABC》的主要章节编到军校的政治讲义中；任职于上海共青团中央的任弼时曾去曹家渡纯善里的平民学校讲《共产主义ABC》。《共产主义ABC》成为早期中国共产党人最为喜欢的启蒙读物之一。

退出中央宣传部的工作后，为了更深入地研究马克思恩格斯的思想，在没有找到出版者的情况下，爷爷于1929年前后翻译了《宗教·哲学·社会主义》一书（该书收入了恩格斯的三篇著作）。"当时出版界渐渐要求马克思主义文献，这个要求后来更加迫切，以致小书店如同雨后春笋般出现，竞争着出版马克思主义书籍。"在翻译过程中，爷爷被捕入狱，经过党中央的营救，40多天后出狱。出狱后他继续翻译《宗教·哲学·社会主义》。书稿译成后，经杨贤江协调出版。此外，爷爷翻译的马恩经典著作还有《马克思给顾格尔曼的信》《马克思恩格斯书信选》等。

1931至1937年，爷爷再次入狱。在狱中他坚持从事翻译工作，不仅应监狱方的要求翻译他们指派的各类军法文件，还抽空翻译了一些哲学著作。这一时期，作家楼适夷也参与并见证了爷爷这段时期的工作："这一桌上有五位难友，就是参加这'劳役'的，其实包括潘梓年在内，谁也都是德语的初级学生，唯一的德语老师，就是坐在潘对面的一位，正是十年不见，已显得苍老，秃了脑袋的郑超麟同志，真正的译者也就是他一个，其他的人全是跟他学德语的学徒。人人面前一巨册德文原著，一部辞典，一册课本，一叠稿纸，又读又写……大家把他当一部活的百科全书，随时都要向他请教。他总是孜孜不倦地帮助我们。他不但教我们德文，还教两位学法文的青年，帮助大家搞自己的翻译。他非常勤快，不断地读，不断地译书。"

后来，爷爷甚至还填词满江红，翻译《马赛曲》：

"祖国儿孙，齐奋起，执戈横槊！看此日，敌兵侵我，山川城郭。专制魔王相结合，自由民族悬危索，听四郊野兽正横行，噪声恶。卫家国，扶老弱，驱侵略，是男儿志气，责无旁托。高举血旗冲敌阵，急擂战鼓摇山岳。教兽兵流血罐吾田，尸填壑。"

爷爷在生命最后阶段把自己一生中所翻译的作品分为两类：一是文学类，二是政治类。他说，在日本投降以后，为了解决吃饭问题，也曾翻译过一批有关代数、三角、自然常识的书籍，他以为这些不值一提。

朱镜我（1901—1941）革命烈士，中国左翼作家联盟和中国社会科学家联盟发起人之一，马克思主义经典著作翻译家。原名朱德安，笔名雪纯。浙江鄞县人。1918年7月前往日本学习，1927年回国后加入创造社，主编《文化批判》月刊，并积极翻译、宣介马克思主义理论。1928年加入中国共产党。曾任中共中央文化工作委员会书记、中国社会科学家联盟党团书记、中共江苏省委宣传部长、中共中央上海局宣传部长、新四军政治部宣传教育部部长等职。1941年1月在皖南事变中牺牲。译有《社会主义从空想到科学的发展》《工人政党土地政纲的修正》等。

朱镜我与马克思主义在中国的传播

朱时雨

朱镜我是革命文学团体后期创造社的重要成员。在20世纪30年代，曾先后担任中共中央文化工作委员会党团书记、中国社会科学家联盟第一任党团书记、江苏省委宣传部长、上海中央局宣传部长等职，长期战斗在上海党的宣传和思想文化战线上。

1918年至1927年间，朱镜我在日本留学。当时，京都帝国大学经济学教授河上肇积极宣传社会主义，出版《社会问题研究》杂志，详尽介绍了马克思主义学说，这使朱镜我深受影响。在1920年至1921年间，他在东京时常与留日同学范寿康、江闻道等研讨河上肇介绍的马克思主义学说。

第一次国内革命战争失败后，革命处于低潮，白色恐怖严重。朱镜我逆流而进，毅然放弃在日本京都帝国大学研究院的工作，于1927年10月回到祖国，在上海参加了创造社，投身于革命文化工作。那时，朱镜我还未参加中国

本文原载《社会科学》1983年第7期。朱时雨为朱镜我之子。

共产党，但是作为一个革命学者，他认识到大革命失败后，有必要加强马克思主义传播工作。他和彭康等负责编辑创造社理论刊物《文化批判》（1928年1月15日创刊，后改名《思想》，由朱镜我主编），引用了列宁的名言"没有革命的理论，（就）没有革命的行动"。在政治、经济、社会、哲学、科学、文艺等领域宣传和介绍了马克思主义。这一时期，朱镜我撰写了《理论与实践》《科学的社会观》《政治一般的社会的基础（国家底起源及死灭）》《关于精神的生产底考察》《德模克拉西论》《社会与个人底关系》《中国社会底研究》《法底本质》等文章，阐发了马克思主义的基本理论，其中关于社会学方面的论文，受到当时中共中央领导人瞿秋白的肯定和赞赏。郭沫若在《跨着东海》一文中曾作过如下的评价："《文化批判》一出版之后，在文化界和思想界，燃起了弥天的烽火，很热烈地受到了青年的拥护。""辩证唯物论的阐发与高扬，使它成为了中国思想界的主流，后期创造社的几位朋友的努力，是有不能抹煞的业绩存在的。"

朱镜我同时重视马克思主义著作的翻译和介绍。他根据敦克尔编的《社会主义底发展》一书，参照了艾威林（马克思女婿）的英译本和日本堺氏的日译本，翻译了恩格斯的重要著作《社会主义从空想到科学的发展》，于1928年5月30日由创造社列为"社会科学丛书"之一出版。为了避免引起敌人的注意，出版时书名沿用了敦克尔原编书名《社会主义底发展》。恩格斯这部重要著作以单行中文全译

朱镜我翻译的《社会主义的发展》

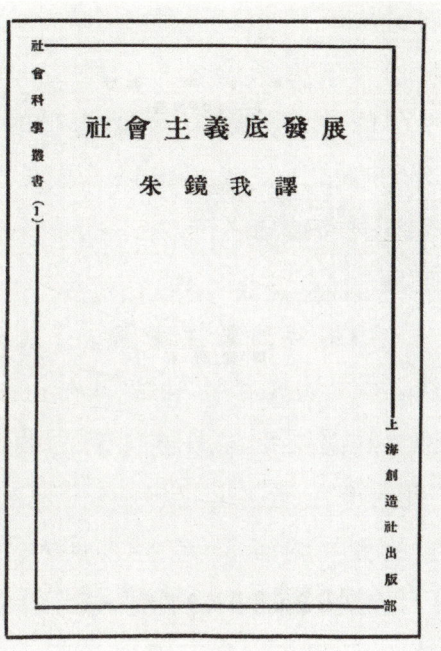
《社会主义底发展》

本出版发行,在我国尚属首次,也是大革命失败后我国最早出版的马克思主义著作。

在1929年的翻译马克思主义著作热潮中,恩格斯的《家庭、私有制和国家的起源》由杨贤江(当时署名李膺扬)根据英文并参照日文本翻译成中文在上海出版,这是我国首次出现的这部名著的中文全译本。对这一名著和列宁的《国家与革命》中译本的出版,朱镜我欢欣鼓舞,立即在他主编的理论刊物《新思潮》第二、三期合刊上,以谷荫的署名发表了《两本国家论的介绍》一文。他把这两个中译本的出现,称之为"在这个最易迷离、最易催眠,而最复杂、最困难的国家论之中,而且在这荒芜的、毫无科学精神的中国的学术界里",居然出现的"两本最正确的科学的国家论之移植,使我们能以本国的文字而读这种名著,这真不得不向移植者作感谢,也是不得不庆贺学术界底前途的一回事"。

1930年,朱镜我翻译了列宁的《工人政党土地政纲的修正》,批驳了陈独秀等在土地革命运动问题上的错误理论。这篇文章发表在《新思潮》第六期上。他在译文前的"几句介绍语"里指出:"土地革命,是中国革命在目前阶段上的主要内容。"有些人反对土地革命,"正是证明了他们已经完全脱离了马克思主义的立场。""伊理奇的这篇文章,能够帮助读者去正确地了解土地革命的问题。所以我特别选译出来公之于注意中国革命问题的读者。"

此外,朱镜我还翻译了苏联经济学家米哈列夫斯基的《经济学入门》(上、下两册,分别于1930年4月和10月由上海神州国光社出版,1940年由言行出版社再版),以及《农业问题的理论的基础》(1928年上海创造社出版部出版)等书籍;他还写了《马克思主义的基础理论》《关于帝国主义的文献》《列宁小传》等文章,宣传介绍了马克思主义。

1929年2月,创造社被国民党查封后,朱镜我负责江南书店,利用这一合法的出版机构,出版和计划出版大量有关马克思列宁主义的书籍。已出版的书籍中有恩格斯的名著《反杜林论》(吴黎平译)和德波林的《唯物辩证法入门》(凌甫译)、卢那察尔斯基的《西方底文化与苏联底文化》(成嵩译)等。

在马克思主义文艺理论的介绍方面,朱镜我也作出过努力。1928年,他和创造社、太阳社的战友们在我国第一次明确提倡"普罗列塔利亚文学"(即无产阶级文学)的同时,就开始提出传播马克思主义文艺理论的任务。朱镜我除了撰写《艺术家当前的任务——检讨〈检讨马克思主义的阶级艺术论〉》等文章外,还翻译了苏联文艺理论家卢那察尔斯基的《关于马克思主义文艺批评底任务之大纲》和弗里切的《绘画底马克思主义的考察》等文,分别发表在《创造月刊》第二卷第五、六期上。这是我国最早翻译的有关马克思主义文艺理论之一部分。

柯柏年（1904—1985）马克思主义经典著作翻译家，中国外交家。原名李春蕃，笔名马丽英、丽英、福英等。广东潮安城（今潮州湘桥区）人。1924年加入中国共产党。1929年在上海从事党的隐蔽战线工作，任中国社会科学家联盟党团成员。1937年赴延安，曾任中央马列学院西方革命史室主任，延安中央研究院国际问题研究室主任，中央军委外事组高级联络官，北平军调处执行部翻译处处长、新闻处处长，中央外事组研究处处长等职。新中国成立后，历任外交部首任美澳司司长兼中国人民政治法律学会副主席、中国驻罗马尼亚大使、中国驻丹麦大使、中国人民外交学会副会长、国际关系研究所副所长等职。是中国共产党第十一次全国代表大会代表。译有《社会主义从空想到科学的发展》《哥达纲领批判》《帝国主义论》《法国的革命和反革命》《马恩通信选集》等。

我译马克思和恩格斯著作的简单经历

柯柏年

1919年五四运动爆发的时候，我正在广东汕头角石中学预备班念书，还不满15岁，虽然年幼，所知不多，但满腔爱国热情，参加了当地的响应北京学生抗议巴黎和会把德国在山东的特权转让给日本的爱国反日运动。这一年秋天，我转学到上海沪江大学中学部，在四年制的中学读一年级，从此便有机会直接接触在五四运动影响下迅猛发展的新文化运动。

早在1915年，新文化运动就在《新青年》及其他一些进步杂志的倡导下开始了。打倒孔家店、反对吃人的礼教、提倡白话文和介绍世界上各种各样的新思想是新文化运动的主要内容。1917年的俄国十月社会主义革命和1919年的五四运动对新文化运动的发展起了极大的促进作用。新的刊物有如雨后新笋，相继涌现，其中比较著名的有《新中

本文原载中央编译局马恩室编《马克思恩格斯著作在中国的传播》，人民出版社1983年版。

国》《新潮》《新教育》《少年中国》和《每周评论》等。北京、上海等地的许多报纸都办有副刊介绍新思想，如北京的《京报》和《晨报》副刊、上海的《民国日报》副刊《觉悟》和《时事新报》副刊《学灯》等。声势浩大的新文化运动唤醒了广大的青年，尤其是知识青年，去思索、去寻找一条救国救民的道路。

当时的新文化运动是一个百家争鸣的、思想极为活跃的文化革命运动（最明显的例子就是北大校长蔡元培先生聘请各派人物在北大自由讲学）。形形色色的学派、思想和主义都被介绍到中国来了：无政府主义、工团主义、布尔什维克主义、社会民主主义、基督教社会主义、基尔特社会主义、讲坛社会主义、费边社会主义、美国 I.W.W. 主义、易卜生主义、实用主义、松巴特社会改良主义、土耳其基玛尔主义、印度泰戈尔思想、俄国托尔斯泰思想、反战的和平思想，等等，不一而足。我这样一个初出茅庐的小青年，对这些闻所未闻的新思想当然感到十分新鲜，什么都想知道，什么都想吸收。但是，过了一段时间，当我看的、听的东西比较多了之后，我就有这么一个感觉，我总不能让这些五花八门的、又往往是相互对立的新思想都在自己脑子里生根呀，我总得有所取、有所舍呀！不过，这实在不是一件轻而易举的事。经过一个时期的学习、对比和研究，我终于选择了马克思主义。

当时刊物很多，介绍马克思主义的文章和书籍也不少，不过，我既已选择了马克思主义，就感到介绍性的文章和书籍已不能满足我的要求。我要读原著。

我在沪江大学中学部三年级时,学校的许多课程已用英文讲授,英文书刊已能勉强看懂。为了研究马克思主义,我定了一份美国共产党的机关报《工人日报》及其《星期》增刊。我还向专门出版马克思主义著作的芝加哥克尔书局购买了一批包括英译本《资本论》在内的书。此外,我还经常向纽约的兰德社会科学学校（Rand School of Social Sciences）附设的书店购买美国出版的各派社会主义著作。每当定购的英文新书刊一到手,我就如获至宝,埋头苦读,急于寻找能解答我头脑中问题的答案。如有所得,我就赶着试译出来,投登在《民国日报》的副刊《觉悟》上,以飨其他渴望学习马克思主义的青年。

我的译文有时用我的真名"李春蕃"发表,有时又用我的笔名"马丽英"发表。记得先后登于《觉悟》的译文有：列宁的《帝国主义论》（当时此书的英译本只有前六章,因此我的译文也只有前六章）、列宁的《农业税的意义》、考茨基的前期著作《社会革命论》的前半部。

我17岁啃英文版的《资本论》第一卷时就发现,马克思自己写的著作反而比别人所写的介绍性的和解释性的著作更容易懂、更有吸引力。因此,我就萌生了翻译马克思和恩格斯原著的念头。那时,上海有家书店出版了一批社会科学方面的书,其中有罗素的《社会改造原理》。这是一本很厚的书,是全译本。可是,恩格斯的《空想的和科学的社会主义》却只译了其中的第三节,以《科学的社会主义》为名,用四号字印了薄薄的一小本书。对此,我颇有些感慨。1924年我从上海到北京之后就根据马克思的女婿艾威林(Aveling)的英译本,把恩格斯的这本书全部译出。遗憾的是没有把恩格斯为此书所写的导言也译出来。不过,当时就正文来说,我的译文可算全译文。译文仍登在《民国日报》的副刊《觉悟》上。

1925年,我从北京回到家乡广东潮州之后,就着手翻译马克思的名著《哥达纲领批判》,是根据我收集到的三个英文译本互相参照译出来的。译好之后,我把译文寄给上海书店的主持人徐梅坤(我和徐很熟),请他帮我出版发行。由于此书不是上海书店向我约的,我就提出自己出钱印书。我给徐梅坤寄去了印刷费。此书一共印了2000册。这一次因要直接出书,就没往《觉悟》投稿。此书一出,各地纷纷翻印。《哥达纲领批判》恐怕是我所翻译的马恩著作中流传最广的一本书。

我译马恩著作一不图钱,二不图名。图钱是图不成的,因为刊登在《觉悟》上的许多译文是没有稿酬的。当时,我只想到要宣传马克思主义,有没有稿酬是无所谓的。我的译文没有都用"李春蕃"这个原来的真名发表,我常用"马丽英"或其他笔名。许多笔名我现在已记不得了。如果现在有人问我××文章是不是我译的,我光听译者姓名是无法回答的,我只有仔细看了译文才能断定是否是我译的。我在翻译马恩著作之前,已译过一些东西,积累了一定经验,所以我才敢以自己的并不高的英文水平翻译几本马恩的著作。

1927年大革命失败之后，我又回到上海。此时，经过轰轰烈烈的大革命，马克思主义已得到前所未有的广泛传播。在上海这样的大城市，翻译马恩著作的大有人在。鉴于这种情况，我开始翻译受到马克思和恩格斯赞扬的而当时又不大为中国广大民众所知的德国工人哲学家约瑟夫·狄慈根（Joseph Dietzgen）的著作。我翻译了他的两本书。

　　恩格斯的《自然辩证法》一直很吸引我，我曾想结合当时的（30年代的）科学技术来仔细研究一下这本书，如果有可能就写一些介绍性的文章或一本书。为此，我阅读了许多自然科学著作，涉及的方面也很广，由于要参加社联的工作和党的其他一些活动，我的这个计划没能实现。我曾和王学文同志、杜国庠同志合办过一个党的刊物，我常常为该刊物撰写文章，不过，没有译过马恩的著作。

　　1937年全面抗战以后，我到了陕甘宁边区。我先在边区政府的教育所工作了一段时间。1938年5月，党为了加强对马列主义的系统研究，成立了马列学院，该院设有翻译部，我从教育所被调到了翻译部翻译马恩的著作。

　　那时，苏联出版了《马克思文选》两卷集，其中有些著作虽已有中译文，但需要改译；许多著作还没有译成中文，需要补译。张闻天同志是马列学院院长，他亲自抓这项工作。除了翻译部的全班人马以外，还调了徐冰（新华社）、成仿吾（陕北公学）和何思敬（抗大）等同志参加这项工作。张闻天同志规定每人每天要译一千字，每一千字给一块钱的稿酬。不过，如果以后译文在延安以外地区出版发行（如重庆，重庆大量印延安出的书，因为延安出的书在国民党统治区很有销路），翻译者得了稿酬之后应把马列学院付的稿酬费还给公家。参加翻译的同志人数不多，但所包括的语种却不算少，英、俄、德、日、法文都有。从1938年到1940年，我们用了近三年的时间把这两卷集的文选统统译完了。

我先译的是马恩合写的《中央委员会致共产主义者同盟的信》（此信收在《德国的革命与反革命》一书中）。读了这封信就可理解马恩所主张的无产阶级革命战略，也能清楚地看出陈独秀在大革命时期的所作所为是和马克思恩格斯的主张背道而驰的。接着，我又翻译了马克思所写的《法兰西阶级斗争》和《拿破仑第三政变记》两本书。有种论点认为，这两本书不是马克思的主要著作。其实恰恰相反，马克思正是在这两本书里应用他的唯物史观剖析了他所处时代的重大事件。如果我们要学习马克思的理论，学习他如何应用其理论，那就必须仔细钻研这两本书。特别

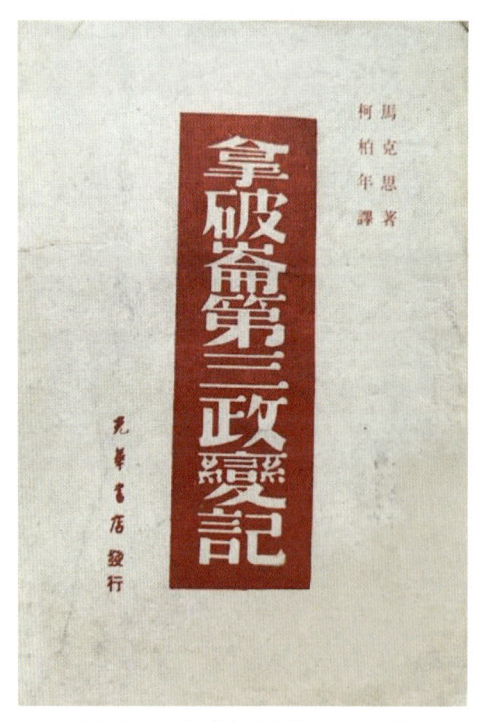

柯柏年翻译的《拿破仑第三政变记》

值得注意的是恩格斯为《拿破仑第三政变记》所写的绪论。在这篇绪论里，恩格斯用唯物史观解释了法、德两国从19世纪中期到19世纪末期这几十年的历史，并对未来的革命做了分析和预见。

这个时期，我还译了一些马克思、恩格斯的书信。马克思和恩格斯两人的通信很多，内容很丰富，也很重要。两卷集的《马克思文选》，虽只选了马恩书信中的很小一部分，但选的都是有关马克思主义的理论和工人运动的非常重要的书信。我译的只是其中关于无产阶级政党的信和关于爱尔兰问题的信。关于历史唯物主义的信和关于俄国问题的信分别由艾思奇同志和景林同志翻译。

《马克思文选》两卷集基本译完时，马列学院改组为马恩列斯研究院。该院不设翻译部。因陈昌浩去苏联养病，我接替他的工作，调任马恩列斯研究院西方革命研究室主任，译书的工作暂时中止。后来，马恩列斯研究院改组为中央研究院。不久，整风运动开始。到"抢救运动"时中央研究院改为"党校三部"。改组之后，我被调到中宣部翻译室工作，翻译室的主要任务是翻列宁的书，即把当时苏联出的12卷集的《列宁选集》补译完。我翻译第11卷，即《马克思恩格斯及马克思主义》。此时，译的已不是马恩的著作，而是列宁的著作了。

抗战后期，美军观察组进驻延安，中央成立外事组负责这方面的工作，我调中央外事组工作。从此，我一直从事外交工作，没有再翻译过马恩著作。

吴亮平（1908—1986）马克思主义理论家、翻译家。曾用名吴黎平。浙江奉化人。1925年加入中国共产主义青年团，同年赴苏联莫斯科中山大学学习，1927年转入中国共产党。1929年回国后在中共中央宣传部主编《环球》周刊，并参与中央文化工作委员会的领导工作。后历任中华苏维埃共和国临时中央政府国民经济部部长、中国工农红军第一军团地方工作部部长、第三军团宣传部部长、中共中央宣传部副部长、中共中央晋绥分局委员、中共抚顺市委、东安地委书记等职。新中国成立后，历任中共上海市沪西区委书记、中共中央华东局企业管理委员会副书记、化学工业部副部长、中国科学院哲学社会科学部领导小组成员、中共中央党校顾问等。是中共七大代表、第五届全国政协常委。译有《反杜林论》《社会主义从空想到科学的发展》《法兰西内战》等。

我翻译马列著作的经历

吴亮平

　　我最初接受马列主义，是20世纪20年代在上海大夏大学读书时，当时我十五六岁。在这之前，我虽然也经常阅读《新青年》《向导》《觉悟》等进步报刊，但由于年幼，对社会缺乏了解，还没有能够对自己的道路作出正确的抉择。

　　大夏大学地处沪西工厂区内，我们通过开办工人夜校，同工人们来往，对中国工人的苦难生涯以及外国资本家的罪恶行径有了实际的了解。作为一个青年学生，我经常思考中国工人的出路，向往进步，追求真理，如饥似渴地搜集和阅读革命书籍。但是，那时马列主义的书很少，马列主义原著的译本更少。我最早读过的马克思著作的中译本是陈望道译的《共产党宣言》，当时这是一本很难买到的书。此外，还读过瞿秋白的《新社会观》《新俄游记》及布哈林的《共产主义ABC》等。《共产党宣言》给我的影响最大，

本文原载《中国翻译》1983年第7期。

它促使我选择了马克思主义作为自己的终身信仰。

1925年爆发了"五卅"运动。在运动中,我参加了上海学生联合会的工作。这时领导上海学生联合会工作的,是上海地下党的代表恽代英同志,他介绍我加入了中国共产主义青年团。同年,苏联为帮助中国培养革命干部,创办了莫斯科中山大学。我是第一批被党派去学习的,同去的还有沈泽民、张闻天、王稼祥、乌兰夫、伍修权等。

最初,中山大学的教员都是俄国人,中文翻译只有一两个,中文书籍也非常缺乏,而中国学生中原有文化水平又参差不齐,大多数人看不懂外文的马列主义著作。这种情况给教学带来很大困难。当时驻共产国际中共代表团的瞿秋白、邓中夏等同志来到中山大学,要求学校多翻译一些马列主义著作的中文本,于是校方组织了一些通晓外文的中国同志着手翻译。我上高小时开始学英语,上大学期间,数理化课程均采用英文课本,因而具有一定的英语阅读能力,也被学校遴选参加了翻译工作。参加翻译工作的还有沈泽民、张闻天、王稼祥等人。

我最初翻译的是恩格斯的《社会主义从空想到科学的发展》(根据英文本),这是《反杜林论》中的一部分。我在翻译过程中曾反复阅读了《反杜林论》全文。从此,我就同《反杜林论》这部"马克思主义的百科全书"结下了不解之缘,产生了把这部巨著全文译出的愿望。但当时学校急需的是教课用的讲义和一些小本著作,像《资本论》《反杜林论》这些马恩巨著,以及列宁的大部著作,都没有来

吴亮平翻译的《反杜林论》

得及翻译。我还同张闻天同志合译了马克思的《法兰西内战》。张闻天同志曾留学美国，英语很好，我同他的合作是很协调的。后来，我学习了俄文，又先后参加了《共产党宣言》《两个策略》《国家与革命》《"左派"幼稚病》等马列著作的校译工作。由于任务很急，在校译这些著作时，大都是几个人合译，每人承担一部分，并进行互校，最后由一个人负责校阅定稿。开始，学校没有中文印刷机，大部分是油印出版，有些译稿，我们也用秘密方法寄回国内再版了。直到1927年，学校才建立了正式的中文出版机构。

1929年秋，我奉党组织的指示从莫斯科回到上海，被分配在中央宣传部工作，主编介绍世界革命运动的刊物《环球》，同时还参加中央文化工作委员会的领导工作。当时文委书记是潘汉年，成员有李一氓、王学文、彭康、朱镜我、杨贤江、林伯修、冯乃超等人。为了介绍马克思主义理论，我们还办了《新思潮》等刊物，并出版了不少马列著作，其中有新译的，也有翻印的。虽然当时的地下工作条件很困难，我们仍利用一切可能来宣传马克思主义。1930年上半年，王明从苏联回国，被分配到中央宣传部当秘书。当时宣传部长由李立三同志兼任，他很忙，部里的部分领导权就逐渐被王明所窃取。在莫斯科时，我和左权、陈启科等同志曾对王明结党营私、诬陷别人的行为作过坚决的斗争。王明到中宣部后，就利用职权对曾经反对过他的人罗织罪名，进行诬陷打击，我是首当其冲的一个。他于1930年5月撤去我在中宣部和中央文委的职务，下放到街道支部"锻炼"。他这样做，当然是别有用心的。当时我失去了经济来源，经地下党张庆孚同志的介绍，用假名在法政大学代一点课，领取些工资来维持生活，夜间则按支部规定去进行贴标语、散传单等活动，其他空余时间可以由自己支配。这样，我就有可能实现翻译《反杜林论》全书的夙愿了。

在严重的白色恐怖下，国民党特务到处游窜，我仅租住着一间窄小的亭子间，生活来源又无保障，条件十分困难。我花费了很大气力，找到了《反杜林论》的德、俄、日三种文本，虽然为没能找到英文本而深感遗憾，却也算是难能可贵的了。我是根据德文原本、参照俄文本和日文本翻译的。《反杜林论》是一部论战性著作，文字比较难懂，特别是杜林的话，简直是故弄玄虚、诘屈聱牙、难于索解，我力求译得明了。那时正值盛夏酷暑，我一面挥汗译书，一面又要去法政大学代课，随时还得提防国民党特务的跟踪，经常搞得饭也吃不上。在这种情况下，我用了三个月时间，译完了《反杜林论》全书，虽然翻译得不很理想，但总算力争尽快完成了。这时，恰值左权、陈启科两位同志也在王明的诬陷打击下，被遣送回国。途经上海，我们喜获重逢。他们十分支持我翻译《反杜林论》，并给予不少具体帮助。随后，我把译稿交给江南书店的朋友们，很快就出版了。不久，我就被国民党特务逮捕下狱。被捕后，我十分庆幸自己译得快，否则这一译作就有夭折的危险。1932

年，我被党组织营救出狱，离开上海去中央苏区工作。

到了中央苏区不久，在一次群众大会上，欧阳钦同志把我介绍给毛泽东同志。毛泽东同志得知我是《反杜林论》的译者后，非常高兴，约我谈谈《反杜林论》中的理论问题，还告诉我，他的一本《反杜林论》中译本，是红军打进漳州时他亲自在城内图书馆找到的。毛泽东同志多次同我研究《反杜林论》中的理论问题，同时运用马克思主义有关理论原则来深入探讨当前的革命实际问题，使我对《反杜林论》有了更深入的理解。毛泽东同志还认为，我的译文"还比较像中国语言"，并对译得较好处做了肯定。我听了很惭愧，深感自己在上海遭受王明打击的困难条件下从事翻译，译文缺点实在很多。可是，当时我主要负责国民经济部的工作，在繁忙的工作和苏区艰苦的环境中，也实在没有条件重新校订。

1938年，党中央在延安设立了编译马列主义经典著作的专门机构，翻译出版马列主义著作。我当时的工作是负责编辑《解放》周刊，在张闻天同志的提议下，也参加了编译工作。这时的工作环境和物质条件，比起当年严重白色恐怖下的上海和艰苦的中央苏区，都要好得多了。而且，我对马列主义著作的理解也较为深刻一些，因而对翻译工作就有了较多的把握。我重译了《社会主义从空想到科学的发展》，校订了我同张闻天同志合译的《法兰西内战》及柯柏年同志译的《拿破仑第三政变记》，分别作为"马克思恩格斯丛书"第三种、第五种、第十一种，由延安解放社出版发行。1939年,我又把《反杜林论》重新审校了一遍。这主要是受到毛泽东同志的鼓励和督促。此外,有人告诉我,我的译本由上海江南书店出版后,曾在北平等地重版翻印过好几次。我原来以为,我的译本会很快被一种更好的新译本所取代,因为当初受到环境和条件的限制,译文难免有缺点甚至错误,没想到它却流传开了。因此,我决定对译文进行比较大的修订。这次修订,我主要根据德文原本和英文本(英文本恩格斯曾经亲自看过),并参考了1938年苏联新订正的俄文本。我大约用了半年多时间,于1939年秋校改完毕。翌年由延安解放社出版。这以后直到全国解放,我一直做地方工作,没有时间搞翻译了。

全国解放后,1952年我来北京工作,在研读马列著作中,感到有对《反杜林论》的译文作一番较大修改的必要,于是又在1954年作了第二次校订,1955年出版。1973年,我怀着对"四人帮"篡改马列主义、打击迫害革命老干部的满腔义愤,在长时间"靠边站"的日子里,比较仔细地再次把译文校对了一遍,1974年由人民出版社出版。1978年是《反杜林论》出版100周年。为了纪念这个日子,我又对译本作了第四次校订,主要是修饰文字。

根据自己的经历,我感到,从事马列主义编译工作并不是一件轻而易举的事情,而是一种非常严肃、十分艰巨的工作。要做好这项工作,达到"信、达、雅"的要求,起码应具备三个条件:第一要外文好。马列主义经典著作不仅思想深奥、论理性强，而且内容丰富，往往涉及社会科学、自然科学的各个学科领域；此外，原作者在语言文字方面的造诣也很深，常常运用典故、成语及多种修辞手法。这就相应地要求译者掌握多学科的外文专业术语及多方面的外语知识，多看多想，力求弄清楚原文的意思，否则就会出差错或转达不清。少出差错的有效办法，是参照较多几种译本，这就要求译者掌握多种外语，并且达到比较精通的程度。第二要精通专业理论。翻译马列主义著作，一定要熟悉马列主义理论，不仅要搞清楚每组词、每句话的含义，而且要对全部内容和精神实质融会贯通，这样才有可能用恰当的方式表达原意。凡属重要疑难问题，一定要反复讨论，切忌死译、硬译。第三要有较强的中文表达能力。现在有些翻译工作者的中文成问题，译作通篇欧化句法，又干巴得没一点味道，读起来很别扭。在中文表达方面，我主张偏于意译，必要时采取直译，但一般限于难句。当然，意译不能离开原文而随意生造，需要很好地斟酌，根据上下文之间的内在联系，确当地表达出来，既要忠实于原文，又要尽量采用中国语言习用的表达方式，做到通俗易懂。专业术语要规范化，切忌标新立异。此外也应讲究文笔，尽量保持原文的用词色彩、造句语气及修辞方式，使译文能同原文的内容和风格相称，不要只顾按照译者个人的表达习惯而搞得不伦不类。

马列主义著作的翻译工作，本身就是一门科学。我翻译《反杜林论》先后修订了四次，虽然自己觉得对原文的理解一次比一次深刻,译文一次比一次有所改进,但至今尚有许多可以再改进之处。希望我们的翻译工作者,本着精益求精的态度,译出更多更好的马列主义著作的译本来。

李一氓（1903—1990）无产阶级革命家，中国早期马克思主义传播者。原名李国治，后改名李民治、李一氓，曾用笔名叶芒、孔德、德谟等。四川省彭州市人。1926年加入中国共产党。曾先后任陕甘宁省委宣传部长、新四军秘书长、苏北区党委书记、华中分局宣传部长、大连大学校长等职。新中国成立后，历任世界和平理事会常务理事、书记，驻缅甸大使，国务院外事办公室副主任，中国人民外交学会副会长，中国人民保卫世界和平委员会副主席，中共中央对外联络部副部长，中纪委副书记等职。译有《马克思与恩格斯合传》《马克思论文选译》等。

"春华秋实味津津"

李一氓

南昌起义失败后，我于10月初回到上海。

当时，党中央开始办《布尔塞维克》周刊，10月20日出第一期。到1928年9月10日为止，为第一卷，共出了28期。第二卷起改为月刊，但前六期为16开本，后五期为32开本，共出11期。第三卷出六期，二三期、四五期均合刊，实为四期。第四卷出六期。第五卷只出了一期，到1932年7月。以后就停了。该刊自第二期以后，曾用国民党的《中央半月刊》的封面，后来的32开本，又用《新时代国语教科书》的封面，有一期用《中国文化史》封面，以便于公开携带。自创刊起它就变成了党员必读刊物。陈独秀那时还为《布尔塞维克》按期写杂文《寸铁》数则，署名"撒翁"，大概表示撒手之意，一直写到1928年2月的第19期。因为每期都读，看到上面也有一些译稿，征得编辑部的同意后，我为这个周刊翻译了两篇文章。

《布尔塞维克》第二卷第一期（1928年11月）的《共

本文节选自《李一氓回忆录》，人民出版社2015年版。题目为编者所加（引自李一氓同志的诗句）。

产国际第六次世界大会宣言》，就是我从英文翻译的，载第一页到第七页，共约一万一千字。文后于"1928 年 9 月 1 日于莫斯科"之下有"民治译"三字，即是我的原名。

又《布尔塞维克》第二卷第六期（1929 年 4 月）的布哈林关于《共产国际纲领》的报告，也是我从英文翻译的，载第 54 页到 82 页，共约四万五千字。文后于"世界共产主义万岁"下有"治译"二字，"治"即为"民治"二字的缩写。报告分为八点："一、纲领草案的特点"；"二、我们的世界观是辩证法唯物论"；"三、共产国际纲领的世界关键"；"四、世界革命的多样进程"；"五、一些经济问题"；"六、新经济政策与军事共产的问题"；"七、社会民主党与法西斯主义"；"八、决定纲领为本届大会之任务"。

现在不想去研究这两个文件的内容，按当时要求，却有译出宣传的必要。我个人对于共产国际的知识了解得比较少，但从中国共产党是共产国际的一个支部来说，有及时了解共产国际有关世界革命的指导原则的必要。

译文是根据英文本《共产国际通讯》（Inprecore，即 International Press Correspondence 的缩写）所载原文翻译的。当时在上海四川路黄浦江北岸有个小外文书店，除普通书外，还代销 Inprecore，我是按期去买的。除整篇文件外，还载有全世界各地革命运动的消息，我们基本上从它了解到许多国际问题。譬如瓦尔加（Yevgeny Samul Lovieh Varga）的每三个月一次的世界经济形势分析，也以特刊的形式发表在这个《通讯》上。

我还翻译过一本《新俄诗选》（New Russia Poetry），英文本的译编者是 Bahette Pentsch 和 Avrahm Yarmolinsky，出版者是美国的国际书店。译好后曾请郭沫若校阅过，所以封面上是《新俄诗选》，L. 译，乜乜校。上海光华书局出版。L 是我的姓"李"字拼音的第一个字母，乜乜是广东话的什么什么的意思，是郭老当时随便开玩笑的署名。老实说，我从外国文翻诗不行，因为一是外国文，二是诗。其所以勉强翻了，无非是认为翻译诗简单，见效快，可以解决一个暂时的生活问题。诗共 24 首。作者自布洛克（Block）以下共 15 人，其中我只知道叶赛宁（Yesenin）、马雅可夫斯基（Mayakovsky）、爱伦堡（Ehrenburg）等少数几个人。这些人中，只有爱伦堡一人在 50 年代和我在世界和平理事会中有些接触。这个人可算是积极的自由主义分子。从影响来讲，这个时期翻译的几本书和共产国际的文件，使我多多少少学到些东西，增加了这方面的知识，也为这方面的学习打下基础。但对《新俄诗选》，它只收到宣传效果及一定的生活补助，在文学上我却没有吸取到什么。即在当时，我亦写过几首语体诗，但我总是有自己的想法和自己的笔法。

1928 年时，上海南京路东头靠四川路口处，有个美国书店别发洋行（Kelly Walsh and Company），专门出售英、美出版的英文书籍，亦出售美国共产党办的国际书店出版的一些马列著作。这些著作基本是从俄文翻译成英文的。上面我译的《新俄诗选》的英文本，即是国际书店翻译出版的，原书亦是从别发洋行买来的。

1928年我又着手译《马克思与恩格斯合传》，1929年江南书店出版。原作者为梁赞诺夫（Leazanov），我当时译作李阿萨诺夫。此人的全名是：达维德·波里索维奇·梁赞诺夫（戈尔登达赫），是俄国社会民主工党早期的理论家，苏联马列研究院的创建人。他的著名著作是《第一国际史》《马克思主义史概论》等。前者叙述第一国际的历史兼及俄国社会主义思想的发展，特别是马克思主义在俄国的发展。后者则是作者有关论述和分析马克思思想的发展和转变的论文汇集。这本《马克思与恩格斯合传》，是他在苏联社会主义学院的讲稿，不完全是马恩的传记。作为由英国产业革命（1760年）到恩格斯之死（1895年）的135年中的欧洲劳动运动史，作为欧洲共产主义运动史，对我这个才开始在理论上接触马克思主义的人来说，还是很有意义的。意义在于我翻译这本书时，距产业革命已168年，距恩格斯之死已33年。中国社会在这段时期，因为鸦片战争，受国际列强的掠夺，已从纯粹的封建社会沦为殖民地市场。封建的手工业的生产关系开始崩溃，中国工人阶级开始形成了。中国的劳工运动已进入国际工人运动的行列。

1930年我们又出了一个名叫《社会科学讲座》的刊物，并且学习日本共产党的机关杂志，直接加上一个英文名字 Under The Banner of Marxism（《在马克思主义的旗帜下》），但只出了一期，就被国民党查禁了。它的作者，我记得的有郭沫若、朱镜我、吴亮平、王学文、林伯修、杨贤江、冯乃超各位,还有我本人。所做的工作,大体上都是马克思、恩格斯、列宁著作的片断译文。如郭沫若的《经济学方法论》,实际就是马克思《政治经济学批评导论》。我翻译的是列宁为全俄农民第一次代表大会(1917年5月17日—6月10日)所写的《土地问题决议草案》和他所做的土地问题的演说。这两个文件后来合印为一本小册子,书名为《土地问题材料》(见《列宁全集》中译本第24卷第445—464页)。翻译这篇材料的目的在于可为我们当时对中国土地问题的讨论和解决提供参考。

《共产国际通讯》每季出一个专号,刊载瓦尔加的《世界经济与经济政策》。自1928年起,我按期译,大约译过两年。在1928年10月的《思想》第四期上、1929年11月的《新思潮》第一期上发表过部分译稿,后来依年份合印为1928—1929年《世界经济与经济政策》一书,由水沫书店出版,钱君匋为之装帧。底页把著者的名字译为"伐尔茄"。书中第一季度中的《中国现状》为石英所译,第二季度中《农业化与工业化》《一般之部》两段为宰木所译。《中国现状》是从德文译出的,我想石英会不会是朱镜我,至于宰木是谁,现在很难回忆起来,不胜惋惜之至!瓦尔加是苏联有名的经济学家,我翻译他这个时期的著作,正是他任苏联社会科学院世界经济与世界政治研究所所长的时候。我从中学到一些世界经济地理、国际金融、国际贸易和世界市场等基础知识,自以为得益不少。当然后来还学了列宁的《帝国主义论》。据说他后来的写作,特别在《第二次世界大战后资本主义经济的变化》(1946年)一书中,犯了资产阶级改良主义的错误,受到苏联经济学界的批判。他自己在苏联《经济问题》(1949年)上还写文章,作了自我批评。这是怎么一回事,我就毫无所知了,因为我没有机会读他那本书,亦从未去研究过这些问题。

《世界经济与经济政策》基本上属1928年度,当时中国大革命刚一年。瓦尔加写这些季度经济报告,体例极佳。每季度先选一个专题进行理论上阐明,如第一季度为《资本主义合理化的危机》与《中国现状》两个专题,第二季度为《农业化与工业化》,第三季度为《帝国主义者间的矛盾的加紧与赔偿问题》,第四季度为《新罗马尼亚问题》。第二部分则为该季度的世界经济的一般情况,第三部分则为该季度内英、德、意、法、美、日等资本主义国家的经济形势。现在还值得提一下的是他的《中国现状》这一专题。大革命失败后,中国经济(或者说社会)的发展过程将是资本主义这一论点,外国资产阶级学者、国内的资产阶级学者及其他分子,皆大力散播。这也是20世纪30年代中国社会性质论战所波及的一个方面。瓦尔加在《中国现状》这一专著上,从帝国主义、半殖民地、军阀制度、土地制度、买办资产阶级和民族资产阶级等各方面加以论证,否定了这个论点,并得出结论说:"劳动大众——劳动者、农民、手工业者联合的民主革命的胜利","革命正在进行中。它能够忍受过去的失败,假使它不再犯巨大的过失,它将取得决定性的胜利,是无可怀疑的"。

搞这些翻译工作，当时有两个困难：一是英语的文字水平不高，二是马克思主义的知识极为贫乏。这些译本究竟有些什么错误，今天已不想再去检查了，但由于花力气去翻译这些共产国际文件，这些马列著作，这些世界经济分析，我从相反的方面得益不少。琢磨字句，多翻字典，这就提高了我的英语水平，也就是提高了英译汉的水平。从翻译两个共产国际文件中，我不但了解到共产国际的许多问题及其争论，而且丰富了我对共产国际本身活动的许多知识。至于翻译《马克思与恩格斯合传》和《马克思论文选译》，使我认识到国际工人运动的许多关节，了解马恩的生平和他们的革命活动，也认真学习了某些马克思主义理论的基本观点和方法。提到翻译瓦尔加的1928至1929、1929至1930两年的《世界经济形势》，则受益更大，可以说是打下了我对有关世界经济进行分析的一般知识的基础。不管瓦尔

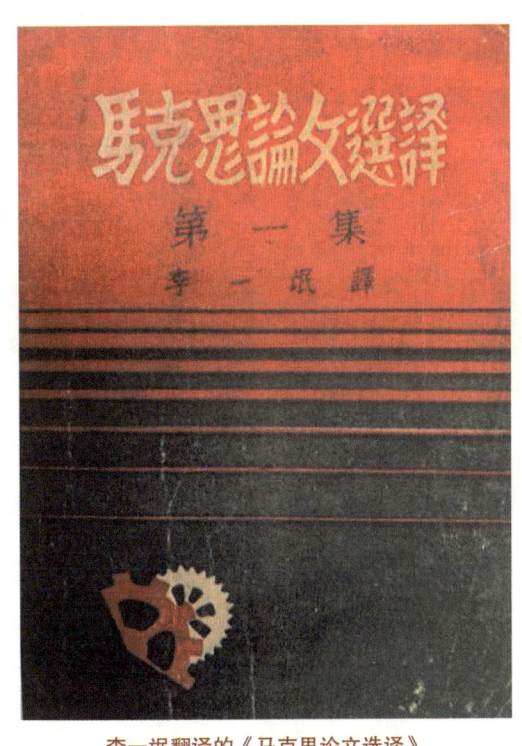

李一氓翻译的《马克思论文选译》

加本人对世界经济的分析——当然是对资本主义世界经济的分析——后来有什么不正确的地方,但我能够搞点世界经济的研究,提出看法,都靠这一点基本功。只能说学习太少了。所以我在1983年为纪念马克思逝世100周年时,撰文说:"从一本书学来的马克思主义的观点、方法、立场,确实为我以后对事物的认识和实际工作,打下了一个初步的基础。"事实也确实如此。同时,在1927年大革命失败之后,为了进一步宣传马列主义、宣传共产主义思想,确实需要许多必要的启蒙的理论书籍,这有利于巩固自己的队伍,也会促进青年知识分子的意识觉醒,从而扩大自己的队伍。我们这样做了。最后,借助于这些翻译工作,取得必要的生活费用,因而能够在上海这个阵地上坚持下来。

1931年到1950年这20年来,我就没有机会去搞翻译工作了。但1951年我又翻译了一本英国共产党经济学家伊顿(John Eaton)著的《马克思反对凯恩斯》,副标题是《给慕里孙先生的"社会主义"一个答复》,我译出时改名为《英国工党的假社会主义》。因为解放不久,我们大学的经济学课程基本上是凯恩斯的天下,大学中很少人知道马克思的政治经济学。翻译这本书,或者有某种意义。那是1951年初,我代表党中央去参加德国共产党代表大会,在会上遇见英国《工人日报》的副总编辑高兰(John Gollan),后来是英国党的总书记。他作为英国党的代表,提到这本书才在伦敦出版,我向他讨了一本。收到后,我在北京颇有一段空闲,因此着手把它译出来,由世界知识出版社出版。

我还为译本写了一个长的《后记》(见《一氓题跋》),意思就是上面那个意思。这是我1949年进北京城后的第一件文字工作。

　　1973年我从监狱"解放"出来——这个词意和原来的解释不同,现行辞书似应增添这一新的义项——住在东交民巷外交部招待所。无所事事,赋闲,翻阅三联书店出版的《赫鲁晓夫回忆录》中译本。但其中第十八章《毛泽东和分裂》涉及中国,涉及毛泽东,没有被翻译出来。大家出于好奇,总在那里嘀咕究竟那里面有哪些内容,真不真实。于是我向陈忠经同志借到一本英文原书(英国安德烈·伊奇出版公司出版),大致翻了一下这没有译出的一章。其他一些同志知道我看了原文,要求把它翻译出来给大家看。我看这章内容没有值得避讳的地方,也没有什么了不起的国家秘密,涉及的问题无非是新疆矿产的合营、百花齐放的口号、战争与和平的估计、无线电站的管辖权等,赫鲁晓夫把所有引起中苏分歧的方面,都推到斯大林身上,推到尤金身上,而他自己则装成颇有远见,颇具政治家风度的角色;同时对毛泽东同志本人加以污蔑和嘲笑。我着手把它译为中文,谁愿意看谁就拿去看。我到中共中央联络部工作后,于1979年,把译稿交给刘克明同志,他用中联部苏联研究所的名义把它单印了几百份。从1928到1975年这若干年中,总结起来,我就做了这些翻译工作。

许德珩（1890—1990）中国著名政治活动家、教育家、社会学家，九三学社的主要创始人和杰出领导者。原名许础，字楚生。江西德化（今九江）人。早年参加辛亥革命，五四运动中起草《五四宣言》，为著名学生领袖之一。1919年北京大学毕业后赴法国勤工俭学，专攻社会学。1926年回国后历任武汉中央政治学校政治教官，武汉第四中山大学教授，国民革命军总政治部秘书长、代主任，黄埔军校政治教官，武汉分校政治教官，中山大学、北京大学等校教授。1946年5月4日九三学社成立，被选为理事长。新中国成立后，曾先后担任政务院法制委员会副主任委员、水产部部长。是第一至三届全国政协常委，第四、五届全国政协副主席，第四、五、六届全国人大常委会副委员长。1979年加入中国共产党。译有《哲学之贫乏》等。

我翻译《哲学之贫乏》的经过

许德珩

  我之翻译马克思《哲学之贫乏》一书，是在当时某些人宣传无政府主义言论的情况下，针对这股思潮而进行的。
  事情要从1917年说起。1917年初，蔡元培先生到北京大学担任校长以后，聘请了清朝大学士李鸿藻的儿子李煜瀛（石曾）来北大教生物学，同时还聘请吴敬恒（稚晖）来当学监。这两个人都是无政府主义的鼓吹者。李石曾只来了一个很短的时间，吴稚晖来到学校，未正式任职，但无政府主义思想却由他们传播到了北大。李石曾是1901年到法国的官费留学生，以后吴稚晖也从伦敦转到巴黎与李同住。在当时欧洲的无政府主义思潮影响下，他们开始实行一种"苦学之生活"，并组织中华印字局，先后编辑出版了《世界》画报、《新世纪》杂志等，以宣传无政府主义。1909年，他们在法国巴黎开豆腐公司。后来，他们还办了一个

本文原载中央编译局马恩室编《马克思恩格斯著作在中国的传播》，人民出版社1983年版。

刊物叫《旅欧周刊》，由褚民谊（后堕落为汪伪政权的汉奸）做编辑，专门介绍蒲鲁东、巴枯宁、克鲁泡特金等人的思想言论。他们在这方面的宣传活动十分活跃，由于当时中国的政治腐败，学生们的哲学社会科学思想的水平低，又有社会上的这些"名流"来鼓吹提倡，所以北大有一个时期倾向于无政府主义思想的学生还不少。其中最活跃的有（黄）凌霜、（区）声白、（赵）太侔等人，他们在当时都是主张不要国家、不要家庭的人，所以他们的名字上多半不冠姓。那时有些脱离实际的空想家，看不起学生爱国运动，以为爱国是落后的思想。我们组织的学生爱国会，就是因为这个原因改称为学生救国会。1918年5月21日，我们北京学生发动的向北洋政府当局示威请愿的运动，北大学生中有无政府主义思想的人是不参加的。1919年春，五四前夕，北大学生会成立，北大参加学生救国会的全体成员都参加了这个组织。新潮社的成员以前是不参加学生救国会的，这时，在李大钊同志的促进说服下，他们参加了运动，并派罗家伦、康白情为代表参加了北大学生会。无所属的陈公博、狄膺也参加了北大学生会。然而，那些具有无政府主义思想的学生，任你怎样说服动员也仍是不参加学生会，更不参加运动。

我于1920年初赴法勤工俭学。当我们初到法国时，中国学生中有两种主要的思想潮流：一种是民族主义思想，认为救中国最好的办法就是振兴实业，发展教育，使中国进化强盛，并抗拒世界列强；一种是相信社会主义革命的人。社会主义派中的领导人物是蔡和森、向警予和随后到法国的周恩来、赵世炎等同志。

1921年2月28日,留法勤工俭学学生发动了包围中国公使馆的示威运动。当时去巴黎的勤工俭学学生,是在无政府主义者操纵的"华法教育会"的管理之下。这个组织对待学生中的无政府主义者,比对一般学生要好得多。在我们出国之前,曾得到这样的保证:勤工俭学学生不但有工作的权利,而且有求学的权利。但是有许多人到法之后,却没有读书的权利,为了生活,必须不断做工。为此,四万多名勤工俭学学生前往巴黎中国公使馆,要公使陈箓向北京政府转达他们争取生存权和求学权的要求。这次斗争被通称为"二八运动"。当时公使馆是支持无政府主义者的。但是,我们认为无政府主义并不能救中国,坚决反对。勤工俭学学生向中国公使提出了三个口号:"争取读书的权利""争取吃饭的权利""争取自由思想的权利"。这次示威运动是周恩来、蔡和森、赵世炎、陈延年等同志领导的。示威的结果是,由于公使馆使用分化的办法,把这场斗争缓和下来。凡是服从命令的,则允许给以津贴,而拒绝妥协的,像社会主义者,就只有返回工厂和学校。

"二八运动"之后,勤工俭学学生分为三派,即社会民主派、无政府主义派和社会主义派。学生中的三分之一是无政府主义者,我对无政府主义始终不感到兴趣。社会民主派的人后来大半成为国家主义派,如李璜、曾琦之流。而无政府主义派的勤工俭学学生后来却大半成为社会主者，如陈延年同志就是其中的一位。1921年中国共产党成立时，陈独秀先生的两个儿子陈延年、陈乔年正在法国，都是无政府主义者，很反对他们的父亲，及至他们转变为共产主义者之后，父子之间的关系才有了缓和。

"二八运动"之后，中国政府官员和无政府主义者已感到无法控制和影响学生。因此，吴稚晖领取了一部分庚子赔款，在里昂建立了一所海外中国大学（即里昂中国大学）。表面上，这是用来解决留学生的半工半读的问题，但等到大学成立之后，他马上改变态度，只收容无政府主义者和有钱的留学生，贫苦的勤工俭学学生却反而不能进学。

为了反抗这种不公平的待遇，1921年10月，留法的勤工俭学学生爆发了进占里昂中国大学的求学运动。当时有120多名勤工俭学学生作为先发队到达里昂中国大学，但因警宪的干涉而归于失败，有104名同学被强行押送回国，其中如蔡和森、陈毅、罗学瓒、张昆弟、李立三、颜昌颐等都是勤工俭学学生中的精英和领袖人物。

通过"二八运动"和争回里大的斗争，使我明确认识到，勤工俭学的理想在当时的社会里是很难实现的。无论是实行工读主义还是勤工俭学主义，都不能达到改造社会的目的，只有在马克思主义的指导下进行社会革命才是唯一的出路。这增强了我攻读马克思主义经典著作的信心和决心，同时对于无政府主义的一套理论也更加不信任。

我于1926年底回国，1927年春夏，先后在广州、武汉从事革命工作。大革命失败后，在上海进行教学和著译活动。1927年4月初，我曾去看望蔡元培先生，遇见了李石曾，随后李石曾以在法国的老朋友的关系来旅馆看我。我当时从法国带回来不少法文书籍，他见桌子上摆着无政府主义者蒲鲁东写的《贫乏的哲学》（或称为《经济诸矛盾之体系》）一书，如获至宝，亟欲求借，我遂同意他持去，以后也一直没有归还。

1928年8月间，南京方面正在召开国民党的五中会议，无政府主义的头子吴稚晖、李石曾在会上叫嚣要再次"清党"。李石曾并在他的著作中鼓吹"无政府主义乃一确可实行之社会组织，非过激而生之名词"，又说："无政府主义乃可实行之事，并非一种空想以快其言论。既为实行，则不能无实行之方法，故不仅为消极的进行以去政府之恶，并为积极的进行代之社会之良组织也。所谓良组织，即是'共产'。"与此同时，在上海又出现了无政府主义分子搞的"黑色青年组合"为国民党五中全会告国内外无产阶级一个秘密的宣言，他们提出了如下的口号：

"1.以无产阶级的革命力量，打倒反动的国民党！

2.以无产阶级的革命力量，扑灭假革命的共产党！

3.以无产阶级的力量，涤除不革命、反革命的国家主义者、研究系，以及一切御用的、反动的知识阶级！

4.在无产阶级自身的组织中武装的团结起来——不要任何政党！

5.崛起无产阶级的社会革命——工厂归工人，土地归农民！

6. 无政府共产主义万岁!"

为了戳穿吴稚晖、李石曾所耍的鬼把戏,驳斥其反动荒谬的言论,我在当年8月26日出版的《革命评论》第17期上,发表了《"清党"欤?"驱无"欤?》一文。不久,吴稚晖在《申报副刊》上写文说,我的老朋友许德珩先生也在反对我了(大意如此)。

一年以后,亦即1929年的秋天,上海有一家书店同我接洽,要我翻译马克思的《哲学之贫乏》。我想无政府主义思潮在国内甚是泛滥,马克思的这本书正是批判无政府主义的经典著作,译成中文,亟有必要,于是我就接受了。

许德珩翻译的《哲学之贫乏》

动手是在这年的10月初。可巧在我翻译了三分之一的时候，一天下午路过上海书店最多的四马路（今为福州路），忽然看见一家书店门口悬着一个大字广告牌，牌上写着："《哲学之贫困》出版了。"我看了又是欢喜，又是懊悔。欢喜的是，这本书已经出版，令人高兴；懊悔的是我竟然白花费了那些工夫去翻译别人已经出版的书。于是打定主意，决定不再翻译它了。回家来就把这个已经译起四万多字的稿子捆束起来，置之高阁，并写信给这家书店老板，表示自己愿意放弃这种工作。这本书在当时就如此搁置下来。

1930年2月，我在上海暨南大学教书。因为同学们要求我介绍时下出版的书籍，趁此机会，我不能不把当时出版的翻译书籍浏览一番，而头年见到出书广告的杜竹君先生所译的《哲学之贫困》，尤其是我久想要读的一本。

在没有读杜先生的译本以前，我听见有人说过"看不大懂"。自然，以马克思的著作之那种深刻的理论和经典式的文句，是不同于普通一般的书籍那样容易读的，而且这本书是批评式的体裁，有些地方如果不对照他所批评的蒲鲁东的著作，即使是读原书，也有时还是不容易懂得的。不过，等我读了杜先生的译本，再把马克思的原著对照起来，才晓得所谓的不懂，并不是原书不能叫人懂，乃是翻译得不能令人懂；并且有许多地方，原书说得是很清楚明白的，而翻译出来倒反而把它弄模糊了，或者竟然翻错了，说反了，令人无法理解。我一直对照校阅下去，发现几乎没有几页不错的，而且有些错误并非由于翻译时不小心，乃是出于对于原文的推测与臆断。为了说明问题，现在略举几个错误于下：

（一）例如在恩格斯的序言中，恩格斯讥诮落俾尔他斯之应用李嘉图的学说，成为"在德国的一个发现"，更挖苦蒲鲁东还要再来拾人唾余，诩为是自己的发明之不足道。所以下面有这样一段话："Marx montre le peu de nouveauté d'une telle application de la théorie de Ricardo à Proudhon, qui souffrait d'une pareille imagination."（Preface VIII）

这段话，我们应当译作："像蒲鲁东之应用李嘉图的学说，感受着一个同样的空想，马克思却证明这样一个应用，是具有很少的新奇之点的。"英译更加清楚，其译文我也写在下面："Marx shows how little there is of novelty in a similar application of the theory of Ricardo by Proudhon, who suffered from an equal imagination."

然而，杜先生却译作下面的一段话："马克思给陷于同样的想象的蒲鲁东证明如此重新应用李嘉图的学说。"原文本来很清楚，而译文却把它弄得莫名其妙了。

（二）马克思挖苦蒲鲁东说，即使是空想的社会主义思想，如"平等的学说"，也不是蒲鲁东所始创的。凡是蒲鲁东所讲的，都早被以前的人，尤其是被英国的社会主义者所讲过了，所以他说："Quiconque est tant soit peu familiarisé avec le mouvement de l'économie politique en Angleterre, n'est pas sans savoir que presque tous les socialistes dece pays ont, à différentes époques, proposé l'application egalitaire de la théorie ricardienne."

这段话的意义翻译出来就是："无论怎么样一位不熟悉英国的政治经济学运动的人，都不会不知道，在这一个国家中，在各时代，差不多全部的社会主义者，都已经提议对于李嘉图的学说之平等的应用。"

再看杜先生对于这段话的译文："无论何人都很少熟习英国经济学的变动的，并不是不知道英国一切社会主义者，在各时期都已经提议对李嘉图的学说之平等的应用。"他这不惟是不懂原书的意义，而是硬把话说反了。只就他这几句话来看，上下文也是不相合的。

（三）较远一点，马克思指责空想的社会主义者，说道："Jusqu'à présent, on a toujours le vain espoir de remedier à un état de choses qui est contre la nature, tel qu'il nous régit maintenant, en détruisant l'inégalité existante et en laissant subsister la cause de l'inégalité." 其意义是："一直到现在，大家总有一种空想，想去救济那种违反自然的实况，即现在统治我们的实况；即想去消灭现存的不平等，而让不平等的原因存在。"

而杜先生则译作："一直到现在，人们常有纠正违反自然的实际状况，如统治我们的东西之空想，而希望破坏现存的不平等，并消灭不平等的原因。"这是把原文说反了。

（四）又如原文："Philippe Ier, roi de France, dit

M. Proudhon, mêle à la livre tournoise de Charlemagne un tiers d'alliange, s'imaginant que lui seul ayant le monopole de la fabrication des monnaies, il peut faire ce que fait tout commerçant ayant le monopole d'un produit." 意思是："蒲鲁东先生说，法兰西王斐立卜第一 Philippe Ier 把沙尔曼宜 Charlemagne 时代的'都尔诺瓦金币'la livre tournoise 掺加了三分之一的混合物进去；他以为只有他一个人有制造货币的专利权，他之能制造货币，也与一切的商人之能有制造一种生产品的专利权一样。"

而杜竹君先生却向马克思开了一个很大的玩笑，译出来的是下面一段话："蒲鲁东先生说：法兰西王斐立普第一，以三分之一的混合物，掺入一里弗尔的都尔诺瓦 tournois 的奢尔洛马弱 Charlemagne 中，因想独自垄断货币的制造，于是凡属商人垄断某种生产品所能做的事，他都可以做。"这真不晓得错到什么地方去了！第一是因为在这一段话中，有了人名之 Philippe Ier 及人名而做了时代用的 Charlemagne，又有了量名而同时又可以做货币用的 livre，以及货币的 tournoise 这四个名词放在一块，使杜先生目迷五色起来，不知道是人是鬼，所以在沙尔曼宜 Charlemagne 王里面，也可以掺加三分之一的混合物进去，这真是再笑话没有了。第二是因为他把这个用作货币的"里弗尔"livre 误用作了量名，所以译出了"掺入一里弗尔的都尔诺瓦的奢尔洛马弱中"这一句百思不得其解的话来。其实，我恐怕杜先生虽然在白纸上写成了黑字，而他自己也未必能够懂得他译的这一段话的意义吧！并且就是随后的一段话"因想独自垄断货币的制造，于是凡属商人垄断某种生产品所能做的事，他都可以做。"也是完全错误，这里也只要一对照原文就可以知道的，我且不多讲了。

（五）距上述文字不远的地方，马克思说了这样一段话："D'après lui, c'est du souverain, et non du commerce, que d'argent reçoit sa valeur." 当然要译作"据他的意思，货币之获得他的价值，不是由于交易，而是由于君主"。然而杜先生却是如下的译文："据他的意见，货币接受他的价值不由于君主而由于交易。"意思恰恰相反。

（六）原文："D'après M. Proudhon, il faudrait poser la question que voici: Pourquoi l'ouvrier anglais de 1840 n'a-t-il pas été vingt sept fois plus riche que celui de 1770？"意思是："依照蒲鲁东先生的意见，是应当提出这样的问题：为什么1840年的英国工人，不比1770年的英国工人富足27倍呢？"而杜先生所译的则不是如此，他是："依照蒲鲁东先生的意见，必须提出这样的问题；的（想系'为'字之误）什么1840年的英国工人比1770年的工人富足27倍呢？"这恰恰与原文意义相反。

（七）原文："Tout à l'heure, il nous forçait de parler anglais, de devenier nous-même passablement anglais." 这里马克思连讥带骂地来羞辱蒲鲁东，故意用一个passablement "过得去的" 这个字来笑他，以为他自己虽然是德国人，但是谈起英国的经济学来，还可以过得去。意思当然不是要来夸张他自己，却是要在讥诮蒲鲁东。译成中文是："刚才他逼迫得我们讲英国话，逼迫得我们自己做了一个过得去的英国人……"而杜先生却完全误会了，想必是把 passablement 这个字看花了眼，看作了 passagèrement 而译作："迫得我们自己暂时做了英国人"。一字之差，语句之辛辣的意味完全失掉了！这是多么令人惋惜的事！

（八）还有错得更可笑的，就是蒲鲁东虽然不甚懂得黑格尔的哲学，却爱谈辩证法，所以马克思说："Décidément, M. Proudhon a voulu faire peur aux français, en leur jetant à la face des phrases quasi-hégeliennes."其意义是："真的，蒲鲁东先生是想来吓吓法国人，把一个准黑格尔的词句，置之于他们面前。"而杜先生则译作下面的一段话："真的，蒲鲁东先生想使法国人害怕，而置他们于准黑格尔的文章之前。"所谓"他们"，不知是何所指？是不是置全体法国人于准黑格尔的文章之前？真真费解。

（九）又如原文："Cet homme, au début de l'industrie, traite d'égal a égal avec ses compagnons devenus plus tard ses ouvriers." 意义是："这个人，在工业的开始，就以相互平等来待遇后来变成为他的工人之他的伙伴。"而杜译则是："这个人，当工业创始的时候，即站在相互平等的地位，以变成较落后的朋辈待遇他的工人。""变成较落后的朋辈待遇他的工人"这句话不惟是错，而且就中文的语句来讲，也是令人不懂。

（十）还有他揣摩不定代名词所代替的是哪一个东西，所以有时他把黑格尔扯成是蒲鲁东，又有时把蒲鲁东扯成是黑格尔；把"土地"弄成"地贷"，"地贷"弄成"土地"；把"竞争"弄成"独占"；"资产阶级"弄成了"关税保护"；"工人的骨头"弄成了"地主"；"土地私有权"弄成了"地贷"；"经院学派的"scolastique 弄成了"苏格拉底的"，如此等等，几乎举不胜举。总之，隔不了几页，必定有一两处不可谅解的错误出来。像这样一部重要名著，竟然如此马马虎虎地翻译，真是有些对不住读者和著者。在这样的情况下，我才不揣冒昧，把从前译而未尽、束之高阁的稿子，拿出来继续翻译下去，让它出版。自然，以我的学识和水平，当然不敢说翻译出来就没有错误，不过我是仔细而忠实地从事就是。

这本书我是根据1922年巴黎 M. Giard 书店所印行之第三版法文原本，参阅1920年美国芝加哥 Charles H. Kerr & Company 印行 Zueltz 的英文译本，以及岩波书店所印的木下半治与浅野晃的日文译本而翻译的。

事情已经过去了半个世纪，新中国成立后，在党的领导下，我们对于马恩列斯经典著作的翻译工作，达到了新的水平，《哲学的贫困》一书，也已有新译本出版。上述回忆介绍出来不过是作为这部书翻译出版过程的资料而已。

郭沫若（1892—1978）中国作家、诗人、历史学家、考古学家、古文字学家、社会活动家。四川乐山人。1924年后接触马克思主义理论，开始倡导革命文学。1928年起旅居日本，从事中国古代史和甲骨文、金文的研究，积极支持中国留日青年和国内文艺界革命文化运动。抗日战争爆发后秘密回国，积极从事抗日救亡运动。抗战胜利后，对国民党政府所发动的内战，进行了坚决的斗争。新中国成立后，历任中央人民政府委员、政务院副总理兼文化教育委员会主任、中国科学院院长兼哲学社会科学部主任等。是中共第九届、十届、十一届中央委员，第一届、二届、三届、四届、五届全国人大常委会副委员长，第一届、二届、三届、五届全国政协副主席，第四届全国政协常委。有《郭沫若全集》行世，译有《政治经济学批判》《德意志意识形态》等。

郭沫若："译著之富，人所难及"的无产阶级文化战士

郭平英

父亲郭沫若是位"兼而为之"的人，既有深厚的中国传统文化的根基，又善于吸收西方文化的精髓，他对人类文明优秀基因的敏感以及渴望尽早获取的真切程度是他的鲜明特质，因而他走在中国新文化运动的前列，并成为运用马克思主义研究中国古代史的第一人。

父亲在早年留学日本期间就通过福井准造等人的著述接触到有关社会主义的理论，对日本马克思主义研究的先驱河上肇创办的刊物《社会问题研究》十分关注。1924年春夏之交，在河上肇《社会组织与社会革命》一书问世后第三年，父亲出于对社会主义的憧憬，加上家人的生活迫切需要有所着落，便在日本开始了对它的翻译。他花了50天时间，译完这部20多万字的著作。全书分上、中、下三篇，

郭平英为郭沫若之女。本文为郭平英口述，方闻昊整理。

分别为《关于资本主义若干之考察》《社会组织与个人之生活》《关于社会革命若干之考察》，共13章。1924年7月1日夜半，他在完成校对后作了附白，交代了版本和翻译上的问题，并写道："此文于社会革命之道途上非常重要，国人对此颇多误解，有人以为列宁改宗，遂援引为例，欲于中国现状下提倡私人资本主义者，这真是污辱列宁，遗害社会了。译此文章，倍感到列宁之精明和博大，追悼之情又来摇震心旌，不禁泪之潸潸下也。"他又写信给挚友成仿吾说："这书的译出在我一生中形成一个转换的时期，把我从半眠状态里唤醒了的是它，把我从歧路的彷徨里引出了的是它，把我从死的暗影里救出了的是它。我对于作者是非常感谢，我对于马克思列宁是非常感谢，我对于援助我译成此书的诸位友人也是非常感谢的。"

这本书不仅使郭沫若认识了资本主义的内在矛盾及其必然的历史嬗变，而且使他感到先知和后继者们有怎样惊人的渊博学识。但他同时认为，这本书也有大的缺陷，就是原作者强调社会变革在经济方面的物质条件，而把政治方面的问题付诸等闲了。他认为，社会的进展，如果加以人为的促进，的确存有飞跃的可能。后来河上肇博士写信给郭沫若，说他自己也不能满意，只印了一版，便嘱咐出版者停止印行了，因而在河上肇身后出版的《全集》中亦未收录这部著作。

郭沫若的译文于1924年部分地在上海学艺社的《学艺》杂志上发表过，后来交给商务印书馆于1925年5月出版。

发行不久，商务也自行停止了销售。郭沫若说："便是怕那书中所说的理论对于社会要发生影响。"此后，这本书又为嘉陵书店再版，于1932年5月印了第五版。我迄今尚不清楚嘉陵书店是一家怎样的出版机构，但这却也说明河上肇的这本书同他的另一本《资本论入门》一样，在中国读者，特别是研究经济的学者中受到欢迎，产生过很大影响。1950年10月，商务印书馆决定重新出版《社会组织与社会革命》。郭沫若深怀敬意地缅怀道："河上肇由人道主义的经济学者进而为社会主义者，后来更进而为日本共产党党员。入狱五年，始终不曾变节。虽然方面不同，他在日本文化界的地位，有点像鲁迅在我们中国文化界的地位。"

1924年深秋，郭沫若回到上海，决心翻译《资本论》，希望商务印书馆能够出版，并在翻译期间供给若干生活费。在商务编译所工作的朋友还从东方图书馆为他借来英译本作为参考，他们以为只要在商务印书馆的编审会上通过便可以定下契约。郭沫若当时感到十二分的愉快，并且订了一个约需五年时间译出约400万字中译本的计划。日本的高畠素之费了十年工夫才把《资本论》译成日文，因此而过劳。郭沫若觉得自己如能为译《资本论》而死，应是一种光荣的死。可是这个计划在编审会上没有获得通过，说译其他任何名作都可以，译《资本论》却有不便。这使他感到十分遗憾。

1927年，郭沫若参加了八一南昌起义。起义失败后，他由南昌到汕头，经香港回到上海。这时他已处在国民党的悬赏通缉之下。从他1928年1月15日到2月23日《离沪之前》的日记中看到,在这段时间,他读了列宁的《党对于宗教的态度》、斯大林的《中国革命的现阶段》、德哈林的《康德的辩证法》、瞿秋白译的哥列夫的《无产阶级的哲学》中的《艺术与唯物史观》一章。他还读了《资本论》的第一卷,这是在上海内山书店买的高畠素之译的日文译本。郭沫若看到《资本论》注脚里的一句话,意为:其余的世界都好像静止着的时候,China和桌子们开始跳起舞来——想去鼓舞别人。他注意到China这个词,福田德三译作"支那",高畠和河上译作"陶器"。他认同福田的译法,并引申开去,写了一篇为中国的无产阶级文艺提振士气、坚定信念的文章《桌子的跳舞》。他在这些天的日记里还记录了翻译马克思《〈政治经济学批判〉序言》的情况,其中关于唯物史观的基本原理成为他后来翻译此书时一段著名的唯物史观定义。

1928年2月下旬,在中共地下党安排他离开上海的前一天,他得到通知,寓所已经被国民党当局的卫戍司令部探悉,第二天就会来抓人。他立即外避,次日在中央特科的暗中保护下,登上驶往日本的邮轮,在码头上为他送行的只有内山完造一人。他在日本以过人的毅力转入马恩著作的翻译和中国古代史的研究。这年11月,他在《诗书时代的社会变革与其思想上的反映》一文里特别提到,他在论述奴隶制向封建制的推移,论述宗教思想、社会关系的动摇时,引用了刚刚翻译的马克思《〈政治经济学批判〉序言》

中关于"社会形成之发展阶段"的论述。《政治经济学批判》一书的导论的翻译是在1930年5月5日——马克思诞辰日完成的,篇名初为《经济学方法论》,附题为《马克思:政治经济学批判导论》,曾被收入社会科学讲座社6月编辑的《社会科学讲座》第一卷。

　　1931年12月,《政治经济学批判》由王礼锡主持的神州国光社出版。这是郭沫若译就的马克思著作的首次出版。意外的是,译者序言在出版时被遗失了。初版本上的译者署名为郭沫若,但面世不久就遭遇了查禁,于是书肆里流传出一种内文依旧而封面不同、译者被更换为李季的翻印本。1939年4月,上海言行出版社重排了由郭沫若署名的这部译作。1947年3月此书由群益出版社重新出版时,郭沫若再度撰写《译者序言》,写出他翻译这部书的动

政治经济学批判

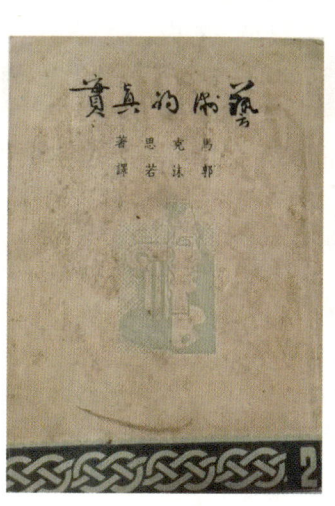

艺术的真实

德意志意识形态

因：关于商品分析和货币理论"对于初学者和我这样不十分内行的人，的确是一个难关。但这些也正是马克思经济学里面极重要的部分。不仅是经济学，连马克思主义的精髓，辩证唯物论和历史唯物论，差不多都被包含着这部书里面了"。

1929年至1930年间，他还翻译了马克思、恩格斯的遗著《德意志意识形态》。① 译稿起初是托梅龚彬带给王礼锡先生的，我揣测时间是在1931年7月梅龚彬被日本人关押一年多获释之后返回上海的时候。1933年，神州国光社的许多出版物和在各地的分店因十九路军在福建发动反蒋事变而被查封，随后王礼锡远赴欧洲，《德意志意识形态》终因时局关系历久未能出版，直到1938年11月才由神州国光社另组建的上海言行出版社付梓。此时郭沫若已带领国民政府军事委员会第三厅撤退到内地，当他亲眼见到这部译作时，已是战后返回上海的时候了。书前有他的《译者弁言》，写明该译本是根据苏俄莫斯科马克思昂格斯研究所所

---

① 郭沫若对翻译《德意志意识形态》的时间有过几次表述。1933年，神州国光社《读书杂志》第三卷第六号"新书预告"栏目发布该书即将出版的消息，郭沫若遂于当年7月24日分别致信赵南公、胡秋原，说明此次出版未经本人同意，请停止印行。信中提及译稿完成时间，前信说"乃三年前旧译"，后信说"乃四年前旧译稿"。据以上两信，此书翻译时间当在1929年至1930年间。1941年秋，郭沫若作《五十年简谱》，记述1931年译《德意志意识形态》。1947年2月，郭沫若为该书群益版写序，回忆"这部书是二十年前的旧译"，时间大概指1927年前后。由于后两种说法距离实际脱稿时间较远，本文倾向采用译者1933年7月的说法。

长李亚山诺夫（梁赞诺夫）编纂的《马克思昂格斯文库》第一册的德文版译出的。这一册的德文版发表于1926年，郭沫若着手翻译时，全书尚未出版。卢沟桥事变爆发前，郭沫若在日本设法买到1932年问世的德文版的全书，然而他已经没有时间继续全书的翻译了，"又当投笔请缨时"，为投身抗战洪流，他冒险秘密回到祖国。通过郭沫若对《德意志意识形态》原版书的跟踪关注，可以感知到当年他在经济拮据的状况下，仍在尽力地收集着最新出版的马恩著作。该书德文版书名中ideologie这个词，他初译为"观念体系"，几经推敲改为"意识形态"，迄今已成为一个经典语汇。

  1935年，"左联"东京分盟主办的刊物《杂文》出了三期就被当局禁止。按照郭沫若的建议，杂志改名为《质文》重新问世，并着手编辑"文艺理论丛书"。丛书第一种即郭沫若的译作《艺术作品之真实性》，是马克思关于长篇小说《巴黎之秘密》以及对青年黑格尔派代表人物的推崇所进行的分析批判，节选自马克思、恩格斯合著的《神圣家族》第五章、第八章。郭沫若根据德文原著进行了翻译，分为《文学中的典型及社会关系之实例》《布尔乔治浪漫主义文学之肯定的典型之暴露》等八节。他借鉴日译本的办法，在书后加了附注，指出《巴黎之秘密》是部"无聊的下乘的作品"。1936年2月15日，他在前言里交代了版本和翻译上的问题。5月25日，这部译作由东京质文社出版。译文的第一节还在《质文》月刊第五至六号合刊上发表，以《黑格尔式的思辨之秘密》作为篇名。①1947年3月上海群益出版社重新出版这部译作时，郭沫若将书名更改为《艺术的真实》，原著的署名也由"卡尔"改为"马克思"。

《政治经济学批判》一书获得的社会影响，使翻译《资本论》的话题被再次提起。1936年1月，在日本组织领导留日学生马克思主义研究团体的任白戈、陈乃昌、林林、魏猛克等人提出，由郭沫若来翻译《资本论》，一定能够胜任。郭沫若当然心向往之。但《资本论》的翻译工程浩大，他们同样遇到无法筹措到必需的费用来维持郭沫若全家的生活，国内又没有书店敢冒这个风险的问题。夙愿没能变成现实，郭沫若对《资本论》的研读却没有中断。1936年10月、1937年5月，他先后完成《〈资本论〉中的王茂荫》和《再谈官票宝钞》两篇文章，纠正了河上肇、高畠素之、陈启修三位知名学者对《资本论》注释中提到的"Wan-mao-in"这个中国人姓名的误译，澄清了《资本论》中所说的"官票"和"宝钞"是怎么回事。他在文中配了咸丰时代官票和宝钞的图片，方便读者对其有直观的了解，并嘱东京文求堂书店拍摄，费用从自己古文字著述的版税中扣除。文章的发表为中国近代经济史研究提出新的课题，立即得到国内学者响应。经过考察调研，马克思关注、肯定过的王茂荫这位历史人物的史料愈见丰满起来。由此，郭沫若对《资本论》的翻译深有感触，说这样伟大的著作，连半截

---

① 第一节原标题为《抽象与具体性》，在《质文》上发表时，其第一自然段被略去。

注脚都须费一番考证的工夫,"翻译真不是一件容易的事",而集体的力量会使难点更快地得到解决。

自1928年至1937年,父亲旅日期间的翻译作品还有U.辛克莱揭露底层社会黑暗的三部长篇小说《石炭王》《屠场》《煤油》,H. G.威尔士的巨作《生命之科学》,以及席勒、托尔斯泰、芥川龙之介等人的作品。父亲作为作家、诗人、戏剧家、翻译家所取得的成果,他在历史学、古文字学领域的开创性的贡献,已为后世公认。同时,他并不是一个只埋头于书斋的人,一旦需要,他随时会走出书斋,在时代风浪里搏击,发挥出无产阶级文化战士的能量。这些方面成就的获得,与他对马克思主义理论的学习、研究和翻译密不可分。1941年11月,在庆祝他创作生活25周年和50生辰的纪念会上,周恩来同志指出:"有人说学术家与革命行动家不能兼而为之,其实这在中国也是过时代的话。"接着他评价了父亲的海外十年,"十年内,他的译著之富,人所难及,""他不但在革命高潮中挺身而出,站在革命行列的前头,他还懂得在革命退潮时怎样保存活力,埋头研究,补充自己,也就是为革命作了新的贡献,准备了新的力量。他的海外十年,充分证明了这一真理。"我想,周恩来的这些话,既是对父亲此前走过的路的肯定,也是对父亲后半生的鞭策。

李季（1892—1967）中国早期马克思主义传播者。湖南平江人。1918年毕业于北京大学英文系。1920年参与筹建上海共产主义小组，为小组成员。1922年留学德国，就读于法兰克福大学经济系。1924年转入苏联莫斯科东方大学学习。1925年归国任上海大学经济系教授、社会学系主任。1927年任武汉中央军事政治学校社会学教授。新中国成立后，任国家出版总署特约翻译。译有《社会主义史》《通俗资本论》等。

"忠实地将马克思的学说介绍过来"
——《通俗资本论》序言

李季

在欧洲留学时，常听见友人说，近三四年中，国内批评马克思学说的著作逐渐多起来了。我当时虽想罗致此等作品，一饱眼福，竟不能达到目的，直到今年9月归国后，才能如愿相偿。不过我读了这些大著之后，实在有点失望。因为这一般批评家对于马克思的学说，大都是些门外汉；他们自己没有研究过这种学说，偏好将他们的一知半解发表出来。他们的议论，本来是信口开河，丝毫没有价值。然因他们在著作界中各占有相当的地位，而国人鉴赏的能力又极薄弱，所以他们的话，居然能够哗众取宠，惑世诬民！

举例来说，胡适之先生不是国内有名的学者么？他不是顶着哲学博士头衔的哲学家么？他不是时常劝大家对于一种学说，当深加研究，然后加以介绍或批评，"免去现在许多……半生不熟，生吞活剥……的弊病""不要叫一知半解的人拾了……去做口头禅"么？然他自己谈马克思

本文为李季1925年所译《通俗资本论》的序言。题目为编者所加（引自序言）。

的哲学——唯物史观——就犯了这种毛病。他驳独秀先生道:"其实独秀也只承认'经济史观至多只能解决大部分问题'。他若不相信思想、知识、言论、教育也可以'变动社会,解释历史,支配人生观',那么,他尽可以袖着手坐待经济组织的变更就完了,又何必辛辛苦苦地努力宣传事业,谋思想的革新呢?"照适之先生上面一段话看来,他以为唯物史观仅认经济是社会发展中发生积极作用的唯一要素,至于思想、知识、言论、教育等等都是消极的,都是不发生作用而专待经济去促他们进步的。这种拙劣的见解与唯物史观的本意真是相去十万八千里!适之先生更荒谬的地方,就在他认唯物史观的任务是在"解决"社会上单个的事件——如适之先生见着溥仪,连呼"皇上";因冯玉祥逼走溥仪,大叫丧失"国际信用";看见人家发传单反对印度圣人泰戈尔,斥为非"君子国"待人之道;见人家提倡反对文化侵略,讥为"无识妄人";又如五四运动中打伤了张宗祥,火烧了曹汝林的住宅等,怎样用唯物史观去"解决"之类——他自己对于这样的"解决"也许是费过气力,没有获得很好的结果,于是觉得唯物史观,对于"解决"社会上一切零星事件,包办不了,所以不得不承认唯物史观至多只能"解决"大部分问题。其实唯物史观的任务不在"解决"(应当说解释)社会上单个的事件,但在供给我们以了解社会革命的锁钥,但在解释社会革命。关于这一点,主张埋头研究学问的适之先生何尝梦见过?可是像适之先生上面那样"半生不熟,生吞活剥"地解释唯物史观,不怕"一知半解的人拾了……去做口头禅"么?

其次,马寅初先生不是国内有名的经济学教授么?他不是劝告人家莫高谈马克思的学说,免作"皮膏之论"么?他不是特别劝告研究经济学者要深思博览,避去"言之不慎"的弊病么?但可惜他只知道劝人家,却忘记了劝一劝自己!我们且看他对于马克思社会主义的学说是怎样描写的:"马氏曾有资本主义自杀政策之说。夫资本主义自杀政策者何?即谓现在实业发达,一切产业集营于公司,而公司换以股票,是昔日有形之产业,忽变而为一张纸片,一切权利,皆可以过渡之方法转移之。以此之故,主张共产者,谓若欲实行共产,惟在公司账户上划之而已。手续异常简便,如张某之户可以划入共产之户是也。并无如昔时有物质上之产业,转移困难。此说一出,又兼欧战后俄国之实行,世势因之巨变,而马氏社会主义之说,亦以之大勃兴也。"马寅初先生以为马克思认"一切产业集营于公司",换得"一张纸片"的股票,容易转移,这就是"资本主义自杀政策","实行共产"只须将此等产业从"公司账户""划入共产之户";而"欧战后俄国之实行"也只是用整千整万的书记,干这种将产业从"公司账户""划入共产之户"的勾当!这种说法,不仅是"皮膏之论",简直是"言之不慎",简直是大错特错!

又马寅初先生驳马克思等的劳动价值说,列举五个疑问,以相非难,完全暴露他丝毫不懂得马克思的劳动价值说是什么一回事。最好笑的是下列一个问题:"如公园之大柏树，锯去则价值小，不锯则价值大，是虽费劳力而价值反小也，是何故欤？"大柏树"锯去则价值小"，这是就卖给别人而言，即指交换价值。"不锯则价值大"，这是就供游客赏玩而言，即指使用价值。马寅初先生对于交换价值与使用价值混为一谈，没有划分清楚，偏要执此去非难马克思的价值说，岂不是太冤枉了么？

此外，如陶孟和在马克思《价值价格及利润》一书中所作序言，谢瀛州在广东大学《法科学院季刊》上所发表《马克思学说之批评》，对于马氏学说的介绍与批评，错得一塌糊涂，几令人无从指摘起！这些鼎鼎大名的"学者"谈马克思的学说，既如此讹错百出，至于其他学力不及这些"学者"的人以及故意反对马氏学说的宣传家，其议论的每况愈下，更不待言了。好在此处不是作统计表，所以也用不着再浪费笔墨，举出他们的尊姓大名来。

我们现在对于这一批"学者"的议论，如果一一加以反驳，便是驳不胜驳，如果听其流行，则许多直接间接和他们议论接触的人都会受他们的欺骗。这倒是学术界一桩大不幸的事。可是他们所以敢公然将他们的一知半解发表出来，是明明以国人的鉴赏能力薄弱，容易受其愚弄；而国人的鉴赏能力薄弱，是因国内缺少真正介绍马克思学说的著作，大家得不到一个比较，故无从辨其真伪。因此，我们要对付这一批"学者"，用不着疲精费神，枝枝节节去反驳他们，我们只要很忠实地将马克思的学说尽量介绍过来，他们自然而然不敢再信口开河了。

我们要尽量介绍马克思的学说，应当把他的一切著作翻译过来，尤当首先翻译他的《资本论》。因为《资本论》是他竭大半生精力创作出来的，是他自己认为"主要著作"的，也是欧洲大陆称为"劳动阶级的圣经"的。不过《资本论》有三大卷，共二千二百余页，译成中文当在一百二十万字以上。如此鸿篇巨制，不独非短时间所能译成，殊嫌缓不济急，即令译成问世，也必定很少人具有读这著作的要求。这并不是我们妄为臆断，德国实在有先例给我们看的。《资本论》是用德文著成的，而德国又为学术最发达和劳动阶级教育程度最高之国。可是无论德国学术界人士也好，劳动阶级的人也好，绝少读过全部《资本论》的。他们至多只读《资本论》第一卷。有产阶级著名的经济学教授施班指示研究经济学的方法，开列马克思的《资本论》，只及于第一卷，就是德国社会民主党于1914年命考茨基注释《资本论》，也只及于第一卷。考氏且说："寻常的读者通晓了《资本论》第一卷，已经是大成就，此卷对于工人最为重要，因为其中所讨论的种种定律是支配生产中资本与劳动之关系的。"在《资本论》出现的本国，尚少人去全读，难道译成中文，能逃出例外么？

然照上面所述，《资本论》的第一卷既是对于工人最为重要而世人又通常只读这一卷，我们如果将这一卷译成中文，岂不是将《资本论》的要点介绍过来了么？不过"第一卷表现最大的难关。作者为着创造一种名著起见，以极大的努力使价值和剩余价值的学说达到一种哲学——一种黑格尔逻辑——的高程度，这本是非必要的。作者是以一个精神上角力者（的精神）去对付他的对象的"。马克思自己也承认第一卷的起首几章最难，所以他开一个读书方子给他的朋友的夫人，叫她先从中间和后面读起。可是我们不单独介绍《资本论》第一卷，不仅因他本身比其余两卷更难读，还因他和其余两卷是一气呵成、互相贯串、互相说明，倘若遗弃后面两卷，使之偏而不全，则第一卷的意义愈加容易为人误解，至少也是愈加不容易显明了。所以考茨基说："要完全了解其中的一部分，必须知道全体。没有第二和第三卷，不会充分了解第一卷，第一卷中有许多（部分）——即第一卷讲商品和货币的最大部分——构成二、三两卷的预备（材料），比构成第一卷后面的发挥（张本）更多，并且对于了解流通进程，比了解生产进程更为重要。"

《资本论》的全部既不能仓促译成，且出书后未必有多少人过问，而《资本论》的一部又不宜单独行世，我们介绍此书的计划岂不是终成泡影么？决不会。拿考茨基的《马克思经济学说》、阿卫灵的《学生的马克思》和黄特曼的《马克思经济学》这一类的书来作替身么？也不是。到底是什么书呢？就是博洽德所编的《马克思通俗资本论》。

博洽德为德国治马克思学说有名的学者，他潜心研究《资本论》至三十年之久，并于二十年前应比国京城不律塞社会科学院之请，与比国一个同志将《资本论》二、三两卷译成法文。自欧洲大战爆发后，他得着闲暇时间，编纂他多年想象的《马克思通俗资本论》，至1919年下半年脱稿付印。出书后15个月之内，即销去一万部，未几又被次第译成英、俄、法、日等文字，真是风行全球了。上述考茨基、阿卫灵和黄特曼等的著作不是仅限于描写《资本论》第一卷的学说，就是挂一漏万地将三卷中的学说略说一下，并且全是用他们自己的语法表现出来的。博氏所编纂的《通俗资本论》则含有三卷中最重要的学说，其中文字有百分之九十以上是出自马克思自己的手笔，博氏的任务只在用些承接的文字，将马氏的作品结合起来，或是将马氏艰深的文句，使之通俗化。因此，我们一读此书，即真正读了马克思《资本论》的简明本，这是本书比其他任何类似著作的价值独高的地方。

《马克思通俗资本论》为《资本论》的缩本既如上所述，然就编制上讲，两者是不相同的。《资本论》第一卷所论的为资本的生产进程，它首先探讨构成资本主义社会财富的商品，次则及于货币，再次则为货币的资本化，绝对剩余价值与相对剩余价值的生产，劳动工钱，资本的蓄积，而以原始的蓄积为殿，因此追溯到大工业资本的前史并推论其将来的出路。我们在此处所看见的主要事件是劳动者在工厂中替资本家生产剩余价值。第二卷所论的为资本的流通进程，资本家将已经生产的商品从工厂中运到市场上出售，换取货币，再投入生产中，使生产进程得因此继续下去。第三卷所论的为资本主义生产的总进程，资本家在流通进程中既因商品的出卖而实现了剩余价值，此时就将其转变为利润、利息和地租，分配于全资产阶级。马克思这样做法,本造成一种极自然的统系。所以卢森堡女士说:"就这部大著作的全体观,我们可以说,第一卷及其中所发挥的价值律、工钱和剩余价值,将现社会的基础赤条条地暴露出来了,第二和第三两卷则表现立于这种基础上面的上层建筑物。我们还可以用一种完全不同的图形形容出来,就是,第一卷示我们以社会有机体的心脏,而血液是由此心脏中产生出来的,第二和第三卷示我们以全体的血液循环及营养,一直到最外部的表皮细胞为止。"

然我们在上面已经说过,《资本论》以第一卷为最难,而第一卷又以起首几章为最难,博沿德编《通俗资本论》,如果仍旧依样葫芦,则普通一般人起首就遇着难关,所谓《通俗资本论》,那便是名不符实了。所以他特变更计划,将其中次序稍微颠倒一下,由浅入深,由易入难,务必引人入胜,使人不感着何种困难;而全书自成一气,丝毫不露出割裂的痕迹,这是编者手段高妙之处。他自认他在一方面是很忠实地保持马克思学说的

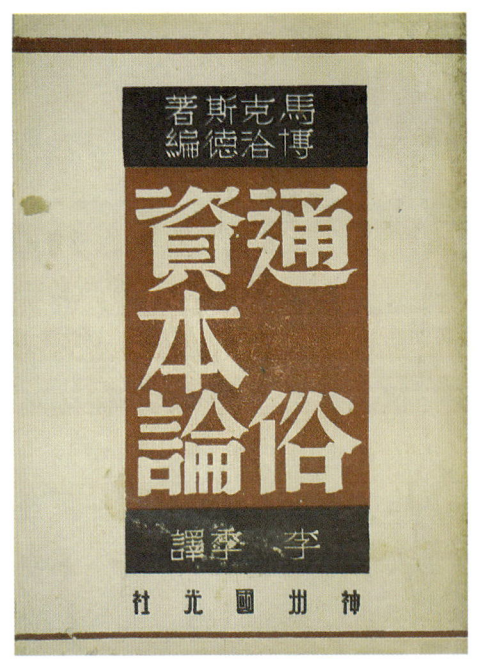

李季翻译的《通俗资本论》

意义和内容，在他方面是使平常人和初学者容易了解，这两点他确是做到的。英文译本称此书为《民众的马克思》，就是表示此为民众所能读的书了。

《通俗资本论》既为民众所能读的书，则民众万不可不读。为甚么呢？因为《资本论》的终极目的是在"表现近世社会的经济运动律"，并且"世界上自有资本家与劳动者以来，没有一部书对于劳动者像本书这样重要。资本与劳动的关系是现社会全部制度的枢纽，这种关系在本书中才第一次依据学理发挥出来，其持论既彻底，又复锐利无匹。……"生息于现社会的民众要知道他们自己所处的地位，要了解现社会制度的枢纽，对于本书不可不人手一编，借资考镜。

不过民众要读此书，在未开卷之前，望着书名，马上会发生一个疑问，就是"资本到底是什么"？关于资本的学说，种类很多，我们对于已经陈腐的，或过于怪诞的学说，（例如中古时代的人以及重商主义的学者认一种出贷的货币额为资本，黑尔曼认一切有交换价值而又继续耐用的货物为资本，李斯特于物质资本之外，又有所谓精神资本，罗竭也有无形资本之说等等）一概从略，只介绍一二最著名的学者的学说如下。经济学的始祖亚丹斯密士以为一个人的"全部财富分为两部分。一部分是他希望借以获得一种收入的，这就叫做资本。另一部分是满足他的直接欲望的。……"他又说："一个人总希望从他所用为资本的每种财富中获得一种利润。因此他仅用这种财富去维持生产的劳动力，当他将此用作资本时,即构成一种收入。可是他如果用这种财富的任何部分去维持任何种不生产的劳动力,则这一部分即刻就从资本中取出而列入直接消费的财富了。"与亚氏齐名的李嘉图说:"资本是一国用于生产的财富部分,这是由维持劳动活动所必需的食料、衣服、器具、原料和机器等等成立的。"

上述亚丹斯密士和李嘉图对于资本的学说,一直到现在,还是为有产阶级的经济学所公认的。他们以为凡用于生产中的生活资料和生产工具等等就是资本,用于享乐消费的财富即非资本。照他们的说法看来,不独四千年前唐尧帝时代因"凿井而饮,耕田而食"所用的食料和工具是资本,此等凿井耕田的自耕农是资本家,即原始共产社会一切用于生产方面的食料和工具也都是资本,而原始共产社会的人尽成为资本家,因为当时的人都从事于生产,没有无故而不劳动的。不仅是这样,婆罗洲的猿类能用木材架屋,能运用木石去获取各种食物,即下至于猴子也能用石头去击碎硬壳果吸取果仁,是猿猴用的养料和木石也是资本,而猿猴都变成资本家了!不独兽类如此,即昆虫类如蜜蜂等在生产中也有资本,蜜蜂也是资本家了!所以照此推论起来,有产阶级经济学者对于资本的学说实在是太滑稽了!

然资本到底是什么呢?科学的社会主义始祖马克思告诉我们说:"资本是一种社会的生产关系。这是一种资产阶级的生产关系,即资产阶级社会的生产关系。""一种人如果不遇着另一种人——即工钱劳动者——因受压迫而自愿出卖自己，则前者虽据有货币、生活资料和其他生产工具，尚不能变成资本家。……资本不是一种物品但是一种借物品表现出来之人与人的社会关系。"所以"一个黑人只是一个黑人。要在一定的关系之下，他才变成奴隶。一架棉花机只是一架纺棉花的机器，要在一定的关系之下，它才变成资本。它一离开此等关系即不是资本，恰如金子自身不是货币，沙糖不是糖价一样。"更明白些说："生产工具和生活资料为直接生产者——即劳动者自身——的财产时，即非资本。此等生产工具和生活资料同时用作剥削和宰制劳动者的工具——只有在这种条件之下，才变成资本。""资本是死的劳动，他和吸血鬼一样，要吸取生的劳动，才能够生存，他吸取愈多，则生存愈好。"马克思对于资本的学说，真是精当绝伦！照他的说法，不独蜜蜂与猿猴所用的生活资料和生产工具非资本，蜜蜂与猿猴自己非资本家，即原始共产社会中所用的食料与工具也非资本，这种社会中的人，也非资本家，即"凿井而饮，耕田而食"所用的食物与农具也非资本，此等自耕农也非资本家。只有剥削和宰制劳动者的生产工具和生活资料才是资本，只有凭借此等工具和资料不劳而获的人，才是资本家。

大家对于资本的意义既明白了，便可以开始去读《马克思通俗资本论》，不过还有几点是要预先注意的，今特介绍柏尔的一段话，如下：

要懂得《资本论》，必须记着下列各点：（一）马克思没有下永久有效的界说；如资本、工钱和价值等等的观念都是历史的范畴,这就是说,他们在一定的历史时代中有一定的意义,在别种时代中便没有此等意义。例如价值的观念在别种时代中可以只指物品的有用性讲;在又一种时代中价值是可以由一种物品表现的功效或美丽做标准去决定的。但在现社会中,价值是由生产费决定的,而这种生产费由马克思用科学的分析,化为劳动。(二)马克思对于科学上发见的诸原则,视为事物内部的真正的性质,对于与之对峙的实践,视为事物表面的和由经验得来的现象;例如价值是理论的说明,价格则为经验的说明;剩余价值是理论的说明,利润则为经验的说明。由经验得来的诸现象(价格与利润)固然和理论有参差之处,但没有理论,此等现象是不能为人了解的。(三)他对于资本主义的经济进程在本质上视为不受外界的阻碍与扰乱的,视为不受国家和无产阶级严重干涉的;马克思在《资本论》中所说的工人争斗与工厂立法,与其说是用为限制独立资本的剥削作用,毋宁说是用为完成生产力的发达。(四)他的心目中总是看着资产阶级,不是看着单个资本家的。

末了,还有五点是要声明的:第一,博洽德编《通俗资本论》的目的不是用此书去代替三大卷的《资本论》,使原书可以从此废置不用,他的意思是要借此书为初阶,引导许多人去读原书。我们译此书的目的也不是用他去代替三大卷的《资本论》,但是借它为初阶,引导许多人去读大部头的《资本论》。我们在上面虽指出世间很少人有读这部大著作的要求,然我们绝不因噎废食,遂不尽介绍原书的责任。因此，我们只要稍得间暇，即将着手翻译三大卷的《资本论》。第二，本书系从1922年第四版的《通俗资本论》德文原本译出，一切内容，均以此为根据。(英文译本与德文原本间有出入之处)。第三，译书本分直译与意译两种，各自有其价值。本书几全用直译，希望借此保持原文的神气。不过，中西文法不同，有时须加些字句，才能显出原文的真意思；译者对于自由加入的字句，均用方括符〔〕做标记，以明责任。第四，原书所徵引的书籍，如系英、法、意文等及直接用英、法、意文等原名附入本书中，不再沿用德文译名。第五，本书对于原书一切文字均很忠实地译出，半点不敢遗弃，唯对于原书第三版所附加的检查表，因比较不甚重要，故暂时从略。

施复亮（1899—1970）中国爱国民主人士，早期马克思主义传播者。原名存统，浙江金华人。1919年因发表《非孝》被浙江第一师范学校开除。1920年参加上海共产主义小组。同年留学日本。次年回国后任中国社会主义青年团中央书记，上海大学、中山大学教授，黄埔军校政治教官，武汉中央军事政治学校政治部主任。大革命失败后脱党。一度参加国民党改组派，不久即退出。后历任上海大陆大学、北平师范大学、广西大学教授，上海《文化战线》主编，南方印书馆总编辑，四川银行经济研究处处长。编著《资本论大纲》《经济科学大纲》《社会意识学大纲》等，宣传马克思主义。1945年参与筹建中国民主建国会，任常务理事。1949年出席全国政协第一届全体会议。后历任劳动部副部长、民建中央副主任委员、全国工商联常委。是第一至三届全国人大常委会委员，第一届全国政协常委兼副秘书长，第二、三、四届全国政协常委。

关于《资本论大纲》的翻译

施复亮

　　《资本论》在社会科学上的地位之重要，已经为多数人所知道了。《资本论》份量底庞大与内容底艰深，也已经为一部分人所知道了。重要的《资本论》，份量既然庞大，内容又复艰深，于是应之而起的，便有各色各样的解说书或压缩本。本书——高畠素之底《资本论大纲》亦是这一类书中的一本。

　　近来国内关于解说或压缩《资本论》的著作，也已经出版了不少（自然仅对于中国过去而言，若与先进的外国比较起来，还是相差得很远），其中好的也有几本，例如考茨基底《资本论解说》（有戴季陶、陈溥贤、汪馥泉三种译本），博洽德底《通俗资本论》（有李季底译本），河上肇底《经济学大纲》（有陈豹隐底译本）。这些书各有各底优点，各有其存在的意义。它们对于研究《资本论》的人，都可以给予相当的帮助和便利。

　　本文为施复亮1930年所译《资本论大纲》的序言。题目为编者所加。

高畠氏底这本《资本论大纲》，在某一个意义上，可以说是兼具以上那三本书底优点的：第一，这本书叙述底平易，可以比之于考茨基底《资本论解说》；第二，这本书多量引用《资本论》底原文（几乎超过全书底一半；第三部起虽然有好多地方没有引号标明，但其实有一半以上是《资本论》底原文），可以比之于博洽德底《通俗资本论》（自然有程度之差）；第三，这本书涉及《资本论》全三卷而又不

施复亮翻译的《资本论大纲》

改变《资本论》原来的体系,可以比之于河上肇底《经济学大纲》。现在我把它翻译出来,我相信它对于研究《资本论》的人们是可以有相当的贡献的。

　　研究《资本论》不是一件容易的事,须有相当的学力、环境和时间。相当的经济学的根柢是不消说了,而且还要有相当的环境和时间。对于环境不良、时间不足的人们,暂时是不能不以知道《资本论》底大体为满足的。这本《资本论大纲》,可以说是使我们知道《资本论》大体内容的最适宜的一本。在《资本论》底全译一时还不会出现于中国的目前,本书固有其存在的意义;到了将来《资本论》底全译出现于中国以后,本书将更能尽其作用。

　　本书底著者高畠素之氏,其政治立场,固非为多数人所赞同;但他对于《资本论》的造诣之深,是日本一般马克思主义者和非马克思主义者所公认的。他除了费六年的工夫将全部《资本论》译成流畅易读的日文以外(以后还改译了二次),还著译了许多关于马克思主义的书籍,其中被译成中文的亦已有了几种。他有一次曾经自豪地说:"日本大小马克思主义者所有关于马克思主义的书籍,其销路还不及他底一半。"这句话虽然有点近于夸大,但实际情形,至少在一二年前差不多是如此的。总之,他在日本,对于马克思经济学普及上的功绩是很大的。

　　这本书原名《马克思经济学》,为日本评论社出版的《现代经济学全集》中的一卷(第四卷)。我之所以把它改名为《资本论大纲》,因为其内容差不多以介绍《资本论》为限，而且全书结构又是模仿《资本论》的。这本书是高畠氏最后的著作，而且有一部分是完成于他底门徒之手的。高畠氏仅仅将本书写成一半，便一病不起，于1928年12月23日与世长别了。其后的一部分，是由他底门徒石川准十郎（石川氏有一本《资本论概要》，已由洪涛君译成中文出版）、神永文三、小栗庆太郎、桥野昇等奉他底遗命、遵照他底计划协力续成的。但是我们从头读到尾，实在很难认出它是由两个人或几个人作成的样子。这可以说是高畠氏最大的成功。

本书底翻译，起笔于今年一月初，搁笔于今年十月底，其间经过了十个月。除了中间约四个月替春秋书店翻译几本书（与人合译的）以外，差不多今年过去了的全部时间都用在这本书上面，足足花费了六个月的工夫。在未动笔以前，预计至多三个月可以译成，谁知到了工作底完成时，竟增加了一倍的时间。原因是由于引用《资本论》原文太多及我自己对于《资本论》的研究太不充分。译文是尽我底能力求其明白流畅的，忠实亦时时顾到，希望不致有严重的错误。凡关于《资本论》内的文句，几乎全部都参考过日本大镫阁版《资本论》译本（这译本亦是高畠氏翻译的，不过是旧版，与改造社新版《资本论》译本稍有不同，颇有可供参考之处）及温特曼 Ernest Untermann）底英译本，头一部分亦曾参考了河上肇、宫川实两人已译出的部分（他们二人底译本已经出版了的只有《资本论》第一卷前三篇）。至于改造社版《资本论》译本（这是高畠氏改定的译本），自然亦是时时参考的，不过因为本书所引的《资本论》译文，全是根据改造社版的，所以除了改正错字以外，比较地少用它。如果还有译错的地方，希望读者加以指教，使我有改正的机会。

　　读这本书时，顶好是从"序说"读起，因为一则可以先得一个《资本论》底轮廓，二则可以先懂得一点研究方法。如果读者觉得"序说"第二节不容易读时，那也可以在读完了第一节以后，马上接下去读第一部第一篇，把讨论研究方法的那一节放在最后读。

陈豹隐（1886—1960）中国经济学家，《资本论》中译本译者。原名陈启修，字惺农，笔名勺水、罗江。四川中江人。1917年毕业于日本东京帝国大学，同年受邀担任北京大学法科教授兼政治门研究所主任。1923年赴苏联和西欧考察。1925年归国后参与领导国民革命运动，历任广州黄埔军校教官和农民运动讲习所教员、国立中山大学法科科务主席兼经济学系主任、武汉《中央日报》总编辑等。大革命失败后流亡日本，从事理论著述、文学创作和翻译工作。抗战期间当选第一至四届国民参政会参政员，1947年任重庆大学商学院院长，1952年底调任四川财经学院(今西南财经大学)临时院务工作委员会教务组组长，1956年被评为经济学一级教授。为民革中央常委，全国政协常委。译有《经济学大纲》等。

纪念《资本论》首个中译本译者陈豹隐

刘诗白

陈豹隐是上个世纪五四运动以来中国左派社会活动家、经济学大师、教育家，是西蜀人杰。他一生从事革命社会活动、学术活动。他的人生经历丰富、波澜起伏。最初东瀛留学，1917年任北京大学法科教授，1919年他是五四运动的积极的参与者。20年代大革命时期投笔从戎。他担任过国民革命军政治部的宣传委员，当时政治部的主任是邓演达，副主任是郭沫若，还担任过国民革命军第20军政治部主任。1924年他参加中国共产党和中国国民党，他与国民党左派一起共同支持参与北伐。1926年任黄埔军校的政治教官，是农民讲习所的教员。宁汉分裂前，国民党中央和国民党的右派人士进行了激烈的斗争，当时他是武汉国民党中央政治会

本文是刘诗白教授在《陈豹隐全集》首发式上的发言，原载《经济学家》2013年第6期。原标题为《陈豹隐与〈资本论〉理论在中国大学讲堂的传播》。刘诗白曾为西南财经大学校长、教授，第八届全国政协常委，四川省政协副主席。现为四川省社科联名誉主席。

议秘书长，积极参与共产党领导的反对蒋介石"分裂"活动，是大革命时期的活跃人物。大革命失败后，遭到国民党的通缉，1928年他流亡日本，将他的精力转入革命的学术活动，研究、翻译马克思的经济学说，他首先翻译了河上肇的《经济学大纲》，紧接着又翻译了马克思的《资本论》。

陈译《经济学大纲》在国内出版后深受读者欢迎，大大超过了当时国内介绍马克思主义的其它书籍。上世纪三四十年代，许多青年知识分子就是从该书了解了马克思主义的经济学说，而后走上革命道路的。据称该书"毛主席读过不只一遍"。我国著名经济学家关梦觉先是学西方资产阶级经济学的，"九一八"事变后流亡到北京，开始自学马克思主义，首先接触到的著作之一，就是陈豹隐翻译的《经济学大纲》。因此，关梦觉称陈豹隐是他的启蒙老师。

陈豹隐翻译的《资本论》是根据考茨基国民版（1928年德文版），参照日、法、英文版，其主要内容为《资本论》第一卷第一篇《商品和货币》。尽管《商品和货币》这一篇在马克思经典大作《资本论》中只占一小部分，但它是马克思劳动价值原理的集中阐述，是整个《资本论》大厦的基石，也是全书中最难翻译的部分。陈豹隐精通多国语言，他中学时代就学好了法文，留学日本时学习了德文、英文和日文，他的多种语言功底对这部书的翻译有很大的帮助。《资本论》是马克思主义全新的经济学体系，它有着很多新鲜的专业范畴，辞语和文字表述优美生动，要确切翻译好这本书，除经济学专业功底外，还需要很好的外文功底和文字功底。

陈豹隐除了翻译《资本论》第一卷第一篇正文及第一、二版序言外，还用了近190页的篇幅刊载"译者例言""《资本论》旁释""考茨基国民版序"等内容。在一些难译的地方，加上了自己的注释，即"陈注"，共47条。除了有三条是注释地名外，其余各条都是陈豹隐对《资本论》中名词概念翻译的注释。仅此一例，足见陈豹隐为传播马克思主义用心良苦之一斑。

陈豹隐（当时名字为陈启修）翻译的《资本论》于1930年3月在上海昆仑书店出版。这部书的出版启动了三十年代的《资本论》翻译工程。有多位进步学者、翻译家参与了该书其它内容的翻译。1932年9月，北平国际学社出版了王思华、侯外庐翻译的《资本论》第一卷上册。1933年1月，北平东亚书店出版了潘冬舟的《资本论》第2、3、4分册，定名为《资本论》第一卷2、3分册，成为陈译本的后续部分。1934年5月商务印书馆出版了第一卷第1、2篇，译者是吴半农，校译者是千家驹。1936年6月出版了玉枢（侯外庐）和右铭（王思华）的第一卷中、下册的合译本，接替了陈豹隐把《资本论》第一卷译完。由于是众家所译，所以内容不统一、体例庞杂，需要有一个更好的译本。1936年上海一些左派出版社邀请郭大力和王亚南翻译三卷《资本论》，郭大力为翻译这本书深居古庙，全心全意，从朝至暮，经过长年艰苦努力，1938年郭王本的《资本论》一、二、三卷由上海读书生活出版社出版。当时是在上海租界里印的，大后方还不能印这部书，因为马克思的著作被政府作为禁止出版的反动著作。经过上海方面的各种努力，运了一个版到重庆，用内地土纸印出，所以中国完整的《资本论》译本是1938年的郭王本，重庆出版的。解放后，由三联书店印刷，这就是后来1972年中央编译局《资本论》新译版本的前身。

陈豹隐的译本对原作十分忠实，文字十分优美。编译局出版的72年译本，只是说译本参考了郭王本，并没有说参考了陈启修译本。但是我发现编译局新译本若干地方与陈豹隐译的译文几乎没有多大差别。我举个例子，在第一版序言里，马克思有一句有名的话，编译局的译文是："政治经济学所研究的材料的特殊性，把人们心目中最激烈、最卑鄙、最恶劣的情感，把代表私人利益的复仇女神召唤到战场上来反对自由的科学研究。英国的高教会宁愿饶恕对它的三十九个信条中的三十八进行攻击，而不饶恕对它的现金收入的三十九分之一进行攻击。"陈豹隐的译文是："经济学的研究材料所带着的一个特殊性质，会把人类胸里最激烈、最狭量、最带恶意的情念，把私的利益的复仇女神唤到战场上，去反对经济学。如像英国的国教会，就宁肯宽恕那种对于他的'三十九个信条'的三十八个的攻击，不肯饶恕那种对于他的货币所得的三十九分之一的攻击。"这里面，编译局译文的好些语句与陈译几乎是完全一样的。

这里，我还要讲一下编译局译文，"把人们心目中最激烈、最卑鄙、最恶劣的情感"——重点为本人所加——这句话，与陈译"把人类胸里最激烈、最狭量、最带恶意的情念"——重点为本人所加——存在不同。一个是"人们心目中",一个是"人类胸里",如果仔细推敲,那些"最卑鄙、最激烈的情感"应该是"胸中"的情感,而不是"心目中"的情感,"心目中"与"胸里"的含义是不同的,"心目中"往往指外物在个人脑海中的印象,"胸里"则指心胸中内在的愤怒。根据彭迪先老师1944年送给我的1922年汉堡奥托梦士纳出版社的《资本论》德文本,德文原文是"Der menshlichen Brust",正确译文是"人类胸中"。莫斯科外文出版社英文版为"human breast",即人胸内。对这一句话,我觉得陈译更忠实、更准确。

陈译《资本论》的出版启动了三十年代一系列的《资本论》续译和出版,对马克思主义学说在中国的传播起了重大的作用。《资本论》启迪教育了一大批革命的青年,中国三十年代有名的左翼经济学家,如王亚南、郭大力、王思华、薛暮桥、彭迪先、许涤新、漆琪生等,都是《资本论》的卓越

陈启修翻译的《资本论》

研究者或者是翻译者,郭大力与彭迪先还翻译了《资本论》勘注。

　　陈豹隐还是中国较完整的马克思主义经济学教材的最早的编著者。《资本论》是马克思经济学的基础,但是要进入中国的大学讲堂,还要编译自己的教材。陈豹隐的《政治经济学讲话》出版于1933年11月北京好望书店,1937年前三次印刷。该书是陈豹隐在北平大学商学院讲课的内容,由几位学生记录整理而成,内容包括价值理论、剩余价值理论、平均利润理论、资本蓄积理论、危机理论,最后是资本扬弃理论,即对《资本论》第一卷中的有关资本主义积累导致资本被否定和社会主义的产生的历史趋势的理论介绍。这是一部洋洋五六十万言的马克思主义政治经济学教材,较系统完整地介绍了《资本论》三卷的理论,结合中国实际,针对中国的社会问题,发表了陈豹隐的观点。二三十年代的中国大学,尽管有很多左派学者,但在经济学领域,主要讲授的是英美经济学说,内容是当时英美流行的马歇尔经济学。马寅初先生是一位革命的、民主的知识分子,他出版了一部教材,叫做《马先尔经济学》,当时国内不少大学使用这一教材。

　　上个世纪三十年代中国大学讲堂已经出现了马克思主义经济学的讲授者。据罗章龙回忆,陈豹隐1922年是"北平大学马克思研究会"《资本论》研究组导师,给研究会会员辅导《资本论》。1932年,陈豹隐在北平大学商学院任教时编写的《经济学讲话》,系统介绍了马克思的经济学说,联系了中国的实际,讲了中国未来要进行资本的扬弃,走向社会主义。我没有发现1933以前其他经济学家有如此系统的政治经济学讲稿。1934年,沈志远出版了一本《新经济学大纲》,这是一部很有名的著作,应该说是第二本较系统的马克思主义经济学教材。

所以,陈豹隐应该是中国编著系统的马克思经济学教材的第一人,而且是将系统的马克思经济理论引入大学讲坛的第一人。陈豹隐为马克思主义经济学进入中国大学作出了的重要的贡献,促进了《资本论》理论在中国的研究和学习。

最后我还想讲一下,陈豹隐在泰山讲学时写的一首诗。1934年陈豹隐应冯玉祥邀请,在泰山讲学,讲授中国的新政治、新经济,宣传团结、抗日、争取民主、民族独立和社会进步。他的这首诗为:

"朝讲学于斯,暮游息于斯,朝朝暮暮念兹在兹,
吾身遂与世长辞耶,吾念将终无已时耶,
世若无知者,吾宁永寄踪于凌汉峰下梅花岗上之烈士祠。"

这首诗表明了陈豹隐先生的壮志豪情和革命抱负,可以说是陈豹隐的精神追求、高尚品德在泰山石壁上散发光辉。我们的青年同学要好好体会这首诗的丰富意涵!有志于理论研究的同学应静下心来,认真钻研马克思《资本论》的理论和方法,并用它来分析当代中国实际、当代世界实际和当代经济思潮,为坚持和发展马克思主义经济学而不懈努力。

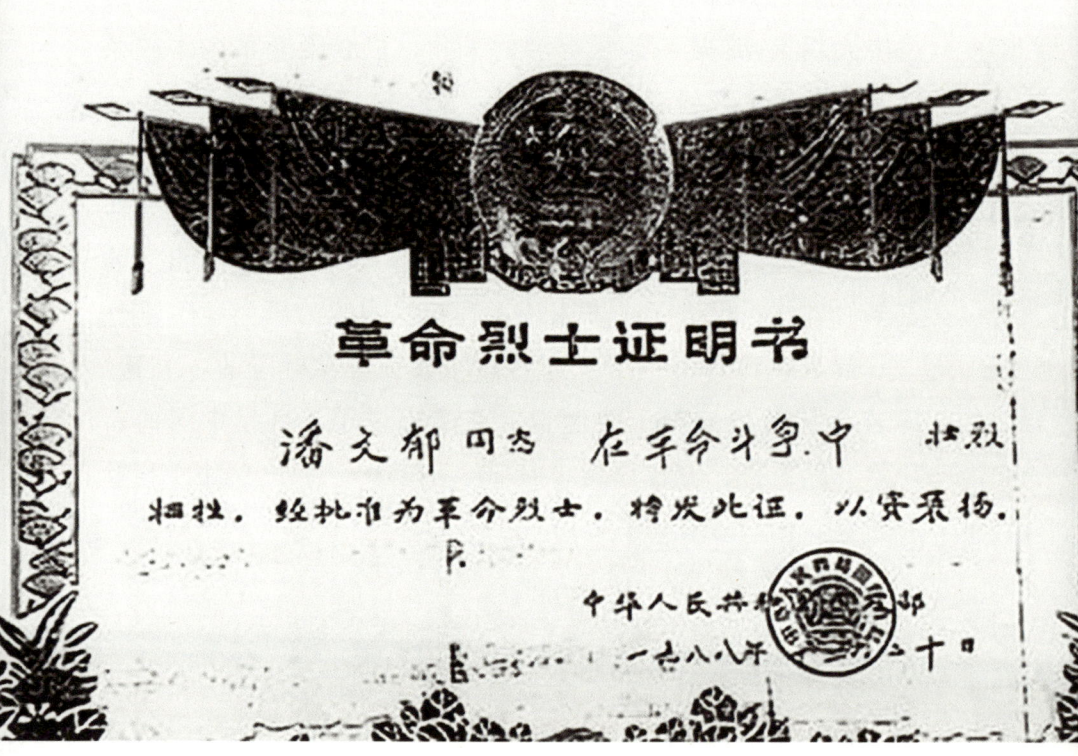

潘冬舟（潘文郁）的革命烈士证书（本人照片无从查找）

潘冬舟（1906—1935）中共红色特工，革命烈士，中国早期马克思主义传播者，《资本论》中译本最早译者之一。原名潘文友，又名潘文郁、潘文玉、潘玉华。湖北襄阳人。1925年加入中国共产主义青年团，后转入中国共产党，同年赴苏联莫斯科中山大学学习。1928年出席中共六大并任大会俄文翻译。后任中共中央驻共产国际代表团秘书长。1928年底回国担任中共中央宣传部秘书、中央机关刊物《红旗》及《布尔什维克》副主编等职。1931年开始潜心翻译《资本论》。后加入中共北平特科，以在北京大学、冯庸大学任教为掩护，从事马列主义宣传和党的地下工作。1934年任张学良的机要秘书和教师，为张讲解《资本论》等马列主义著作，并为党收集情报。1935年春被捕杀害。1988年被追认为革命烈士。译有《资本论》第一卷第二分册、第三分册等。

"希望有更多的人来注意这一历史著作的翻译"

——《资本论》第一卷第二分册、第三分册"译者言"

潘冬舟

《资本论》第一卷第二分册"译者言"

马克思所著《资本论》一书，在政治经济学及一般社会科学界所有的权威，这是人人所知道的，译者不必在此饶舌。中文译本为陈启修先生所开始，可是第一分册在上海昆仑书店出版以后，至今三年，尚未续出。但这本书是中国社会科学界所非常迫切需要的，因此我现在愿意继续翻译这一著作。为避免工作重复起见，第一分册我就不再翻译了，虽然陈启修先生之译文不尽能使人满意。我的译

本文为潘冬舟所译《资本论》第一卷第二分册（1932年）和第三分册（1933年）前言。题目为编者所加（引自"译者言"）。

文如何，且看出版以后的批评。这本书自然有很多难译的地方，我想在出版以后，一定有很多严重的批评发生，或者到再版的机会，得以更正。我在这里不必作什么长序，因为这份工作我刚才开始，我的时间还是用在继续翻译其后的各分册为好。如若没有其他的意外的"天灾人祸"，在1932年我大概可以将第一卷全部译完，除陈译及本书之第二分册外，应当还有两分册，约有四十万字以上。盼望着译者能迅速地与一般读者"再会"。

《资本论》第一卷第三分册"译者言"

在我准备这一分册出版的时候，离前一分册出版的时间已有四个多月之久，较之预定日期要迟误一月以上。这一则由于私人生活没有完全安定，减少了真正工作的时间，再则由于印刷过程受了相当的延迟，耽误了较多的时日。只有希望以后各分册的出版，再不能比这一次拖延更久的时间。

第二分册出版以后，结至今日我还没看见出版界中之文字上的批评，这当然是由于时间短促与销售不多的原因。然而，在友朋之当面谈话中，却也得了一些表面的一般的批评，其中除了属于客气方面的不计外，有人曾以为我的译文有些"迁就中文，伤害原意"的地方。在我以后的译文中，自己对于这一点会加以特别谨慎的注意。不过，我总有一种"偏见"，就是无论如何，我以为译文的任务第一乃是使中文读者容易了解。目前中国出版界有着不少所谓"硬译"或"直译"的产物，看来如像天书一样，这是无论如何不能使人满意的。所以在我的译文中，于难译难读的地方都不惜以分句或增字的方法为之补救。我固不敢否认这种方法的流弊，也决不反对应与这种流弊相斗争，然而我以为却不能因为流弊而否认了这种译法的正当。在这一点说来，我还是坚持我的意见。

在我译的前一分册出版以后，北平国际学社又出版了

潘冬舟翻译的《资本论》

署名王慎明、侯外庐两位先生的合译本。这个译本在数量上虽然在今日还没有追上我译的前面，但据他们在广告上所发表的出版计划，以及他们在工作中有着吸收较多助手的可能，以后或能追在我的译本之前面也未可知。因为我完全是一个人工作，从翻译直到技术校对，都是我一人负责，我自己还有一些别的私人生活中的事务，不能不占去一大部分的时间。因此，我的工作，大概是不能过于求速的。不过，我们各人出版的前后，大约都不能改变彼此继续翻译的计划。因为以《资本论》这样巨大的著作，就是再有几种译本也不为过多。我对于侯、王先生的译本虽然尚未仔细研究，可是，我认为无论我的译本，或是侯、王先生的译本，严格说来，在现在都只能是一种"译稿"的作用。《资本论》之正确的绝对担保的译文，不仅要求对各种外国文字的了解，而且更重要的，还要求着对于整个经济学说以及历史上各种学派理论的认识。这必须有赖于多数专家的合作，而同时还要有完全便利的客观条件。这些都还要决定于整个中国社会科学思想发展的程度，而为目前中国所万难做到的事。我个人希望有更多的人来注意这一历史著作的翻译，在我们相互的比较、参照，以及取长舍短地多次修改中，我们不仅必然要产出完善的最终的译本，并且，我们能以推动中国整个的社会科学研究的运动。我想我们译《资本论》的人，以及能以根据某种外国文而批评《资本论》译文的人，都不要以自己的智识作为自己的"私有财产"，也不要嫉妬完善的译本"不出于己"。就以《资本论》所发挥的这种精神，以科学的、慎重的、研究的批评的态度，来进行与帮助《资本论》翻译的完成，这才是整个中国社会科学运动的利益。因此，我希望这一分册出版后能引起一般社会科学家之更多的注意，以及因此而产生的更多的批评，因为这些乃是目前所很切要的。

接着很多朋友的来信，要我对于陈译之译的第一分册，必须迅速开始再译。从前，我因为不愿做重复的工作，所以没有从陈译之第一分册开始。我初意是准备将以后三分册都单独出版之后，于再版之第一卷合订本中再去译第一分册，同时于再版中改正陈译本所已经发现的以及我自己译本所将要发现的一切错误与缺点。现在既然有读者这样要求，我便准备还将第一分册再出一次重译的单行本，不过还要迟一些时间便了。很显然的，在现在看来，译第一分册是非常容易的工作，因为已经有出版的两个译本可以参照。译第一次的人虽然很困难，可是，无论第一次的译文是怎样拙劣，它对于译第二次的人自然可以增加无限的便利。所以让我将较难的最后一分册完成以后，第一分册便可以非常容易地补译出来。我认为这样对于读者并不能发生不便的影响，因为马克思自己当时对于读《资本论》感觉困难的人便曾经指出，开始不必从第一篇读，而先从"工作日、协作、分工、机器各章，其次就是关于原始的积累"。照马克思自己所指出的这个次序来读，则我们现在这样出版的计划并不能妨碍读者之便利的。而且，对于其余的部分，我一定是尽量从速地继续出版。译者盼望能以更快地与读者"再会"。

侯外庐（1903—1987）中国历史学家、中国思想史家、教育家，早期马克思主义传播者，《资本论》第一卷中文全译本译者之一。山西平遥人。早年就读于北京法政大学，1927年赴法留学，1928年在巴黎加入中国共产党。1930年回国后历任哈尔滨法政大学经济学系教授、北平大学法学院教授、北平师范大学教授等。1936年与王思华一起翻译出版中国最早的《资本论》第一卷全译本。1949年出席中国人民政治协商会议。新中国成立后，历任政务院文教委员会委员、西北大学校长、北京师范大学历史系主任、北京大学教授、中国科学院历史研究所所长、中国科学院哲学社会科学部学部委员等职。为第一、二、三、五届全国人大代表，第六届全国政协常委。译有《资本论》等。

《资本论》译读始末

侯外庐

20世纪20年代我在北京法政大学读书期间，由于参加反帝爱国学生运动，认识了著名的马克思主义者李大钊同志。大钊同志的学术和人格令我折服。从他的身上，我不仅看到为革命者师表的形象，而且感染到他对理论问题的热情。这对我一生都发生了影响。

那时，作为一个青年学生，我正处在向往革命、追求真理的阶段，阅读广泛而杂芜，各派学说都一一涉猎。在各种书籍当中，马克思主义原著的译本国内最难见到，而这正是我最希望了解的新思想、新学问。

"三一八"惨案以后，我的思想发生飞跃，从信仰新三民主义转向信仰马克思主义。为出版一个叫《下层》的刊物，我曾赴东交民巷道胜银行旧址，和大钊同志见过两次面。其中一次，大钊同志和我谈了许多问题，涉及信仰、理论，等等，并建议我参加左派国民党组织，为它做一些

本文原载中央编译局马恩室编《马克思恩格斯著作在中国的传播》，人民出版社1983年版。

工作。我在大钊同志面前坦白地暴露了自己的弱点，我说："对政治我缺乏经验，但是，我对理论很感兴趣。"大钊同志极其宽厚地表示："先从理论下手也好。"我向他表白了一个酝酿已久的心愿，想翻译一点马克思主义的重要著作，一则自己可以深入学习马克思主义理论，二则为国内翻译亟需的马克思主义原著出点力。对此，大钊同志表示很赞成。

其后不久，北京的政局进一步恶化，张作霖政府拟定黑名单，准备大肆搜捕共产党员和进步人士。据悉，其中也有我的名字。面临危险的朋友们纷纷离去，有的出国，有的南下投奔北伐军。我抱着研究马克思主义的理想，便走上了赴法的道路。

为取道苏联赴法，我在哈尔滨等候签证达半年之久。那时，哈尔滨很闭塞，在文化上，当局远不像北京那样戒备森严，书摊还散见些进步书籍。这完全出乎我的意料。在街头的书摊上，我发现有英文版和日文版的《资本论》出卖。我如获至宝，各买一部，开始如饥似渴地阅读。就在哈尔滨那家旅馆的小屋里，我确定了旅法的宗旨——学习德文，翻译《资本论》。

正在这时，传来"四一二"蒋介石叛变革命的消息和李大钊同志在北京惨遭杀害的噩耗。悲愤之余，我更加发誓要译出《资本论》，以祭大钊同志英灵，以酬他对我的蒙师之教。

1927年夏天我到法国后，立刻从字母开始学德文，同时在巴黎大学听布克莱教授的《唯物史观》课，其余的时间几乎全用来自学《资本论》，经过一年的准备，于1928年起步试译这部伟大的科学著作。

我的试译是以恩格斯审定的《资本论》德文第四版为依据，参照英文、法文和日文几种译本进行的。当时，我这几门外文的水平都不高，仅英文较有基础。以那时的基础，而敢做如此艰巨神圣的工作，今天回想起来，实在是自不量力的。但是，凭着初生之犊的雄心，凭着肯下功夫、肯吃苦的精神，恰恰就是在这样的万难之中，开始了我由此作为起点的一生的事业。

除外文的阻力以外，由于对马克思主义知之不多，我在基础理论上也遇到重重难关。因此，翻译的本身对我来说，实际上是从头学理论。所幸，翻译工作容不得人不求甚解、囫囵吞枣。翻译《资本论》，是我认真学习马克思主义理论的机会。更何况，当时还怀有一种从禁锢革命思想的中国脱身出来，渴望系统吸取马克思主义理论的愿望，因此，旅法期间，我学习的进取心是很强的。

初期的试译步步维艰，经常遇到一些困难，如不补课，便无法继续工作。每当这时，只好放下笔来学习，学懂了一些时，提笔再继续翻译。常令我停笔补课的问题多种多样。我在翻译《资本论》的过程中，通过自学补习过的知识，除德文、法文的语法之外，还广泛涉及西方古典哲学、政治经济学、莎士比亚的戏剧、歌德的诗、数学、机械学，等等。当然，那样广泛的内容，我不能不有所详略，对文学和数理，只能浅尝辄止，但对哲学和经济学，相对而言，是下了一番功夫的。回想起来，若不是十年译读期间的努力，以后未必会有机会如此认真地阅读马克思的几卷本《剩余价值学说史》以及黑格尔、费尔巴哈、康德、亚当·斯密等人的大部头著作。

工作艰难若此，生活上又几乎完全没有经济来源，面对这种情形，意志稍有动摇就无法将翻译坚持下去。旅法时，我写下"匹夫不可夺志也"的誓言，压在案头。这个"志"，便是非译成《资本论》不可。

在为翻译《资本论》奋斗的整整十年中间，我是甘苦备尝的。翻译中，文字上的进展，知识上的充实，自然可以自得其乐，而同志们"相呴以湿，相濡以沫"，更令我乐莫甚焉。1928年春，成仿吾、何肇绪两位同志介绍我入党，在政治上对我有许多帮助。旅法时，廖梦醒、廖承志、杨秀峰、林铁、章伯韬等同志都给过

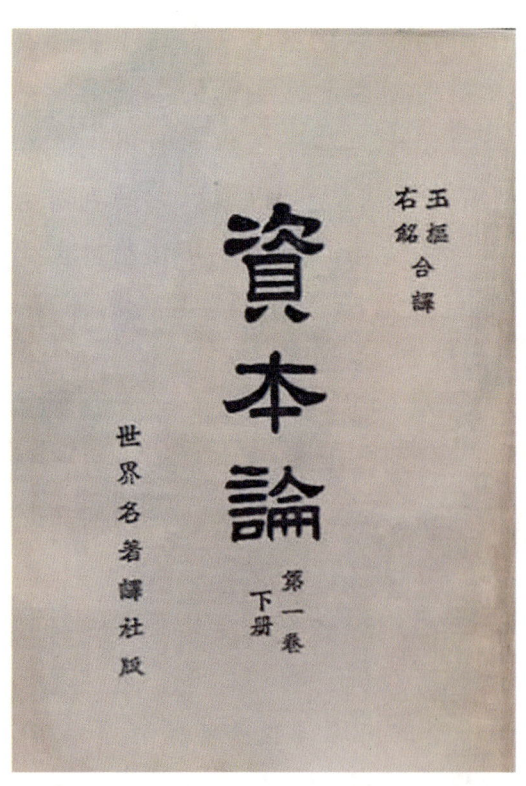

侯外庐（玉枢）、王思华（右铭）翻译的《资本论》

我难忘的温暖和友情。梦醒同志精于日文,她曾费了不少时间,核对高畠素之翻译的日文版《资本论》和我的译稿,她对我说:"和日文版比较,中文意思表达得可以。"这一句话,胜过任何褒奖,我的信心由此倍增。那时,支部的同志组织有一个读书会,一度定时让我给大家讲《资本论》,我以有限的水平讲解这部光辉著作,并谈些唯物史观的心得体会。

1930年春天,我因为经济无法维持,决定回国,梦醒同志资助了部分路费。当时,《资本论》刚刚译完20章。离法时,支部通知我,到莫斯科去转组织关系。

挟着20章译稿,归途中,我在柏林停了两天,与当时正在柏林的成仿吾同志会面。仿吾同志在莫斯科有朋友,我找他,是想通过他的朋友,为我争取一个留在苏联完成翻译《资本论》的机会和条件。

成仿吾同志一向支持我的志向,这次,他还设想了一个远远超越我的想象力的计划。他建议中共驻第三国际代表团把郭沫若同志从日本请到莫斯科,和我共同完成《资本论》的翻译。他将这个想法,写在他给张闻天同志介绍我的信上。成仿吾同志的设想给我带来的兴奋自不必说,于是,我带上这封没有封口的信直奔莫斯科。

离开柏林前,考虑到留居苏联完成翻译还只是一种愿望,如果不能实现,我带着这20章译稿回国,边境检查时,有被没收的危险。为了译稿的安全,成仿吾劝我把译稿留下给他,他答应以后托可靠的朋友,把译稿带还给我。

到了莫斯科，找到张闻天同志，他看了成仿吾的信，招待我住在他家，表示愿意帮助我。这个愿望，最终由于张国焘的阻挠而没有实现。中共驻第三国际代表团的意见是由张闻天同志转达给我的。第一，我留在莫斯科或让郭沫若到莫斯科来都有困难，命我回国；第二，回国后组织关系须由自己去寻找。他说："国内乱得很，在莫斯科的代表团内也乱得很，中山大学正在闹宗派，因此无法解决这个具体问题。"

我在莫斯科只待了一周，留下的印象是：代表团的同志，一个个都心事重重，没有一个人对我翻译《资本论》的计划感兴趣。诚然，此间张闻天的诚恳、邓中夏的耿直，也给我留下了清晰的记忆。

1930年4月，我回到哈尔滨，在那里滞留了一年多，一面教书，一面重理《资本论》译事。"九一八"事变后，我于1932年初，辗转回到北平。自回到祖国起，我就失去了组织关系。但是，与我的组织生命同时开始的《资本论》翻译，在失去组织关系之后，还继续了八年，直到这项工作不再有继续的必要为止。

1932年，我找到一位志同道合的合作者——王思华同志，翻译得以顺利进行。

王思华，河北乐亭人，是李大钊同志的同乡。我在巴黎苦读《资本论》的时候，他是里昂中法大学经济系的学生。那时，我们同在法国，却无缘相识。

王思华同志回国后，先任职教育部，曾往山西督学。

1932年春，他赴南京卸任时，遇到正在南京工作的陈翰笙同志。翰笙同志向他提起，我从法国回到北平，在北平大学法学院任教，有志于翻译《资本论》。王思华大喜，讨了我的地址，回到北平马上就来访我。

我和王思华真可谓一见如故。共同的信仰，在中国宣传马克思主义理论的共同理想，对《资本论》比较接近的研究基础和理解水平，加之，大学时代他和我都有一段受李大钊同志启蒙的经历，这些都使我们很容易亲近。仅仅两三次见面，我们就约定合作，从头翻译《资本论》。

经过严密的商榷，我们选定的原著版本是恩格斯审定的德文第四版。我们选定的参考本为：考茨基校勘的"平民版"德文本、Moore and Aveling 的英译本（经恩格斯校阅）、Eden and Cedar Paul 的英译本、Molitor 的法译本、高畠素之的日译本、河上肇和宫川实的日译本（岩波文库版和改造社版两种）。其中，Eden and Cedar Paul 的英译、Molitor 的法译和高畠的日译，都是根据德文第四版译出的。考茨基"平民版"在校勘方面所作的贡献也不应忽略。凡遇我们认为考茨基对某些单词的校正确属必要时，就采用考茨基本。河上和宫川二氏译本的价值，在于其对高畠本的更正处，以及二氏的后一版本（改造社版）对于前一版本（岩波文库版）的多处自我更正。

中国的理论翻译，凡有日文译本可供参考的，都从中得到不少方便，因为日译的名词、概念的用语大量采用汉字表达。在中国当时的译界，不采用日译用语的，实在非常少见。我们的翻译无论为便利起见，还是为适应习惯起见，都得求助于日译本。

王思华和我为了相互熟悉对方翻译特点和文字风格，第一至九章两人分别译出后，拿到一起切磋修正，力求信达。第九章以后，按章分译。

那时，王思华同志还是单身汉，住在南河沿欧美同学会，执教于中法大学。他性格开朗，谈吐幽默，和他共事是很愉快的。1932年整个暑假，我每天一早到南河沿王思华的宿舍去"上班"，他将欧美同学会的一间公共客厅开辟供我使用。就在那个暑假中，春秋书店登出发行我们《资本论》译本的预告，我们的工作更紧张了。王思华很会安排和调剂生活，每天下午，他都要打一个钟头网球，而我则终日伏案不起，一干就是一整天。这个暑假，我们的工作效率很高，进展速度相当快。

万事开头难。我们在合作初期，最牵扯精力的，是如何确定马克思的语汇的中文表达法问题。日译名词、概念用语大部分用汉字书写，这给中译者带来的便利是不言而喻的。但是，由于日文汉字的含义不能等同中文汉字的本义，翻译者的便利并不一定意味读者理解的便利，有的时候，甚至于也存在日文汉字直接搬入中文时，其中文义扭曲了原著者本意的情况。我们翻译《资本论》的时代，理论界通用名词和概念早已日本化了。王思华和我对于以往译界无选择、无分析地搬用日译用语所导致的弊病深感头痛。为了尊重习惯，我们沿用了许多日译名词和概念，但对部分名词和概念实难苟同。

就拿《资本论》开卷第一句话来说，原文提出了一个"Kapitalistische Produktionsweise"的概念，所有的英译本一般都译为"the capitalist method of production"，法译本译为"de Production capitaliste"，都忠实地保留了"资本家的生产方式"的德文原文面目。然而，大部分的中译本（在我们之前和在我们之后），却都译成"资本主义的生产方式"，这是大部分日译本的译法。实际上，从马克思所借以表达的意思理解，"Kapitalistische"并没有"主义的"的含义。我们认为，人的生产方式比较具体，而主义的生产方式则相当抽象。把"资本家的生产方式"译成"资本主义的生产方式"，不仅更动了马克思的原意，而且人为增加了理解的困难。

在日译中，河上肇的译法是一例外。他在《资本论》译本中和在《马克思主义经济学基础理论》著作中，都采用"资本家的生产方式"的表达法。从中，我们颇得启发和鼓舞。因此我们确定译为"资本家的生产方式"，我个人后来在文章和著述中一般也都用"资本家的生产方式"的提法。我们的意图是为忠于原著，是为保持其概念的本来特色，然而事实上，高畠素之的译法早已居压倒优势，我们的更正反而不为人们习惯了。

为了使译本忠实原文，并尽可能地采用中国式的表达法，我们在文字上字斟句酌地下了功夫。但是，我们的译本远没有克服生硬艰涩的毛病。仍以《资本论》开卷第一句为例，原文中有 ungeheure Wahrensammlung 一词，其中的 Wahrensammlung 大部分汉译者都沿用日译名词"商品集成"。郭沫若在翻译《政治经济学批判》时（两书开卷首句大同小异），把 Wahrensammlung 译为"商品总汇"，跳出了一般日译，颇有见地。我们不以"总汇"的译法为满足，想到一个古老的词汇——"辐辏"。《周髀算经》中有"如辐辏毂"句。《汉书·叔孙通传》有"人人奉职，四方辐辏"说。中国话的"财源辐辏"更常见用于经济。于是，我们的译本将 Wahrensammlung 译为"商品辐辏"。"辐辏"一词从意义上说，我们自信是信而达的，从渊源上说，更不必怀疑是十足中国化的。但是，今天回过头来去检阅，应该承认，"辐辏"实在是比"集成""集大成""集积""总汇"都更难于让现代人理解，因为它过于古奥了。仅此一例，便可见为使中译文中国化，我们是竭尽努力地、认真地去做了，然而，虽偶尔亦或有一得之功，但由于水平所限，我们也常常泥于一孔之见而不知余孔通达，辛苦所为却往往并不高明。

当我和王思华约定合作之初，我曾惋惜地告诉他，两年前有 20 章译稿留在柏林成仿吾同志处。王思华把这个情况告诉了一位与他极相知近的朋友李白余（又名李乐光）。李白余也是河北乐亭人，为人极其诚恳，常常来看我们，他很有学问，曾热心地帮助我们做过文字润色工作。

一天，我到王思华处，他异常兴奋地亮出一捆熟悉的法国本册，原来就是我那 20 章初译稿。我喜出望外，问他是从哪里来的，他只简单地说："李白余帮的忙。"

直到解放后,王思华和我在北京重逢时,他才把找回译稿的全过程告诉我。我这才知道,李白余同志当时就是党员,他了解到我有20章译稿在德国,为帮助我们尽快完成翻译,通过组织追查译稿下落,最后从柏林把译稿找回。

从此,我们的翻译更加快了速度。

为了让译本尽早和读者见面,我们决定第一卷分上、中、下三册出版。

1932年8月上册(第一至七章)已经具备出版条件。

20世纪30年代的北平,书籍的印刷出版是个大难题,不仅费用要著作者自己负担,而且事无巨细都靠自己去跑。《资本论》译本这样的红色书籍要想出版,困难更可想而知了。王思华不知从哪里筹措来200元作为垫款。幸而有王思华那样的活动家,还有李白余奔走相助,上册译本得以顺利出版。1932年9月,它与读者见面。事后,王思华告诉我,上册出版没有赔钱,他垫付的200元收回了,对此我庆幸不已。那个时代,出这类书籍,稿费是没有人去幻想的。

上册译本,用"国际学社"的名义出版,译者署名王慎明(即王思华)、侯外庐。

后来,由于我被捕入狱,继而又与王思华分处异地,对于第一卷中、下册出版计划的执行情况,我就不甚了然了。只记得,1936年6月,王思华出面,用一个根本不存在的"世界名著译社"的名义,正式出版《资本论》第一卷合订本,译者署名右铭(即王思华)、玉枢(即侯外庐)。这个本子我在1936年底或1937年初,托周小舟同志(当时他是驻太原的红军代表）带上四部，回延安呈送毛主席、周副主席、朱总司令和老友成仿吾同志。

翻译出版第一卷的整个过程中，李白余、张友渔、杨绍萱对我们有过许多切实的帮助。第八章首次付印时，我正在病中，发现一节译稿失散，张友渔同志连日连夜代我补译。此外，徐冰夫妇、杜任之、张隽轩同志在精神上所给予的支持，更不是本文篇幅所能包容的。以我的愚钝，我当时只认为是一群马克思主义信仰者对我们的支持，现在细细回顾这段经历的时候才意识到，李白余既然是通过组织从柏林找回译稿，那么，在出版过程中，他的关注，他的积极奔走，也应是体现北平党组织对这项工作所给予的支持。

第一卷翻译完成后，王思华与我的合作便结束了，他希望我一个人将第二、三卷继续译下去。

1932年12月，宪兵三团捕我入狱，国民党的北平政府以"宣传与三民主义不相容的主义"为罪名，判处我徒刑。我为继续翻译《资本论》，在狱中坚持自修德文。

出狱后，回到山西，自1934年至1937年，用四年时间，我继续翻译了《资本论》第二卷和第三卷。

第二、三卷的翻译，我不是顺序进行的。遵照陈翰笙同志的意见，我先译了第三卷的地租部分，然后再回过头来译第二卷。

20世纪30年代初，中国正处在土地革命阶段。中国共产党正在为保卫以农村革命根据地为基础的红色政权进行浴血奋斗。国民党中有些人在鼓吹和标榜"农业社会主义"。学术界研究农村问题的人也为数日众，其中，有复古主义者，有买办型的改良主义者，有希望通过调查和实践来认识和改造中国农村的有良知的学者和青年知识分子，其中只有极少数人是马克思主义者。当时，在知识分子中，研究农村问题最流行的口号是"乡村建设"，这个口号的实质是不赞成甚至反对土地革命的。

陈翰笙同志是马克思主义者。我和他相识是由李大钊同志介绍的。1925年前后，大钊同志对我说，翰笙同志"对马克思主义很熟悉"，有问题可请教他。所以，我对翰笙同志一向怀有敬意。

陈翰笙同志是著名的经济学家，他对中国农村经济的研究，在20世纪30年代初就已经取得出色成就。1932年春天，他在南京向王思华介绍我的时候，谈到一个重要见解。他认为当时研究农村经济的倾向值得重视，这一研究亟需有正确理论作指导。他建议《资本论》应该首先翻译出第三卷的地租部分。他请王思华将这个意见带回北平转告我。

王思华和我都理解翰笙同志的意见。但是，我们在合作之初，充分自信能完成《资本论》全部翻译工程。所以我们一开始没有采纳翰笙同志意见，还是循序进行的。

1934年回到山西以后，我独自继续翻译，处在十分复杂的环境中。我得对付阎锡山"按劳分配""土地村公有"的"农业社会主义"的所谓"理论"，我关注着山东邹平县和河北定县的"乡村建设"运动，同时，我也已经开始社会史研究，想要解答社会史论战中悬而未决的中国古代社会生产方式问题……所以，此时我首先翻译了第三卷地租部分。

遗憾的是，地租部分11章译出后，没有实现先行出版。当时，阎锡山反共气焰日炽，我在山西的处境相当孤立，靠我个人的力量要想出版《资本论》地租部分，也决然是难以实现的。

"七七事变"的炮声令我中止了翻译。太原失陷前，我在汾阳把手头的书、稿、笔记打点了一箱，托付给续范亭将军，请他为我带到延安，我当时准备到西安安顿好家眷以后即赴延安。

在西安，林伯渠同志交给我一封王思华从延安捎来的信，另外，转达了延安杨松同志的意见，让我到武汉，与生活书店签订翻译出版《资本论》第二、三卷的合同，同时请生活书店尽快再版第一卷。王思华来信的内容和林老谈的精神完全一致。当时，林老没有向我介绍杨松同志的身份，我意识到这是组织的决定，应该无条件执行。

我迅即赶到武汉，找到张仲实同志，签好合同，却已经没有可能坐下来工作了。这时，正是日寇包围武汉的前夕，形势十分紧急，张仲实同志嘱我先到重庆，于是，我又遵命前往。

到了重庆，终因原著和译稿都不在手头，翻译无法进行。过了些时间，柳湜同志告诉我，郭大力、王亚南合译的《资本论》三卷即将同时出版，我立即与生活书店解除合同。

我之所以这样决定，有以下几个原因：其一，请续范亭将军带到延安的书稿，不知何时才能回到我手。其二，我从事《资本论》翻译，全然出于一种信仰，出于一种责任意识，即中国急需要有一部完整的《资本论》，以填补马克思主义理论宣传之空白。国内没有完整译本时，我立誓要译完它，而一旦国内有人先我而完成了此项任务，我的译本出与不出，就无关大局了。其三，译读《资本论》的十年，对我个人来说，最大收获是帮助我掌握了唯物史观。20世纪30年代初的中国社会史论战，郭沫若对中国古代社会的研究，对我产生很大影响。悠久的中国历史，浩繁的史料，有如一座神秘的宝库，我很想借助唯物史观的钥匙，进入这座宝库，去探索它的奥秘。我认定自己有责任在中国社会史和思想史的领域中，做一些铺路性的工作。

话说回来，1937年托交续范亭将军的第二、三卷部分译稿，后来下落又怎样了呢？

解放后，南汉宸同志向我叙述了这批译稿的遭遇。当时，因战事紧张，续范亭赴延安的计划一再推迟，他和南汉宸同志一起，无论部队开赴哪里，随身行装中总有这箱书稿。一次，他们的部队在晋西北离石遭到敌人包围，突围时，这箱书稿既没有可能带走，又没有时间深藏，只好塞进一个老乡家废灶的烟囱里。不久，我军收复该地，续、南二位特地亲自寻找书稿，发现书稿已经化为灰烬。事隔十几年，南汉宸谈到此情此景，还惋惜万分，抱歉不已。其实，在我看来，我的译稿能伴随抗日民族英雄们转战沙场，受英雄们珍爱，它纵有生命，也虽死无憾了。

当初，把书稿托付续范亭时，满心想把译稿全数交给他，分手以后，发现第二卷前十五章由于遗忘而没有装进去延安的箱子，结果这部分稿子反而保存了下来。解放后，应北京图书馆的征求，已将它交该馆收藏去了。

前已述及，1930年，成仿吾曾建议我党驻莫斯科代表团召郭沫若由日赴苏，和我共事翻译《资本论》，这个美好的设想没有实现。十年后，抗战时期在重庆，郭沫若同志告诉我，他在流亡日本期间，也确曾有过翻译《资本论》的心愿，只是因为找不到出版的书店，朋友才劝他放弃这个计划。尽管如此，他依然十分注意国内翻译《资本论》的动态。1932年8月，王思华和我的译本出版第一卷上册前夕，我们在《世界日报》发表了一篇题为《〈资本论〉冒首第一句译文的商榷》的文章，身在异邦的郭沫若也注意到了。我们在文章中写到一项查考资料的细节，第一卷第三章（"货币与商品流通"）注83，马克思引用《帝俄驻北京公使馆关于中国的著述》中的王茂荫奏折。初译时，我对满清的这个官僚一无所知。回国后，查阅陈豹隐先生的译本（陈豹隐翻译出版过《资本论》前三章，1932年时，在北平大学法学院与我同事），陈先生是音译为"王蒙尹"的。重译过程中，王思华请来研究财政史的崔敬伯先生，我和崔先生一起查阅有关材料，终于在《清史稿》的列传中发现，马克思说的是清户部右侍郎王茂荫，而非他人。这个细节，郭沫若很重视。事后，他曾专门托人向王茂荫在安徽的家族做过调查。

郭沫若同志和我在交换这些资料和见解时，虽然彼此怀抱翻译《资本论》理想的时代都早已过去了，但是，这依然构成了极美好的回忆。

我个人译读《资本论》十年,付出过艰巨的劳动,但由于基础水平低,我们的译本既是不成熟的,又是未完成的,在它问世的年代,仅仅聊胜于无。1936年,当我们的译本出第一卷合订本时,我在一篇文章中写道:"希望……这个译本幸然成为文化阶段发展上的被扬弃的译本。"

20世纪30年代末,郭大力、王亚南完整的《资本论》译本问世了。解放后,更有编译局把《资本论》翻译推向更高水平。目睹我国《资本论》译本的不断进步,马克思主义著作翻译事业的发展,马克思主义已经成为我们国家的指导思想,我作为一名有雄心却不甚成功的奋斗者,我的兴奋,比诸今天幸福的年轻一代,自然更包含几分真切的感受。

近年来,同志们常常要求我回忆译读《资本论》的岁月。这项工作我未能尽遂誓愿,终究不无遗憾。但是,我个人在译读中的收益,实非卷帙所能衡量。翻译是一种极好的自学手段,翻译要求严格地理解原著,要求深入地体会原著理论的论证过程乃至理论本身的由来和逻辑构成。十年译读对于我,既是理论装备的过程,也是思维方式和研究方式得到训练的宝贵机会。我此后一生在社会史和思想史的领域中敢于阐微决疑而略有所获,自问在相当程度上仰赖十年译读《资本论》所奠定的基础。

作为半个世纪前为追寻真理而潜心苦学马克思学说的一名小学生,于垂暮之年得逢伟大导师百年忌辰,不胜庄严钦敬之慨,特作此文以志纪念。

吴半农（1905—1978）中国现代经济学家，《资本论》中文本译者之一。原名吴祖光，号曲林，别号伯龙。安徽泾县茂林人。清华大学经济系毕业后任北平社会调查所副研究员。1934年赴美留学，获哥伦比亚大学经济系硕士学位。1936年回国后历任中央研究院研究员、国民政府经济部秘书、统计长，经济部资源委员会驻美国技术委员会专门委员，太平洋学会美国分会客座研究员，中国驻日代表团第三组组长兼中国驻盟军总部赔偿归还代表团首席代表等职。1956年参加中国民主同盟，先后任外交部国际关系研究所研究员、顾问，为第三、四、五届全国政协委员。译有《资本论》等。

"以忠实负责的态度译述马克思这部名著"
——《资本论》第一卷第一分册序言

吴半农

逖译《资本论》的念头是在我执笔译述 Edward Aveling 底《学生底马克思》时起的。但是等到《学生底马克思》出版不久，陈启修先生翻译的《资本论》第一卷前三章即已与我们相见。我这个念头于是遂无形打消。

事过一年，陈先生的译本仍然停滞于第一卷底前三章；而察观形势，陈先生似乎也没有续译下去的意思了。于是我的宿念复炽，决心从头译述这部伟著。执笔以后，进行极为迟缓。这完全因为自己的职业是终日伏在研究室中磨凳擦桌，除了晚间与星期日朋友不来闲谈外，绝对找不出译述的机会之故。

一气译成，既不可能，势遂不得不将全书分册出版。我武断地把第一卷分成三个分册：第一分册包括一、二两篇，即《商品与货币》及《货币之资本化》；第二分册包括

本文为吴半农1934年所译《资本论》第一卷第一分册的序言。题目为编者所加（引自序言）。

三、四两篇,即《绝对剩余价值之生产》及《相对剩余价值之生产》;第三分册包括五、六、七三篇,即《绝对剩余价值与相对剩余价值之生产》《工资》及《资本之蓄积》。这个划分当然没有什么根据。不过第一篇是研究资本之出发点,它是剩余价值与资本之理论的根据;第二篇是研究价值怎样转变为产出剩余价值的价值,即转变为资本,也是关于资本的一个通论;所以把这两篇合在一个分册出版,勉强是可以说得过去的。第三、四两篇已把我们引到纯粹的资本主义的生产上去了,作者于此把绝对剩余价值与相对剩余价值分别予以精密的检讨,故这两篇合在一起出版,更是理所当然的。第五篇是关于剩余价值的总述,第六篇《工资》是剩余价值底续论,亦是完成剩余价值学说所不可少的叙述,这两篇自然也可以放在一起。至于第七篇则是追述剩余价值之转变为新资本,并追述资本主义制度之真正史的起点,和五、六两篇合成一个分册,也许有些不妥,不过

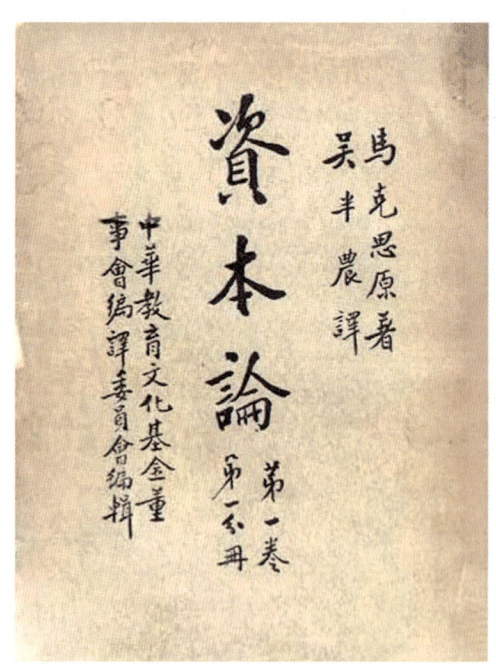

吴半农翻译、千家驹校对的《资本论》第一卷第一分册

为使《资本论》不致分割得过于零碎起见，也只有勉强把它们归入同一分册中了。

译文所据版本是恩格斯最后订正的第四版之英译本，即1928年出版的 Eden & Cedar Paul 之新译文；同时并参照了 Samuel Moore 与 Edward Aveling 的旧英译本、J. B. 的前九章英译、高畠素之的日译及河上肇与宫川实的新日译。陈启修先生的前三章中译，我当然也参看了。自己的德文程度不能使我根据原文译述，这是这束译稿的缺点；对于这个缺点的弥补便是千家驹先生根据德文恩格斯版（1922年的第十版）与考茨基通俗版（1923年的第七版）的校阅。关于千先生校阅的态度和方法，他自己有一篇文章附在这个译文的前面，当然无须我赘述。我在此只有向他表示谢意。

我们是以忠实负责的态度译述马克思这部名著，但这却决不能说明这个译本没有遗误与失当之处，我们自知自己的能力薄弱，我们虚心等待着一切严正的批评与指示。

除千先生外，吴春晗先生替我在《清史稿》及《部院大臣年表》中找出了原文脚注清户部右侍郎王茂荫奏请试行钞法的记载，亦当在此致谢。

陶孟和、胡适之二先生及中华文化基金董事会编译委员会给我这束译稿以出版的担保与机会，使这部迻译工作得以顺利进行，更应于此表示谢忱。

最后，我还要感谢爱妻朱洁女士！她在严冬，在盛夏，在清晨，在午夜，乃至在临盆生产的前夕，都在替我细心地誊写译稿、修正文句。

千家驹（1909—2002）中国经济学家，《资本论》中文本译者之一。笔名钱磊。浙江武义人。毕业于北京大学经济系。曾任北京大学讲师，广西大学教授，《中国农村》《经济通讯》主编，香港达德学院教授等。1945年加入中国民主同盟。新中国成立后，历任中国人民银行总行顾问，清华大学、交通大学教授，政务院财经委员会委员，中央工商行政管理局副局长，中央社会主义学院副院长，中国科学院哲学社会科学部学部委员等职。译有《资本论》等。

三十年代翻译《资本论》的经过

千家驹

  1932年我在北京大学经济系毕业后，经朋友介绍进入北平社会调查所工作。社会调查所是一个独立的社会经济调查研究机构，所长陶孟和先生是一个开明的资产阶级自由主义者（陶在解放后曾任中国科学院副院长）。社会调查所中有同事吴半农同志，毕业于清华大学，思想进步，曾翻译过《学生底马克思》一书，与我有共同语言。我们商量把马克思的《资本论》翻译出来。当时不要说郭大力、王亚南的《资本论》全译本尚未问世，侯外庐、王慎明以及潘冬舟的部分译本亦未出版。只有陈豹隐（即陈启修）译了《资本论》的前面三章，即相当于《资本论》第一卷全书的六分之一。陈先生的译本好像是根据河上肇的日译本重译的，我们看了质量不高，而且陈先生还别出心裁，创造了两个新汉字，一个是"䩚"，一个是"逈"，前者代替"底"字，后者代替"地"字，读起来非常别扭。此外，陈豹隐还非常主观地把《资本论》第一篇第三章《货币或商品流通》注

本文原载中央编译局马恩室编《马克思恩格斯著作在中国的传播》，人民出版社1983年版。

83中马克思所引用清户部右侍郎王茂荫的名字误译为万卯寅,并且还讥笑日译者不懂罗马拼音法。这一"王茂荫"的正确译名,吴半农是托吴春晗(即"文化大革命"中被迫害而死的我国明史专家吴晗同志。吴晗原名吴春晗,是我中学时代的同班同学,吴半农是通过我的介绍认识吴晗的)查《清史稿》及《部院大臣年表》得到答案的。最近我读到侯外庐同志的文章,他是约崔敬伯同志查《清史稿》发现了马克思说的"王茂荫"的,这也可说是殊途而同归了。由此亦可以说明,我们(包括侯外庐同志)的翻译态度是十分严肃而认真的。

当时以美国退还庚款为背景的中华教育文化基金董事会设有编译委员会,专门请人翻译世界名著。甚至希特勒的《我的奋斗》也迻译过来了。主持文化基金会的是胡适、丁文江等一般所谓"名流学者"。通过陶孟和先生,我们就向胡适先生建议,翻译马克思的《资本论》。编译委员会同意了,于是决定由吴半农译《资本论》第一卷,我译《资本论》第二卷,还有社会所的另一同事王某译《资本论》第三卷。我们还约定译好后互相校对,即吴半农的译稿由我校阅,我的译稿由吴半农校阅。我们虽然是业余时间从事于此的,但情绪很高,为了商榷一两句译文,往往放弃了一切休息时间,我到吴半农同志家里一讨论便是半天。当时我还没有结婚,精力也很旺盛,我除了做我的专题研究外(我在社会所指定研究中国公债问题),还为天津《益世报》编一副刊,为报刊写文章,还要从事翻译,工作到深夜

播撒火种的伟大先驱　259

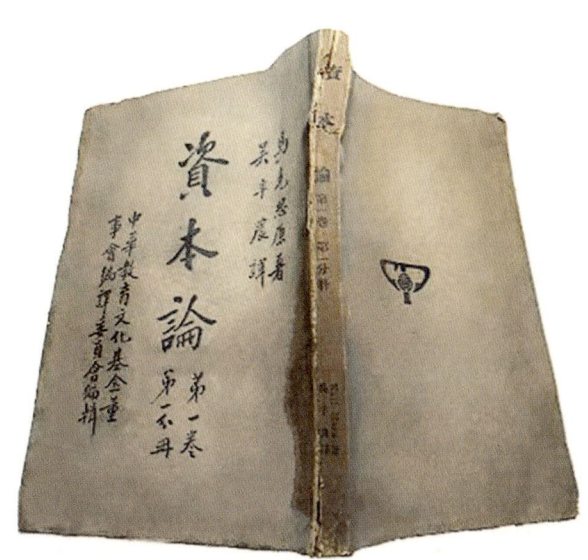

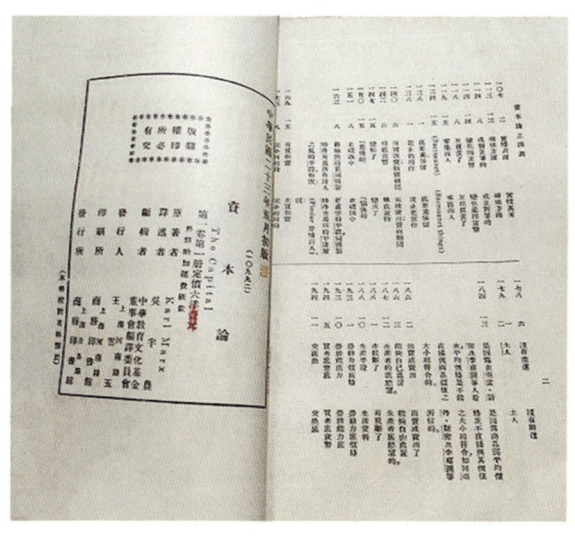

吴半农翻译、千家驹校对的《资本论》第一卷第一分册

是十分平常的事。好在我们并不依靠翻译以维持生活；反之，我们把译稿交去之后，立刻可以领到稿费，这是我们的有利条件，不利条件是我们是利用业余时间翻译的，因此工作进度不可能进行得太快。关于出版，那是由编译委员会与上海商务印书馆订立统一合同：凡编译委员会的稿子，统交上海商务印书馆出版（当时我国最大的出版机构），商务并无否决权。

我们翻译所根据的版本，基本上是英译本。英译本第一卷有两种，一是 Samuel Moore 与 Edward Aveling 的旧译本，一是 1928 年新出的 Eden & Cedar Paul 的新译本。Moore 是马克思恩格斯的老朋友，E. Aveling 是马克思的爱婿，这个译本曾经恩格斯亲自校阅过，是世界上早有定评的好译本。但为什么 1928 年 Eden & Cedar Paul 又要重新翻译呢？那是因为《资本论》第一卷的第四版有较大的改动，甚至章节也与第三版不一样。所以 1928 年出版了根据第四版重译的新英译本。但第二卷与第三卷的英译本就只有一种，没有第二种。吴半农的第一卷是根据新英译本重译的，由我参照德文版为之校对。德文是我在北京大学念的第二外国语，但我没有学好，一知半解，只有当与英译文对照时才能看得懂。我将英译本与德文原著对照阅读，发现英译本中有不少与德文原著不相符合之处，甚至有个别地方误译，我都一一为之校正，并写了一篇《校者底话》附在吴译序文的后面。

由我翻译的第二卷，基本上也是根据英译本第二卷重译的，同时对照德文本。恰好在1933到1935年间徐冰同志也住在北平。徐冰同志原名邢真舟，一名邢西萍，他是留德的，德文的造诣比我深得多。当时他与张友渔、黄松龄、温健公等同志从事地下工作，我们一起办了一份《世界论坛》，经常聚会。我把我的译稿送请徐冰同志校对，他慨然答应，并且十分负责地把我的译文与德文本逐字逐句校对，还作了若干修改。他这种无私的忘我劳动的精神，令我十分感动。

由于《资本论》的篇幅巨大，所以无论是第一卷或第二卷，我们都打算分册出版。吴半农译的第一卷打算分三册出版，我的第二卷打算分两册出版。由于我们是应文化基金会编译委员会之约翻译的，我们把稿子交给编委会后，便算完成我们的任务。但是我们把稿交了许久之后，始终没有出书的消息。我去问胡适，胡适答复说，稿子是早已送给商务印书馆印刷了，但商务老板王云五说，要向国民党当局疏通一下才能发行，否则怕被查禁。这倒也是在情理之中的，因为当时国民党反动派不仅禁止一切马列主义著作的传播，甚至有人携带《马氏文通》（清末马建中著的一部研究中国语文的专书）也被抓去坐监。但是王云五这一疏通便再也没有下文了。不久吴半农同志去美国进修，我也因社会调查所与中央研究院的社会科学研究所合并，机关迁往南京，随同去了南京。我们看到书的出版遥遥无期，也就没有勇气再译下去，终于半途而废了。

当我们正在翻译《资本论》第一卷与第二卷时，另外两种部分译本也先后出版，一种是侯外庐、王慎明的译本，一种是潘冬舟的译本。侯外庐的译本我只读到第一卷的上册，中、下两册则始终没有见过。最近读到侯外庐同志写的《翻译〈资本论〉的回忆》，我才知道他们已把第一卷全部译完，并且早已出版了。

至于吴半农的译本和我译第二卷最后的命运如何，我始终不知道。直到今年中央编译局为纪念马克思逝世100周年向我征稿，我才知道吴半农的第一分册商务已经印出来了，该书前面还有我写的一篇数千字的《校者底话》。这书现在已成了孤本，藏在中央编译局图书馆。至于我译的半部第二卷，恐怕根本没有出书，我只记得1937年已看过清样（当时我在广西大学教书），有无付印则不知道，至于我的原稿早已不知所终了。

这件事过去将近半个世纪了。当我们从事翻译这部经典著作的时候，它还是一部禁书，国民党反动派把马克思主义视为"洪水猛兽"，谁要是宣传马克思主义，随时有被捕坐牢的危险。今天，反动派被推翻了，在中国共产党领导下的新中国，马克思主义已成为指导我们思想的理论基础。至于《资本论》这部世界名著，不仅有了郭大力、王亚南的三卷全译本，而且中央马恩列斯著作编译局又根据德文原本重新翻译过，列为《马克思恩格斯全集》第23、24、25卷。新译文的质量不但远远超过我们20世纪30年代的水平，也胜过郭、王两同志的全译文，这是令我非常欣慰的一件事。但想到吴半农、徐冰、吴晗诸同志已归道山，这篇回忆稿子不及送他们去审阅，又不胜感慨系之了。

郭大力（1905—1976）中国经济学家、教育家，马克思主义经典著作翻译家，《资本论》首个中文全译本的译者之一。原名郭秀勍。江西南康人。上海大夏大学毕业。曾任教于上海中学、广东文理学院、厦门大学、大夏大学等。新中国成立前夕，任三联书店副总编辑。新中国成立后任中共中央马列学院（后为中共中央高级党校）政治经济学教研室主任、中国科学院哲学社会科学部学部委员等。是第四届全国人大代表，第二、三、四届全国政协委员。著有《生产建设论》《西洋经济思想》《关于马克思的〈资本论〉》等，译有《资本论》《国富论》《剩余价值学说史》《恩格斯传》等。

"为党和人民留下了可贵的遗产"

——《资本论》首个中文全译本的译者郭大力

余信芬

我国著名的经济学家郭大力同志逝世已经四年多了。这个一生孜孜不倦地从事于宣传马克思的经济学说的人，在抱病完成了重译《资本论》和《剩余价值学说史》这一艰巨任务，实现了他毕生的抱负之后，终于与世长辞了。

大力在世时和逝世以后，我都曾听到熟悉大力的同志说："郭大力同志是个典型的学者。"对于这个评价，也许，只有像我这样和大力共同生活了将近半个世纪之久的人，才能领会其中所包含的全部意义。

是的，大力是个学者，从性格作风到生活方式，都是一个典型的学者。他的全部心血，都倾注于他所研究的学术理论，除此以外，他别无所好，也别无所求。他毕生致力于《资本论》第一至三卷和《剩余价值学说史》的中译工

本文原载晋阳学刊编辑部编《中国当代社会科学家传略》（第1辑），山西人民出版社1982年版。原标题为《郭大力传略》。余信芬为郭大力之妻。

作，对于马克思主义在中国的传播，作出了自己的独特的贡献。

大力于1905年出生于江西省南康县斜角里一个农民兼手工业者的家庭。大力的曾祖父因被疑参加过太平天国石达开的队伍而被杀害，祖父在曾祖母改嫁后依靠曾叔祖抚养长大，成为一个裁缝。他虽然手艺出众，但总以自己没有读书为终身憾事，常常发誓："我一定要让我的后代去读书。"后来，他的次子——大力的父亲果然中了秀才，总算使老人的苦心得到很大安慰。

大力年幼时，父亲离家前往南康县立小学执教，他从小就跟从祖父生活。祖父对他寄托了更大的期望，教育十分严格。大力八岁时就读于南康小学，后入赣州中学。1923年，大力从赣州中学毕业，考入厦门大学。

大力到厦门大学不久，适逢厦门大学部分师生为抗议厦大当局的反动措施，愤而离开厦门，到上海另办大夏大学。大力也随他们来到上海，当时大夏大学没有校舍，就在曹家渡搭了一座小小的棚房，充当临时校舍。工人区的生活环境，校内进步师生的帮助，对大力的思想影响极大。就在这段学习生活期间，大力开始决心深入研究马克思的经济理论。为此，他把全部课余时间都用来自修德文，攻读《资本论》。

1927年，大力从大夏大学毕业后，一度曾到上海中学教语文（当时叫国语）不久，就因有向学生进行"赤化宣传"的嫌疑而被解聘了。为了寻觅一个比较清静而又开支较少的环境,大力于1928年春离开上海到杭州,住到大佛寺里,着手翻译《资本论》。马克思这部伟大著作在中国的传播,就这样在青灯古佛之畔开始了。这也可以说是马克思主义在中国的传播的历史上的一段小小佳话。

就在这时,他结识了也是寄住在这个寺院里的一个名叫王亚南的青年。王亚南比大力大八、九岁,也有志于研究马克思主义经济学说。两人虽然性格迥异,王亚南热情豪放,谈锋极健,大力则温雅蕴籍,沉默寡言,但由于兴趣相近,志同道合,很快便成了莫逆之交。大力邀他合作翻译《资本论》,他欣然同意,从此便开始了两人在这个意

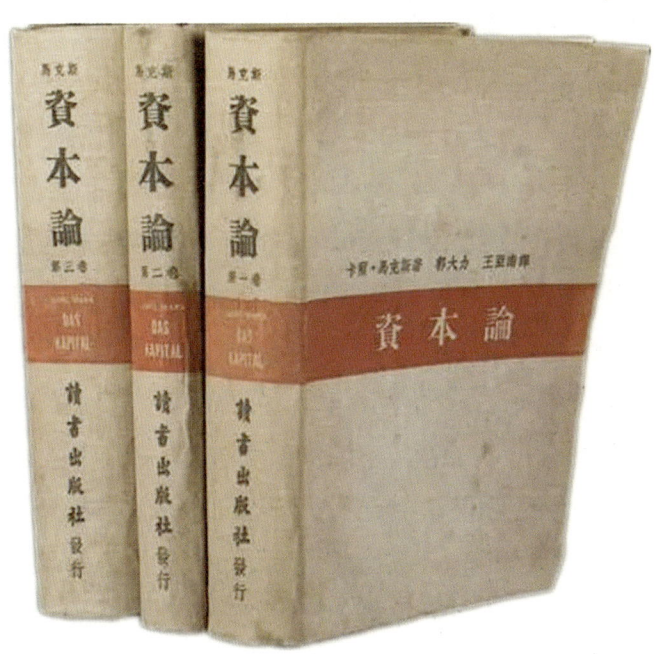

郭大力、王亚南翻译的《资本论》

义重大的事业上的合作。

不久，亚南离杭赴德国。大力因生活困难，同时也为了解决翻译工作中遇到的问题，经一位同学的介绍，回到上海，在大夏中学讲授伦理学，每月领取二十八元的糊口之资。教课之余，他继续自修德文，并钻研英国古典政治经济学的著作。因为他通过在杭州翻译《资本论》第一卷的体验，深深地感觉到，如果不熟悉古典政治经济学，要把《资本论》翻译好几乎是不可能的。因此，他利用了几年的课余时间，阅读了大量的古典政治经济学著作，和其他资产阶级经济学家的著作，并翻译了亚当·斯密的《国富论》、大卫·李嘉图的《政治经济学及赋税原理》、马尔萨斯的《人口论》、依利的《经济学大纲》等。这些著作的中译本，当时分别出版了。

1934年，大力的德文水平和对马克思的经济学说的理解，都有了很大的提高。在此以前，王亚南也已经从德国回国，于是两人决定继续翻译《资本论》。可惜的是，大力在杭州翻译的《资本论》第一卷的译稿，已经毁于炮火，他们不得不从头译起。

当时亚南住在法租界，大力住在真茹车站暨南大学附近，两家相距较近。为了讨论翻译时遇到的问题，大力与亚南往来更为密切，工作进展也比较顺利。虽然当时大力为了生活，仍继续在中学教课，而且不得不从事其他译作，以鬻稿养家，如《穆勒自传》、《穆勒经济学原理》、洛贝尔图斯的《生产过剩与恐慌》、耶方斯的《经济学理论》以及和李石岑合译的《朗格唯物论史》等，都是这几年翻译的。但他还是承担了《资本论》的大部分翻译任务。

正当他们即将译完《资本论》的时候，抗日战争爆发了。亚南全家迁住四川。大力也因经济困难，无法筹措当时日益昂贵的生活费用，又因日本飞机经常轰炸，离大力住家不远的暨南大学已经被炸为废墟，而隔壁就是国民党的一个什么司令部，随时有被炸的可能。所以一九三七年秋天，大力把已经完成的译稿交给读书生活出版社，全家便迁回江西老家了。

1938年春，大力突然接到上海读书生活出版社的电报，要他速去上海，研究解决《资本论》中译本的出版事宜。接到这份电报，真是喜忧参半，因为大力离开上海后，便以为这个译稿已经没有希望出版了，现在得知很快就要出版，大力非常兴奋是不用说了，我也很为他高兴。但是，要大力去上海，却使全家人十分担忧。当时上海除租界以外，都在日本帝国主义的控制之下。从江西到上海，要经过交战区，沿途经常有日机空袭，土匪抢劫，很不安全。大力的父亲和亲戚都劝他不要冒这个险。可是，为了争取早日实现向中国人民介绍《资本论》的夙愿，他坚持要去上海。我虽然很不放心他去，但同时也知道，在他几年的辛勤劳动即将结果收获的时候，我是没有权利阻碍他的。所以最后还是支持他到上海去。

大力于1938年4月17日搭车离家，路上经过两个星期才到达上海，由郑易里夫妇接待。出版社条件很艰苦，就在一间书店里郑易里夫妇为他摆了一张行军床，和一桌一椅，他很快就开始工作了。这时他的任务是相当艰巨，除了必须把尚未译完的部分继续译完之外，还要负责校订全部译稿，包括亚南在离沪时留下的那部分译稿在内，加上当时战云弥漫，大力住处虽在租界以内，然而，周围都已被日本帝国主义占领，租界已成孤岛，岌岌可危，不知道哪一天日本侵略军会进占租界，这一形势要求大力尽快完成他的翻译校订任务。在这种任务重、形势急的情况下，大力不得不夜以继日地拼命工作，往往彻夜不眠，有时只闭一闭眼睛，稍微休息一下，就又继续工作。饮食更无定时，随便买些干粮，一壶开水，就可充饥。易里夫妇劝他注意身体，他只是默默地摇头微笑。经过这样几个月高度紧张的劳动，中译本《资本论》第一卷至第三卷全部在八、九月间出版了（共180万字）。马克思这部伟大著作，第一次以它的全貌展现在中国人民面前。（这个译本1948年曾由光华书店再版发行）大力怀着喜悦兴奋的心情，离开上海回家。

我们接到大力的信，知道《资本论》中译本已经出版，他也即将动身回家，都很高兴，全家老少都在计算着他的行程，望眼欲穿。但是，日子一天一天地过去了，两个多月还没有见到他回来，大家这才着急起来。正在这时，国民党的赣州小报上登载了一条消息，说是开往赣州的公共汽车在经过大庾岭时被劫，乘客都被带走，大力也在其中。这个意外事件，把我们都惊吓住了，大力的父亲托人四处打听，也没有结果。为了寻找大力，我带着大力父亲的信到大庾岭，想通过一位在大庾钨矿管理处工作的大力小学同学（也是大力父亲的学生），打听大力的下落。巧得很，我到大庾岭的第二天，正好大力已被释放下山，也来到这个旧同学的家中。意外重逢，又惊又喜，我们稍作停留便相偕回家了。

乡间生活虽然贫苦，毕竟还比较安定，于是大力便着手准备翻译《剩余价值学说史》。1940年春，大力应广东文理学院（连县东坡）林砺儒院长的邀请，到该院讲授政治经济学，同时继续翻译《剩余价值学说史》。1941年1月"皖南事变"发生后，国民党加紧反共，在国统区内迫害进步人士，大力被迫从广东带领全家回江西。不幸途中又遭暴徒抢掠，所带衣物被洗劫一空。回家以后，生活更加困难了。对于大力来说，物质生活的贫困他是毫不在乎的，困难的是工作条件太差，不但缺乏必要的参考书，连一本较好的德文辞典也找不到。就在这种艰苦的条件下，大力依然坚韧不拔、锲而不舍地埋头翻译《剩余价值学说史》。只有在一度患了严重的肋膜炎，疼痛得无法工作时，他才放下手中的文稿，病情稍有好转，他不等复原就又投入紧张的工作了。

由于大力当时对马克思的经济思想和古典政治经济学都已经比较熟悉，所以《剩余价值学说史》这部有一百余万字的巨著译来十分顺手，1943年11月便译完了。因当时局势混乱，一时没有地方可以出版。

1944年，日寇占领赣南，经常到各地骚扰，我们不得不经常到处躲藏。在这个兵荒马乱的日子里，我们最担心的还是大力的译稿。为了免于遗失，我们把译稿分成几包，分散随身携带。后来又怕带在身上出事，便把译稿埋在菜园里、树底下。这部历经劫难的译稿，后来经过大力不断修改校订，直到1949年上海解放前夕，才在上海由实践出版社出版。

1947年春，大力应聘到厦门大学讲授政治经济学。教学之余，他撰写了《生产建设论》，编译了《恩格斯传》（先后于1947、1948年出版）。1949年4、5月间，大力和家人在党组织的帮助下，先后到达香港，继由组织派人护送全家乘轮船到达北京。大力起初被安排在三联书店，1950年调到马列学院工作。

前半生颠沛流离、艰辛贫困的严酷生活，使大力深深热爱新中国，热爱中国共产党。不像那些喜怒溢于言表的人，他依然沉默寡言，可是每一个亲近他的人都可以感受到他那深沉的激情。在三联书店工作时，他仍致力于宣传马克思主义经济学说，编写了《西洋经济思想》和《凯恩斯批判》（均由中华书局出版）。到马列学院以后，大力在党组织和同志们的鼓励下，更是精神焕发，除在校内讲授政治经济学和《资本论》外，还到校外宣讲社会发展史和《帝国主义论》。他的讲解深入浅出，周详缜密，对于帮助党的干部掌握马克思主义经济理论，起了重要的作用。

这一时期，大力除了在校内外讲授政治经济学外，还挤出全部可以利用的时间来修改1938年出版的《资本论》的第一个中译本。修改后的《资本论》第一、二、三卷中译本在1953、1954年陆续出版后，大力仍感到这个译本还不够满意。他认为，把《资本论》更准确、更通俗地介绍给中国人民，是他的神圣职责，他没有权利让译文停留在原有的水平上。因此，他决定对《资本论》再作一次全面的修改。为此曾做了很多准备工作。但是，1955年才发现的高血压和脑血栓后遗症，严重地阻碍了他的工作。

1957年，大力经杨献珍、龚士其两位同志介绍，于10月11日光荣地参加了中国共产党。他终于在组织上也加进了党的队伍，这是不容易的。大力是通过自己所从事的工作认识共产主义的。相当长期以来，人们虽然承认大力对于宣传马克思主义政治经济学的贡献，交口称赞他为翻译《资本论》第一至三卷和《剩余价值学说史》所作出的劳绩，但往往又认为他"不关心政治"、"政治上不开展"或"缺乏政治积极性"。当然，从某种意义上来说，这的确是大力作为一个学者的不足之处。不过，从另一种意义上来说，由于他所从事的学术是马克思的经济学说，是无产阶级的战斗武器，所以，这个不足之处恰好又是他的优点。因为，他把全部精力都投入了《资本论》各卷的翻译和课堂讲解工作。难道，把无产阶级革命导师马克思的《资本论》完整地介绍给中国人民，还不是一项具有高度政治意义的大事吗？为了使译文精益求精，他不惮劳苦，数十年如一日地埋头翻译，反复修订他的译本，溽暑挥汗，严寒呵冻，他从未放下手中的笔，这难道还不足以表明他的政治坚定性和饱满的政治热情吗？然而，人们都往往囿于偏见，只见树木而不见森林，只看表面现象而看不到无产阶级革命的根本利益。大力入党这个事实，无疑是对这种"左"倾幼稚病的很好的批评，大力本人更从中得到极大的鼓舞。

1963年，经他第二次修改的《资本论》第一卷出版了，第二卷也于1964年出版，第三卷几经拖延，到1968年才出版。

《资本论》第一至三卷中译本第二次修改稿完成后，大力便准备着手重译《剩余价值学说史》。因为他在40年代翻译出版的书，是根据考茨基编辑的版本翻译的。到了60年代，苏联出版了按照马克思的手稿重新编辑的《剩余价值学说史》德文本。以准确地介绍马克思的这部巨著为己任的大力，对此是不能袖手不顾的。他决定开论如何要依据新版本，把《剩余价值学说史》重译一遍。

正当他积极准备这项工作的时候，那场大浩劫开始了。大力也同其他一些知名的学者一样，被戴上"资产阶级反动学术权威"的帽子，挨批挨斗。这时，他的身体状况更加恶化，半身瘫痪，连生活也不能自理。可是，那些"革命造反派"还要逼他去接受批斗。严酷的现实，不但没有动摇他重译《剩余价值学说史》的决心，相反，使他感到他必须加快进行他的这一工作。因此，他抓紧被批斗的间隙，把一点一滴时间都用在重译工作上。由于劳累过度，他曾几次昏倒过去，不省人事。1970年从五七干校回来后，他已两腿麻木，行动不便，工作更加困难了。就在这种艰难困苦的条件下，他完全依赖着坚强的意志和毅力，把《剩余价值学说史》重新译了一遍。1975年12月，他的《剩余价值学说史》重译本第一卷出版了，第二、三卷也于1976年春全部译完。大力从开始翻译《资本论》到《剩余价值学说史》重译本完成，整整用了四十八年。为了把马克思的伟大著作更精确、更完善地呈献给中国人民，他竭尽了毕生的精力。现在，他终于可以松一口气了。

1976年4月9日，他和往常一样，早晨四点多起床，开始工作。午饭后休息的时候，他还和我谈天，计划以后的工作。他说："我搞了几十年的翻译工作，现在总算最后完成了，首先我得到什么地方去换换空气，休息一下。"我懂得他的意思，所谓"换换空气"是因为当时刚发生过所谓的"天安门反革命事件"，北京弥漫着一种沉重的压抑的气氛，正直的大力无法忍受。所谓"休息一下"，不过是重新开始新的工作的托词，因为他正在计划写一本介绍《资本论》和《剩余价值学说史》的专著，帮助年轻的理论工作者和党的干部学习这两部著作。闲谈了一会儿，他让我把书桌上的一迭稿子给他拿来，他就靠在枕头上改了几行，将笔放下，长长地舒了一口气。没有料到，还不到十分钟，他的心脏病猝然发作了。我想奔出去找人抢救，他紧紧地拉住我的手，叫不要走，接着又一字一顿地说："你托我的头吧！"话一说完，还没有等我上托他的头，他就停止呼吸了。

一个人的一生会有许多疏忽之误。随着岁月的流逝，很多疏忽之处，连同它造成的失误，都从记忆中消失了，可是，有些疏忽却使人刻骨铭心，终生难忘。作为大力的亲人，他身边唯一的护理者，我竟没有准备充分的救急药品和输氧设施，以致在他生命的最后时刻，不能设法急救，而束手无策地看着他逝去，这是多么不应有的疏忽啊！每次想到这里，总是哀恨不能自休。啊，大力，我怎么竟没有想得更周到些呢！

　　他逝去了，我再也不能为他做些什么了。然而，他为传播马克思的经济学说而劬劳不息的一生，对于生者——特别是青年一代，应该是有所启发，有所教育的。介绍他的一生，是我对他，也是对整个社会应尽的义务。

　　人的生命是短促的，为了使自己有限的生命发出更多的光采，一个十分重要的问题是如何选择自己的生活道路。当大力踏上社会的时候，他没有像他的父祖辈所期待的那样，选择一条可以光宗耀祖的仕进之途，而是把他自己的一生，同在中国传播马克思主义这样一个神圣的事业结合在一起。在1928年那个血雨腥风的日子里，这无疑是一个危险的选择，然而大力没有被危险吓倒，他坚信这是唯一正确的选择。他一经下定决心，便义无反顾，勇往直前，终生不渝。贫困、病痛，动摇不了他的意志，批斗、恐吓，削弱不了他的信念。四十八年来，寒来暑往，日出月落，他始终如一，坚持不懈，没有因为外界的风云变幻而改变他的志向。在这个艰巨而光荣的工作中，他寄托了自己的全部理想、全部乐趣。他从来没有什么假期，文娱活动也几乎与他无缘。有时我劝他休息，他摇摇头，一面笑着，一面指着桌上的文稿说，"做这工作就是我最大的快乐，我还要什么文娱活动呢"！他已把自己的全部生活都溶合在他的事业中了。

更值得称道的，是大力在学术理论问题上的负责精神和严肃态度。在翻译和修改译稿的过程中，有时遇到不易解决的疑难词句，他从不轻率从事，总是反复推敲。他曾不止一次地说过，翻译马克思的著作不光词句用语要译对，更重要的是要准确地体现马克思的精神。为了做到这一点，他往往食不甘味、寝不安眠，直到找出满意的处理方法才欣然下笔。为了这种过分的认真，王亚南曾开玩笑地呼他为"郭傻子"。他对此毫不介意，甚至以"傻子"自居，认为对于这样严肃的事业，正需要这种一丝不苟的"傻子"精神。像《资本论》和《剩余价值学说史》这样大部头的著作，许多人望而却步，能翻译出来就已经是难能可贵了。而大力在中译本正式出版以后，还要一次再次地修改、重译，一上手就是好几年，直到改出比较满意的译本来。在马列学院的教学工作中，每次讲课或解答学员的疑难问题，他事先都要经过认真细致的准备，从不掉以轻心。有的同志向他提出不同意见，他总是虚心听取，认真考虑，没有因为自己在政治经济学界久负盛名而轻视其他同志的意见。这种对待理论学术问题高度严肃认真的作风，充分体现了大力作为一个学者的原则精神。

作为一个社会主义社会的学者，一个共产主义者的学者，大力始终把自己的工作视为党的事业的一部分。他平时不苟言笑，很少高谈阔论或为了表现自己革命空喊革命口号，只是默默地把自己的整个身心都扑在党的事业上，为社会主义社会的繁荣昌盛而欢欣鼓舞，为党的挫折而忧心如焚。1975年底，"四人帮"掀起所谓"反击右倾翻案风"的恶浪时，他多次焦虑不安地长叹："现在风向又不对了，老同志的日子不好过啊！"

在处理党和个人的关系上，他一贯把党的利益放在个人利益之上。解放前他一直生活在贫困之中。解放以后，他得的稿费较多，但他从来没有考虑个人享受，仍保持了简易俭朴的生活，剩菜热了再吃，破衣补了再穿。1957年他入党不久，就把他几年内部分工资和稿费的存款5万元作为党费上交给党。1974年四届人大召开时，他听了周总理在《政府工作报告》中提出的实现四个现代化的宏伟目标后，又把十几年来积存的工资和稿费6万元交了党费。直到逝世前不久，他还嘱咐我说："如果我死了，这几年的存款，除留下生活费外，要给我交一笔最后的党费。"他逝世后，我遵照他的遗志，又交了一万元党费。

遗憾的是，他没有亲眼看到他所憎恶的那一小撮野心家的黑暗统治是怎样垮台的，他也未能和人民一起，分享祖国大地重见光明的喜悦。但是，他的一生毕竟是光荣的一生，有价值的一生，无愧于人民的一生。48年内，他以百折不挠的坚强毅力，战胜种种困难，完满地实现了自己的目标——把马克思的《资本论》和《剩余价值学说史》比较准确地完善地译成中文。他用自己的辛勤劳动的成果,为党和人民留下了可贵的遗产。当我们回顾他的一生的时候,我们完全有根据说:作为一个普通的共产党员,一个学者,他已经作出了自己所能作的最大的贡献。

王亚南(1901—1969)中国经济学家、教育家，马克思主义经典著作翻译家，《资本论》首个中文全译本的译者之一。湖北黄冈人。毕业于中华大学。1935年开始与郭大力合译《资本论》，1938年首次出版。后历任中山大学经济系主任，厦门大学经济系主任、法学院院长，清华大学政治经济学教授等。新中国成立后任清华大学经济系主任、厦门大学校长、中国科学院哲学社会科学部学部委员等。是第一、二、三届全国人大代表，福建省政协副主席。著有《中国地主经济封建制度论纲》《政治经济学史大纲》《中国官僚政治研究》等。译有《资本论》《国富论》《人口论》《经济学原理》等。

王亚南翻译《资本论》的情况

胡培兆　周元良

王亚南同志又名王渔邨，1901年10月生于湖北省黄冈县的一个农民家里，自幼耕读乡间，与农朝夕相共，深能体恤民情。1924年抱着"教育救国"的志愿，进武昌中华大学教育系攻读，1927年毕业。可是，在毕业即失业的旧社会里，等待他的是坎坷的前途和塞滞的命运，使他一跨出校门就感到脚底无路，四顾茫茫。一个堂堂正正的大学教育系毕业生，满腹经纶，竟连一个小学教员的职位都谋求不着。教育救国的夙愿顿成泡影。他悟彻在这四壁严迫的黑暗社会，要对人民真的有所作为，办点事情，必须投身到时代的潮流中去，探求真理，勇于实践。于是奔赴长沙，参加北伐军，任政治教员。谁知这已是第一次大革命的尾声，暗藏在革命队伍中的国民党右派已独操权柄，执鞭挫刀，虎视眈眈，即将公开绞杀革命了。王亚南同志感到不是滋味，这也叫"国民革命"？这位天真烂漫的青年

本文原载中央编译局马恩室编《马克思恩格斯著作在中国的传播》，人民出版社1983年版。胡培兆为王亚南学生，周元良时为厦门大学经济系教授。

对"国民革命"开始严肃地思考了。不久，蒋介石、汪精卫公开叛变革命，血腥屠杀共产党人。大革命失败了，王亚南同志愤然离开北伐军。先去上海，后到杭州。孑然一身，踽踽独行于西子湖畔，不免凄婉悲凉。他川资微薄，又日见短少，只得在杭州大佛寺里租一弹丸陋室，权且栖身。并计划写一部小说糊口。不久，有一位由上海大夏大学毕业后在上海中学任教、因有向学生进行"赤化宣传"之嫌而被解聘的青年，也来到杭州大佛寺流寓。他就是郭大力同志。这两位同是忧国忧民又忧己的热血青年萍水相逢，在短期的相处中，经过几次促膝谈心，双方发现彼此学识相当，志趣合拍，遂携手与共，结成莫逆之交。真是惺惺惜惺惺，英雄识英雄。就在这古刹僧舍里，二人拟定了"大佛寺计划"：立志长期合作，共同研究马克思主义政治经济学，翻译《资本论》。马克思这部伟大著作在中国的传播，就在这青灯古佛之旁的书桌上开始了。这是1928年的事情。

1929年，郭大力同志经同学介绍，受聘于上海大夏中学任伦理学教师。王亚南同志得到友人资助，东渡日本潜心研究政治经济学。1931年回国，在上海暨南大学任教。

《资本论》又名《政治经济学批判》，是马克思在批判英国资产阶级古典政治经济学的基础上建立起来的。为了能够把《资本论》翻译成功，王亚南和郭大力先翻译英国资产阶级古典政治经济学的两位大师亚当·斯密和大卫·李嘉图的代表作作为准备。1932年，两人合译的李嘉图的大著

《政治经济学及赋税原理》在上海出版。这是一部十分高深的世界名著。李嘉图写成此书,原不想付印,估计偌大的英国还没有25个人能读懂它。后来经他的好友詹姆士·穆勒的催促才拿去出版。我国有些学者知其名而畏其难,一直没有把它翻译过来。这两位初出茅庐的青年译者,成功地把它翻译过来,一时轰动文化界。1934年,他们合译的亚当·斯密的划时代著作《国富论》出版了,使严复的文言译本《原富》顿为逊色。两个译本的出版,使两位年轻人在经济学界崭露头角,被人誉比为英国的译界明星保罗兄弟。

除了翻译英国古典经济名著外,王亚南还翻译了《经济学绪论》《欧洲经济史》等著作,并于1932年出版了他的专著《经济学史》。正在为翻译《资本论》而进行紧张准备的阶段,1933年11月,以蔡廷锴、李济深为首的第十九路军在福建发动反对蒋介石的著名闽变,成立"中华共和国人民革命政府"。王亚南同志闻讯从上海赶来,积极参加事变,出任革命政府的教育部长,兼任革命政府的机关报《人民日报》的主编。闽变失败后,遭到国民党反动当局的通缉,被迫出国避难,亡命于英国、德国。一面继续研究经济学,一面从事著作和翻译,以维持生活。1935年取道日本回国。现在,为翻译《资本论》所作的准备工作已经基本就绪,从1935年冬开始,王亚南与郭大力以其主要精力投入了《资本论》的翻译工作。翻译过程中,随时互相商量,译成后又相互交换审查复核。当时王亚南住在上海法租界，郭大力住在上海真如车站附近，两地相距还算近便，为了讨论翻译时遇到的问题，两人来往频繁，联系密切，工作进展顺利。正当他们译完《资本论》时，抗日战争爆发了。王亚南同志先是在上海参加抗日救亡运动，上海沦陷前夕，全家迁往内地，而郭大力同志亦携眷回到江西老家。临走时，他们把译稿交给了上海读书生活出版社。1938年8、9月间，中译本《资本论》第一卷至第三卷全部出版了。

从1928年在杭州拟定的"大佛寺计划"，经过十年的努力与磨难，终于全盘实现，为马克思主义政治经济学在我国的传播，为无产阶级革命事业建立了不可磨灭的功勋。

王亚南与郭大力翻译《资本论》，费时十年，艰苦卓绝。

首先，他们遇到了生活上的困难。1859年，马克思写完《政治经济学批判》（《资本论》第一分册）以后，曾风趣地说过，世界上没有一个写货币著作的人像他这样缺少货币，我国两位当时不知名的《资本论》青年译者又何尝不是如此。在没有职业时，他们就靠微薄的稿费和亲友的有限资助过日子。起初他们只好在杭州大佛寺里，一边过清贫生活，一边攻译《资本论》。王亚南同志的女儿王岱平同志回忆说，父亲"讲起在杭州大佛寺和郭大力叔叔的困境，曾感慨地说：那个时候，谁还会想到舒服！"

其次，他们遇到的是政治经济学理论和其他学识方面的困难。《资本论》是公认的百科全书，博大精深，无与伦

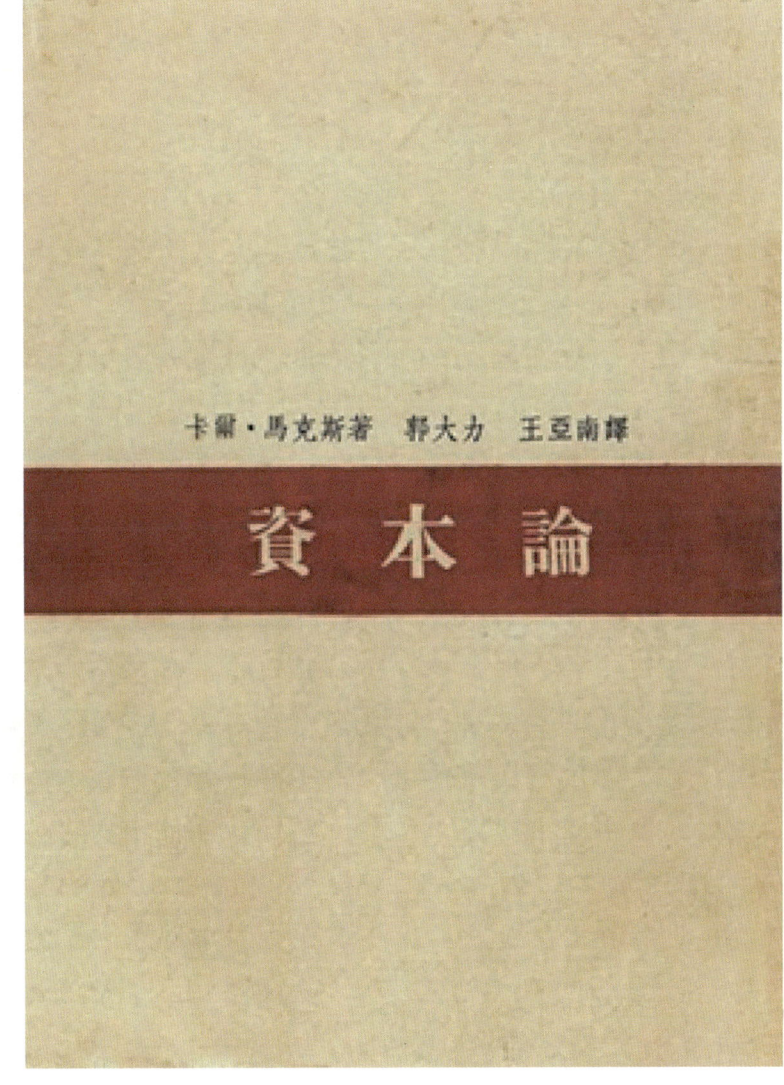

郭大力、王亚南翻译的《资本论》

比，要准确无误地把它翻译出来，译者非有坚实的经济学理论修养和渊博的学识不可。王亚南与郭大力同志在翻译过程中研读了许多经济学名著，翻阅了大量古今中外的文、史、哲著作，特别还间时专门翻译了作为马克思主义政治经济学来源的资产阶级古典政治经济学的代表著作。《资本论》之所以译得如此成功，与他们所费的心血是相照应的。当然，在他们之前，国内已有几种从日文本和英文本转译过来的中译本出版，可资借鉴。但毕竟都是一些节译本，且限于第一卷，并不能为他们直接从德文原本翻译的劳作减去多少困难。

最后，也是遇到的最大的困难，是国民党反动派文化"围剿"的迫害。在国民党反动派的白色恐怖下，《资本论》的几种节译本虽然分篇另册游击般地发行过，但要把《资本论》全部翻译出版，把《资本论》揭露的资本主义社会各阶级间的经济关系、资本主义必然灭亡和社会主义一定要胜利的客观规律，完整明白地展现在我国人民面前，必将遭到国民党反动派更大的迫害。王亚南和郭大力同志的翻译工作曾几度中辍，就因为在国民党反动派进行文化"围剿"的荆天棘地中，没有一家书店敢贸然应允出版。但是，尽管有以上种种困难，王亚南与郭大力同志历经十年的努力，终于出版了《资本论》三卷本。这是我国第一个《资本论》全译本。这在我国当时文化界无疑是一个光辉的日出！难能可贵的是，当时大东书店曾以较优稿酬向译者招揽生意，译者在党组织的影响下毅然决然地交当时比较进步的读书生活出版社出版。

　　解放后,王亚南同志对《资本论》的译文又作了几次缜密的修改,在玉成其圆美上又倾注了许多心血。王亚南同志从1928年到1969年逝世止,为翻译、研究、传播《资本论》勤勉不息地工作了40年。

黄洛峰（1909—1980）中国出版家，中国革命文化出版事业的开拓者和奠基人，"三联书店"主要创始人。云南鹤庆人。1927年加入中国共产党。20世纪30年代，参与编辑出版《读书生活》杂志，并与艾思奇、郑易里等创办读书生活出版社，先后担任读书出版社总经理，生活、读书、新知三联书店管理委员会主席，出版了《大众哲学》《资本论》《卡尔·马克思传》等一大批宣传马克思主义和革命理论的书籍。新中国成立后，历任中共中央宣传部出版委员会主任委员、出版总署出版局局长、文化部出版局局长、中国出版工作者协会副主席等。是中共八大代表，第一届全国人大代表，第三、四、五届全国政协委员。

"黄老板"的双肩

黄燕生

1937年"七七事变"全民抗战爆发。父亲在时代风云变幻中，应艾思奇伯伯、郑易里伯伯之邀，到读书生活出版社（以下简称"读社"）担任经理，自此，将自己的一生奉献给了进步出版事业。

父亲与艾思奇伯伯、郑易里伯伯既是云南同乡，又是留日同窗挚友，在艾思奇主办的《读书生活》创刊词中，有这样一段话："展现在我们面前的是眼花缭乱的世界，艰苦酸辣的生活。我们时时在抗争中，但是我们如何才能维护生存，如何使生活向上？不仅需要勇气、毅力，尤其需要知识。"这段话写于1934年11月，是父亲与艾思奇对于读书经常谈到的话题，并形成了共识。他一直支持这本杂志倡导读者"读活书"，"读生活需要的书"。他与读社的感情，不仅仅是出于与云南老乡艾思奇的友情，更源于对读书的热爱。

1937年2月，父亲到上海静安寺斜桥弄的读社上班了。

本文原载吉晓蓉主编《书韵流长：老三联后人忆前辈》上册，上海三联书店2015年版。黄燕生为黄洛峰之女。

他抓的第一件事，就是《资本论》的翻译出版。这在那个时代的政治环境下，是要有一些胆识和眼光的。当时正值日敌战火在祖国蔓延。中国向何处去？如何从商品开始，研究想霸占中国的资本主义国家的经济结构和运动发展规律？一些眼界开阔的文化人认为，学习、运用、掌握《资本论》的方法论和认识论，对现实做些深入的调查、分析、研究是非常必要的。父亲在1942年业余讲习班上介绍社史时，是这样追溯这段历史的："当时由于政治环境太恶劣，《资本论》的出版是许多大出版家所乐意而又不敢轻易尝试的。而我们却以'初生之犊不惧虎'的姿态，把这部伟大的经典接受下来了。这当然是一个冒险的尝试。"当时的政治环境险象丛生，一方面读社的经济正陷于周转不灵的泥潭里；另一方面抗日救国的领军人物"七君子"被捕入狱，全国救

读书生活出版社

国会遭到了最惨重的打击。作为"七君子"之一的李公朴先生，本是读社的经理，这使形势更显得特别严峻，而且一天一天地恶化。来自当局的压力接二连三：先是上海市党部和社会局勒令李公朴创办的《读书生活》杂志停刊，接着续办的《读书》半月刊和《大家看》也被禁止发行。不仅如此，当局还照会巡捕房，由他们的"大员"带着些外国三道头印度巡捕之类前来搜查。这个影响就更大了。刊物停出已经割断了读社和读者的联系；而威压和搜查，也使得一部分同人产生了不同程度的动摇。据父亲回忆，当时在"孤岛"，大部分人还是坚决地愿意苦撑下去的。父亲说，因为我们知道，在斗争生活上，谁在苦难面前低头，谁就会灭亡；反之，谁能苦撑下去，坚持下去，谁就能够成功。

促使父亲和同人坚持下去的，是一种在战乱中传播救国救民先进文化的使命感。在此之前，也有人想翻译出版马克思巨著《资本论》全译本，但最多只做出了第一卷。此时郭大力和王亚南已经着手合译此书，但几度与一些大型出版社接洽出版都碰了钉子，原因不外乎是出于规避政治与经济风险的考虑。经夏征农介绍，郭、王找到了读社这个财弱利薄、困难重重的小出版社。出乎译者所料，读社当即答应出版《资本论》，并同意译者提出的各项要求，签订了出版合同。这件事在出版界引起轰动，很多人表示怀疑。因为这不但在政治上有风险，经济上也有风险，仅分期付给译者的版税，就要占到出版社全部资金的一半。父亲他们丝毫没有动摇，开了全社动员会，号召大家共同紧缩开支，四处筹措，群策群力，保证《资本论》的出版。

当时，读社的经济状况极为困难，全部资金不过四五千元，这里面包括郑易里伯伯从他的哥哥郑一斋那儿得到的资助2000元，和父亲从族叔那里得到的1000元。而《资本论》全书200余万字，卷帙浩大，翻译工作艰巨费时，父亲特地提出，将其中2000元现金作为专款存入银行，每月固定给译者80元作为预付版税，首先保证译者生活安定，能够专心从事译作。

译稿还没有交全，日本侵略者就把战火烧到了上海。读社面临前所未有的困难。父亲将人员分为两部分，一部分在他的带领下迁往武汉，一部分留在上海，由郑易里牵头，继续《资本论》的校对、排版、印刷等工作。因为上海成为"孤岛"后，有段时间相对较稳定，印刷条件也较大后方好，且排印、纸张价格相对便宜。起初，郭大力在老家将第二卷和第三卷的大部分译稿分批寄给了武汉的父亲，父亲审阅后将书稿寄回上海，由郑易里全权组织校订。武汉失守后，读社撤退至重庆。郭大力就按父亲的约定，将译稿直接寄给上海的郑易里。这说明了父亲对他这位老乡兼战友的能力是绝对信任的。在第三卷译稿还没全部译竣时，父亲便派他的得力助手万国钧返回上海，分担郑易里的辛苦，联系印厂，购买纸张；郭大力此时也应邀从江西老家来到上海，一面继续翻译第三卷未译部分，一面阅看第一、二卷的校样，直到译完校完全书。

1938年秋，战事更加吃紧之时，《资本论》三卷相继问世，在全国引起极大反响。进步人士奔走相告，踊跃订购。出版不易，发行更是困难重重，接踵而来的问题是如何将新书送到全国读者的手中？第一批2000部《资本论》装了20大箱，绕道运抵广州，不幸广州被日军占领，这批书全部毁于战火。父亲为此心痛得彻夜不眠，悔恨自己考虑不周。他马上致电上海，再配1000套绕道湛江，不料又遭法国殖民当局扣押。父亲想尽办法，最终还是请郑易里托人疏通，把这批书抢救了出来，送往桂林和重庆。接着，父亲向中共中央南方局汇报了《资本论》出版和运输的情况，并为图书和印刷器材、纸张运往延安做出了周密安排。就这样，读社历尽千辛万苦，终于将《资本论》送到全国读者手中。其间的惊险曲折，是现在的影视编剧们无法想象的！为配合《资本论》的出版，父亲还组织郑易里、章汉夫、许涤新、郭大力等人翻译出版了《剩余价值学说史》《〈资本论〉通信集》等一批辅助学习的理论与传记图书。

新中国成立后，虽有中央编译局新的中文全译本《资本论》问世，从1968年至1992年共印行37.3万部。但郭大力、王亚南的全译本，独有它的风格和特色，且后来又经过几次修订，直到50年代后期，仍由人民出版社继续出版。据不完全统计，读社初版的这个译本累计印数在48万部以上。为此，父亲和他一同并肩奋战的艾思奇、郑易里曾被人称作"在中国传播圣火的三个云南人"。

郑易里（1906—2002）中国农学家、文字学家，马克思主义经典著作翻译家、出版家。云南玉溪人。1928年加入中国共产党。1936年任读书生活出版社编辑。"七君子"事件后，于1937年和艾思奇重组读书生活出版社并任董事长。1937至1942年间，以"辰光书店""北极书店""高山书店""鸡鸣书店"及"读书出版社"的名义出版几十种书籍和《战线》等六种杂志。新中国成立后，任三联书店编审部编辑、《农业科学》和《农业科学译报》主编等。出资、组织、编校、出版、发行了《资本论》中文全译本，译有《自然辩证法》等。

回忆出版《资本论》的情况

郑易里

李公朴、柳湜、艾思奇原来在《申报》搞读书问答栏。1934年底《申报》负责人史量才被暗杀后，他们便从《申报》独立出来，成立读书生活出版社，出版《读书生活》半月刊。该刊主编主要是艾思奇，柳湜内外兼顾，李公朴对外。

1935年，艾思奇约我和他一起翻译《新哲学大纲》。该书出版后曾受到进步读者的欢迎，同时也受到国民党反动派的不断打击。当时新思想书籍销路有限，经常赔本，很难维持。李公朴很活跃，有办法，他在上海时经济上还能勉强支持下去。1936年李公朴被捕后书店就无法维持了。我当时在上海替哥哥办货，所以手里有些钱。艾思奇和我商量后我就拿出3000元参加了读书出版社。当时任书店经理的是黄洛峰。

艾思奇、黄洛峰和我在日本东京留学时，曾参加过当时地下党领导下的社会科学读书会，对《资本论》都有相

本文原载中央编译局马恩室编《马克思恩格斯著作在中国的传播》，人民出版社1983年版。

当的兴趣。因此我们商量要出《资本论》的中译本。在这之前也曾经有过《资本论》的中译本，但都不全，译文也比较难读。为了出好出齐《资本论》，我们先物色译者。最初找到匡亚明，他也答应了。但还没有动笔他就因事离开了上海，计划没能实现。一日，艾思奇的一个亲戚说，他隔壁住着一个学者，叫郭大力，为了译好《资本论》，他曾有计划有系统地翻译了李嘉图等人的有名的古典经济学著作，交商务、中华出版。但郭大力全译马克思的《资本论》并在商务、中华出版的愿望未能实现。我们觉得郭大力是一个全译《资本论》的好对象，所以决定由艾思奇找郭大力谈谈《资本论》的翻译和出版问题。结果谈得很好。郭大力是一个踏踏实实的学者，他的毕生愿望就是翻译出版三卷《资本论》。他当时无其他职业，我们答应每月给他40元生活费。郭大力没有再要什么条件就专心翻译《资本论》了。第一卷译完后，恰逢日本人进攻上海，郭大力正住在战区闸北，大火一连烧了好多天。郭大力从灾区逃出，把第一卷译稿交给艾思奇就回江西老家去了。继而黄洛峰也带着读书出版社的人迁往汉口。艾思奇辗转去延安，第一卷译稿就交给了我。郭大力回到家乡后继续翻译《资本论》第二、三卷。他把译好的稿件一部分一部分地寄往重庆，然后再由重庆转到上海，上海局势平稳后就直接寄到上海来。为了减少重量，郭大力当时用的稿纸是最薄的航空纸。这期间书店每月仍给他40元生活费。

1938年初，《资本论》第三卷已大部分译完时，我与黄洛峰联系出书问题，当时考虑的一个是经费，另一个便是国民党反动派对我们的打击迫害。后来《鲁迅全集》在上海出版了，朋友们估计《资本论》这类古典经济学的东西也一定不会发生什么麻烦。当时交通阻塞，上海货物已极难运往昆明，我手头留有一些现款，觉得条件难得，和重庆总店黄洛峰商议后，便决定在上海出版《资本论》。黄洛峰为此特派万国钧到上海。万国钧很会搞生意，当时还不知道他是一个地下党员，人很老练精干。他一到上海，就找好印刷厂，解决了出版工作中的一些顾虑。为了一气出完三卷《资本论》，我们把郭大力从江西请到上海和我们住在一起。当时我们这个有名无实的书店仅有两间小小屋子，前面一小间我们当门面，办公，后面一小间暗室给郭大力住。他就在那里继续翻译未译完的《资本论》，一面翻译，一面付排，一面校对。最忙的是郭大力，他简直是日夜不停地在工作。他除了翻译以外，还看校样。当时除郭大力和我外，还有倪林（校对兼会计，是罗稷南的爱人）、蔡淑英（校对，是郑效洵的爱人）、刘林（副经理，继后到广州成立分店）、卜朝义（跑印刷厂）和熊约春（校对，我的爱人，已去世），一共七个人。万国钧和印刷厂办好交涉后就回重庆去了。当时就这七个人一齐动手，从1938年秋天开始到1939年春天，前后用了半年左右的时间就把三卷《资本论》出齐了。这是中国第一部完整的《资本论》中译本。书面的设计按郭大力意见，尽量做到和德文原版一模一样。记得当时弄不到德文版那样的粗麻布，只好用同一颜色的布代替了。

在《资本论》出版发行以前，我们的工作是秘密的，也没挂书店的牌子。为避免损失，在书即将出齐之前让郭大力先回江西老家，书出齐后又把其他人都辞退了，只留下我和熊约春两个人住在那里，屋里只剩下两张方桌。纸型打好后，为了试探一下反映情况，我们俩在书店卖预约。如果卖预约不发生意外就马上出版。当时我们的书店丝毫不像书店，仅有小小空屋，全无存书，但是来买预约的人对我们十分相信。有一个红十字会的医生来预购《资本论》时说，相信我们不会骗他，并且表示不怕受迫害，因为他一买到书就要离开上海的。还有一个青年找上门来，一定要加入500元支持出书。我们说生意飘摇不定，有亏无赚。他说没关系，因为他读了艾思奇的《大众哲学》，就是要支持新文化事业。这个青年叫凌林，大概是国民党的税收人员，抗战时在重庆人民银行，据说现在已经退休。他后来境遇不好，书店还是把500元退给了他。总之，当时预约的情况比我们预料的好得多。现在看起来预约的数量不多，可当时是个很大的支持和鼓舞。在反动派还没注意的情况下，我们就一鼓作气一下子出齐了三卷《资本论》。

这部中国第一个全译本的《资本论》当时印了3000部。书出版后，刘林由广州回到上海，负责把2000部《资本论》装了20个大木箱，通过太古轮船公司运到广州。当时往内地运书只有这一条路。这批书刚刚到达广州，广州就沦陷了。这时刘林已撤离广州到了桂林。这2000部《资本论》

就困在广州,下落不明,有人说在仓库里发了霉被当作废纸处理了。其余1000部有很小一部分打成小件蒲包,辗转经香港、湛江,运到西南大后方。

1940年,我同重庆联系到内地印刷《资本论》。当时上海出版条件虽好,但出了书运不到内地,而内地又很需要《资本论》,所以决定把纸型运到重庆去。我当时手头不成问题,同时也想顺便回老家一趟,所以就把《资本论》纸型装满一大皮箱当作行李带着上路了。经过香港时没碰上麻烦,由香港到了越南海防就被海关上检查行李的法国人扣下了。当时越南是法国的殖民地,法国人在那里为所欲为,可以随便处置过境的中国同胞。他们因为没有见过纸型,怀疑有问题,就把我和箱子一起扣留下来了,我当时的处境是很危险的。恰好有一个朋友乔丕成(现任钢铁学院外语教授)看见了我。他是留法勤工俭学的,法语很好,在海防中国人开设的运输公司里工作。他找来他所熟识的中国驻海防领事和法国人交涉,说我是做生意的,才把我先放了出来。继后又交涉说,皮箱里是书商带到昆明去印书的纸型,最后才把装纸型的皮箱也还给了我。从海防到重庆路上经过多重关卡,主要靠朋友和熟人帮忙,或向检查人员略施小贿。最后终于把纸型运到了重庆。当时重庆常遭轰炸,起先,书店同事们每人带着一包纸型到处躲避,后来找到凌林,把一大皮箱纸型当作他的行李存入银行防空洞内才算彻底安全了。重庆的土报纸质量不好,所以《资本论》的出版数量不多。我回到上海后,又在上海重印了一些。上海印刷的《资本论》一直销到江苏新四军地区，甚至到达东北解放区。当时还围绕着《资本论》出了五六本小册子（《〈资本论〉的文学构造》是我译的，还有关于《资本论》的马恩通信集等）。租界被日本侵略军占领后我们就没法再出书了。《资本论》是由郭大力同王亚南合译的，王亚南翻译的字数比较少，王译的稿子都经过郭大力校订过。另外，《资本论》第一卷译好后，黄洛峰曾请章汉夫看过一下，未看多少就退回来了。

《资本论》出版以后，有一段时间，我无事，就开始从日文译本翻译《自然辩证法》，1950年译完。当时是一面学习一面翻译，郭大力曾帮我对照英文校订过，1950年由三联书店在北京出版，初版印数不多，没有再版。其后我也

生活・读书・新知三联书店

由上海到北京来工作了。

　　读书生活出版社简称读书出版社，这样便于和生活书店相区别。这个出版社早期是李公朴、柳湜、艾思奇负责，后期是艾思奇、黄洛峰和我负责。为了对付国民党，我们出书时也印一些其他书店的名称（辰光书店、北极书店、富春书店等），以免遭受麻烦。

　　当时上海的出版社，除了商务、中华以外，传播新思想的主要是三家：读书生活出版社（主要出哲学和一般社会科学方面的著作）、新知（主要出经济学方面的著作）和生活（主要出文学方面的著作）。这三家书店后来联合为三联书店，黄洛峰在重庆任三联书店总经理。我们三家在上海也联合起来叫大众书店（取三人为众之意），没有一定机构，有事三家碰头研究。新知书店的代表是王益同志，他当时主要负责和新四军联系；现任出版局顾问。生活书店的代表是王太雷同志，我代表读书出版社。

华岗（1903—1972）中国现代哲学家、史学家、教育家、马克思主义理论家、宣传家、翻译家，《共产党宣言》第二个中文全译本译者。曾用名潘鸿文，笔名林石父、华石修、晓风、方衡等。浙江龙游人。1925年加入中国共产党。曾任青年团南京地委书记、上海沪西区委书记、浙江省委书记、江苏省委书记和顺直（河北）省委书记，青年团中央宣传部长，中共湖北省委宣传部长，《新华日报》总编辑，中共南方局宣传部长，中共上海工作委员会书记等职。新中国成立后任山东大学教授、校长兼党委书记。为第一届全国人大代表。著有《五四运动史》《中国民族解放运动史》《社会发展史纲》《苏联外交史》《辩证唯物论大纲》等，译有《共产党宣言》等。

父亲华岗翻译出版《共产党宣言》

华景杭

马克思和恩格斯的伟大著作《共产党宣言》（以下简称《宣言》）自1848年在伦敦问世后，在欧美及整个世界产生了巨大的影响。1899年初，《宣言》的片断文字开始传入中国。到1949年中华人民共和国成立时，《宣言》在我国已经出版了六个完整的汉文译本，其中由我的父亲华岗于1930年翻译出版的《宣言》，便是继陈望道译本后，我国的第二个汉文全译本。

回顾90余年前，父亲在国统区艰苦的条件下，冒着生命危险，完成《宣言》的翻译，并克服重重困难将它出版这一段不同寻常的往事，令我们感慨不已。

一、艰苦环境下翻译《宣言》

父亲华岗是浙江龙游人，从中学时代起就开始学习马

本文原载《百年潮》2021年第2期。华景杭为华岗之女。

列著作，接受进步思想，于 1924 年加入中国社会主义青年团。他在学生时代便担任宁波地委宣传部部长，并参加编辑进步刊物《火曜》。1925 年 8 月，因组织参加进步学生运动，被学校开除。他毅然中断了学业，投入革命洪流之中，被派往南京任共青团南京地委书记，同年加入中国共产党，开始了职业革命家的生涯。

在白色恐怖下，父亲受命奔波于沪、宁、杭之间以及华北一带，在各地党团组织多次遭受严重破坏的情况下，冒着极大的危险，重新整顿和恢复基层组织。先后担任共青团上海沪西区委书记、共青团江浙两省联合省委宣传部部长、共青团浙江省委书记、共青团江苏省委书记、共青团顺直省委书记等职，是大革命时期党在青年工作中的重要骨干。

第一次大革命失败后，父亲在反思失败的原因中认识到，我们党之所以会犯这样那样的错误，一个重要的原因是党的各级领导干部和广大党员的马克思主义理论水平比较低，不能正确分析当时的国内外形势，作出科学判断。因此，他决心开展党的理论方面的研究，为提高全党马克思主义理论水平做些事情。他于 1928 年初开始收集资料，撰写了《1925—1927 中国大革命史》，并在鲁迅的帮助下于 1931 年由上海春耕书局出版。这是第一部由大革命的参与者记录大革命史的重要著作，出版后，立即在党内和社会上广泛流传，20 世纪 30 年代还曾被译成日文在日本出版。当时一些地下党组织把这本书列为党员和群众的学习读物，许多进步青年都从中受到教育，走上革命的道路。

1928年，他作为代表赴莫斯科出席当年6到7月召开的中共六大和中国共产主义青年团五大。在会上，他当选为新的团中央委员会委员兼宣传部长，并负责筹备团中央机关刊物《列宁青年》，担任主编。9月底，他回到上海，到团中央工作，同时继续兼任中共江苏省委工作。虽然工作繁忙，但他克服重重困难，仅用不到一个月时间，就将《列宁青年》第一期顺利出版。这时，父亲接受了一项新的任务：按照恩格斯亲自校注的1888年英译本，重新翻译《共产党宣言》。他立即着手进行这项工作。

早年父亲曾在宁波四中读书，这是一所以英语见长的学校，他在这里打下了坚实的英文功底。在五四新文化运动浪潮影响下，他与许多进步学生阅读研讨《宣言》和《共产主义ABC》等马克思主义著作。在担任团宁波地委宣传部长期间，按照党的指示，他和同志们组织成立了社会科学研究会，出版《社会科学研究》等小册子。他经常写文章，引用《宣言》来叙述社会发展史，说明共产主义社会必然代替资本主义社会，还尝试用英文翻译一些介绍马列主义的文章。这一切，为他日后翻译《宣言》作了充足的准备。

父亲深知研究并准确地翻译《宣言》对中国革命是多么重要；作为中国共产党的一员、中国革命的参加者，他要把自己对马克思主义的理解和体会融入译作之中。由于工作繁忙，加上环境险恶，翻译工作是在极其困难的条件下开始的。为了安全起见，父亲没有固定的住所，而是借住在地下党可靠的同志家中。每当结束了一天的工作后，晚上便在昏暗的灯光下，开始翻译《宣言》。由于敌人经常在夜间进行搜捕，父亲特意在衣服的后背处缝了一个夹层，当听到警笛由远而近响起时，就迅速地将书稿藏入衣服的夹层内，从后门离开，转移到另外一个住处，有时一个夜晚要转移好几处。但无论环境多么艰苦，只要条件允许，他就坚持翻译工作。他经常废寝忘食，一边以饱满的革命热情和顽强的毅力，夜以继日地工作，一边学习研究《宣言》，逐字逐句研究和推敲，反复斟酌与比较，力求对《宣言》作出更为准确的诠释。

1930年前后，父亲完成了《宣言》的翻译工作，在国统区，由上海华兴书局秘密出版，署名"华岗译"，这是我党建立后出版的第一个《宣言》汉文全译本，也是第一个由共产党人翻译的汉文译本。从1920年陈望道译本问世，到1930年华岗译本出版，其间相隔十年，这十年中，中国革命经历了巨大的变化，父亲亦从一名青年学生逐步成长为职业革命者，对《宣言》的理解也在不断加深。父亲的《宣言》译本，第一次在正文前增译了马克思、恩格斯为《宣言》三个德文版所写的序言，这三个序言是首次与我国读者见面；第一次采用英汉对照形式出版，首次将英文版《宣言》介绍给中国读者；第一次告诉中国读者，《共产党宣言》还有一种译法是《共产主义宣言》；尤其是将《宣言》的结束语，由陈望道译本的"万国劳动者团结起来呵"改译为"全世界无产阶级联合起来"，更具有重要的历史意义。

《宣言》的华岗译本自 1930 年在上海初版，至 1939 年在上海、汉口多次再版，为在国统区宣传、传播马克思主义发挥了重要作用。同时，华岗译本辗转传入中央苏区，并于 1932 年在苏区出版并广泛传播，成为苏区军民学习马克思主义的必读书籍。

　　1932 年，父亲被捕入狱，1937 年出狱后，在汉口担任《新华日报》总编辑，又受组织委派，到雅安、昆明、重庆、上海、香港等地开展统战工作，工作地点不断变化，环境更加复杂，工作更加紧张，《宣言》的出版就未能继续进行。解放后，他担任山东大学校长，对于曾翻译《宣言》之事从不宣扬。不幸的是，1955 年他突然陷入冤案，再次被捕入狱。从此，他的著作、译作全部被封，有关他的讯息全部消失，他翻译《宣言》的这一段往事更无人提及。直到 25 年后的 1980 年，他获得平反，华岗这个名字才重新出现在人们的视野中。

二、《宣言》华岗译本

　　为纪念马克思逝世 100 周年，我国一些专门研究马恩著作的专家学者在报刊、书籍中介绍《宣言》传入中国的历史及解放前出版的六个汉译本的情况，其中也介绍了华岗翻译出版《宣言》的情况。1983 年，由中央编译局编辑的《马克思恩格斯著作在中国的传播》一书出版，书中详细介绍了华岗译本的不同版本，并附有封面照片。1998 年，为纪

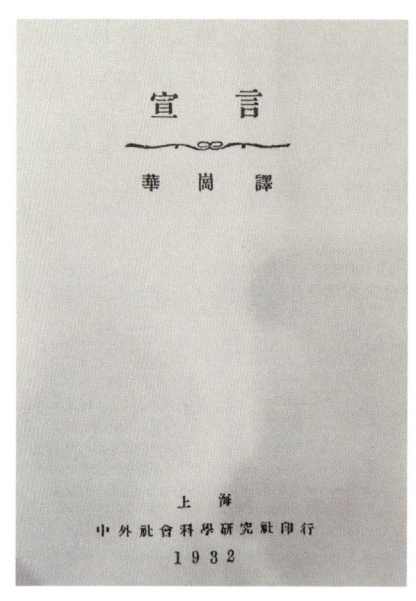
华岗翻译的《共产党宣言》

英汉对照《共产党宣言》

念《宣言》发表150周年及传入我国100周年,中央编译局研究人员在《光明日报》《人民政协报》发表整版文章,详细披露了《宣言》解放前六种版本的出版情况及作者介绍,并附有封面照片。文章中对《宣言》的华岗译本作了如下评价:"与陈望道译本相比,质量有显著提高,收集的文献更全,理解更深入,用语更加准确,文字更为流畅",并说该书"在出版的数年间,曾不断地重印再版,足见它所起的作用和产生的影响是多么广泛了"。

看到报刊上关于父亲译本的介绍,我的心情十分激动,立刻将此消息告诉母亲,她也非常高兴,说:"你父亲为人低调,对于曾翻译《宣言》一事从不宣扬,只有我及少数人知道，如果不是编译局的同志在报刊上介绍，可能至今仍无人知晓。"母亲又说："遗憾的是，由于解放前我们长期在国统区工作，东奔西走，不停地变换住所，身边只能带很少的行李，进步书籍更不能携带，所以家中现在找不到你父亲当年翻译的《宣言》了。"

在中央编译局、国家图书馆、国家博物馆、北京大学等单位提供的线索下，我多年致力于华岗译本的搜寻和查证工作。在这个过程中，我了解到，新中国成立前，《宣言》的华岗译本以不同的版本多次重印，在20世纪30年代传播甚广，迄今为止搜集到的共有四种形式、七种版本，其中四种形式分别为：

1. 书名为《英汉对照共产党宣言》，署名"华岗译"；

2. 书名为《宣言》二字，署名"华岗译"；

3. 书名为《马克思主义的基础》，共有三个版本，未署华岗真名，有一个版本署名"潘鸿文"，有两个版本署名"彭汉文"；

4. 书名为《共产党宣言》，在苏区出版，未署译者姓名。

七种版本分别为：

1. 1930年前后由上海华兴书局出版，书名为《英汉对照共产党宣言》，署名"华岗译"，封面的书名及著、译者姓名采用英汉两种文字印刷，32开，横排。现藏于北京大学图书馆。

2. 1930年3月由上海华兴书局出版，书名为《马克思主义的基础》，封面印有"社会科学丛书"，由"上海社会科学研究社出版"，署名"潘鸿文编"，32开，竖排。现藏于国家图书馆、国家博物馆、中央编译局图书馆。

3. 1932年由上海华兴书局出版，书名为《宣言》，署名"华岗译"，由"上海中外社会科学研究社印行"，版权页注明"1930年初版，1932年三版"，32开，横排。现藏于国家图书馆。

4. 1934年2月由"中央苏区马克思主义研究会"出版，书名为《共产党宣言》，由瑞金中央印刷厂印刷，32开，竖排。现藏于江西兴国革命纪念馆。

5. 1938年再版的《宣言》，封面印有"抗战学社版"字样，署名"华岗译"及"上海中外社会科学研究社印行"字样，版权页注明"1930年初版，1938年四版"，32开，横排。现藏于国家博物馆。

6. 1938年5月再版的《马克思主义的基础》，署名为"彭汉文编译"，32开，竖排，封面套红印有马克思头像，由"汉口竟成印务局"出版。现藏于国家图书馆、国家博物馆、中央编译局图书馆。

7. 1939年3月再版的《马克思主义的基础》，署名为"彭汉文译"，32开，竖排，封面印有马克思头像，由"上海健全社"出版。这是目前所能见到的新中国成立前出版的华岗译《共产党宣言》的最后一种版本。现藏于国家图书馆、国家博物馆、北京红展文化传播公司。

华岗译本之所以有不同的版本，署名也采取化名，是因为它在出版之时，正值大革命失败后的白色恐怖氛围中。

当时在国统区，马列著作一律被列为禁书，出版《宣言》要冒很大风险，甚至危及生命，为躲避检查，不得不采取"改名换姓"的伪装方式。所以，有的版本未标明印刷时间、出版商、印数，有的未署译者真名，而以编者署名，编者亦采用化名。书名和编者的姓名及出版地、出版商都经常变换，足见当时出版此书难度之大、条件之险恶。

新中国成立后，《宣言》的华岗译本共印行过五次，都是在1980年华岗获平反以后出版的。

三、父亲在出版、传播马克思主义方面的贡献

2008年，在中央编译局图书馆，我找到了极其珍贵的1930年《上海华兴书局图书目录》，图书目录的内容有图书总目、中外研究学会丛书、社会科学研究学会丛书、新书出版、出版预告、代售刊物、批发章程、函售简章、代理外埠同业向扈埠各书局配货简章、致读者、代售处等，该目录还附有一些重点书籍如《马克思主义的基础》《二月革命到十月革命》的内容简介，使读者方便快捷地了解图书内容，是一份详尽完整的出版目录。从目录中可以看出，上海华兴书局不仅多次出版了父亲翻译的《宣言》《1905—1907年俄国革命史》，还出版了他的著作《1925—1927中国大革命史》。此外，该目录表明，到1930年，已经出版的马列著作有《国家与革命》《"左派"幼稚病》等21种，在"新书预告"一栏中，预计1931年出版的马列著作有《列宁传》

《论托洛茨基》等27种。

新中国成立前，在白色恐怖下，斗争形势错综复杂，一般的出版社是不可能大量出版这样的进步书籍的。那么，华兴书局究竟是什么样的机构？它为什么能在国统区一而再、再而三地出版《宣言》等马列著作？父亲与它关系如何呢？其实，华兴书局是中共中央出版发行部在上海创办的地下出版社，它成立于1929年，位于康脑脱路（今康定路）762号。当时，党在上海的地下出版社——无产阶级书店刚被查封，为了继续出版发行马克思主义理论书籍和党的重要文件，又成立了华兴书局。它在1929年到1931年间极为困难的条件下，翻译出版了相当一批马克思主义经典著作和有关俄国革命的书籍，对马克思主义的深入传播、鼓舞人民的革命斗志以及推动革命形势的发展起了很大作用，是我党在上海的一个有力的宣传机构，也是与国民党进行斗争的重要阵地。当然，为了通过当局的所谓"检查"，保证出版工作的顺利进行，往往采用隐蔽、伪装的形式。华兴书局创办之时，担任中共中央组织局宣传部长的父亲工作地点就在上海。根据他的职务和工作范围，可以推断，华兴书局的成立与他的推动应有关联。

当时，华兴书局出版的革命书籍不仅在江浙地区销售，也销往华北地区。与华兴书局联系密切的有北方人民出版社，它成立于1931年，是党在保定成立的地下出版机构。1931年华兴书局被迫关闭后，北方人民出版社成立，父亲对于它的创办和发展也作出了重要贡献。1929年，父亲曾任中共中央组织局宣传部长、华北巡视员，不仅要负责我党在上海的宣传出版事业，还要负责全国的有关工作，北方尤其是北京的宣传工作也在他的职责范围之内。当时，北方人民出版社为适应地下工作的环境，从编审、校对到出版、发行，都由该社负责人王禹夫一人担任，在党组织的大力帮助下，出版发行了人民文化丛书及左翼文化丛书。该社不但重印过不少华兴书局编辑、出版的革命理论书籍，如《马克思主义的基础》等，而且将华兴书局出版的图书通过秘密渠道运往华北地区销售，是华兴书局在华北地区的一个重要发行处。

华兴书局的工作虽然采取了种种伪装措施，还是引起了国民党当局的注意，成为国民党重点监视的对象，由它寄出的信件、书籍全部被检查，不少被截扣。从现已解密的档案中看到了这样的记载：1931年1月，国民党政府在邮件检查中获得了"华兴书局图书目录"，看到其中有许多进步书籍，便将华兴书局定为"共党宣传机关"，下令"立即查封"。同年2月，当上海淞沪警备司令部派人前去查封时，发现该书局已不知去向。原来父亲及其他地下党人事先已得到情报，早已提前将书局转移，让敌人扑了空。华兴书局搬家后曾更名为"启阳书店""春阳书店"等，继续秘密出版进步书籍。1932年，父亲奉命离开上海，赴东北工作，华兴书局也同时停办。

纵览父亲在1955年前撰写的其他著述，如《1925—1927中国大革命史》《中国民族解放运动史》《中国历史的翻案》《五四运动史》《太平天国革命战争史》《鲁迅思想的逻辑发展》和《辩证唯物论大纲》等十几部著作和发表在各种刊物上的200多篇文章，能感受到他对研究和传播马克思主义的执着信念、坚定立场，以及深厚的理论功底。父亲对马克思主义的发展历程有很深的研究，研究的态度是相当科学的，比如既要坚持马克思主义的一般原理，又要反对教条主义。在长期革命斗争实践中，他始终坚持不懈地用马克思主义的世界观、历史观和哲学观来研究历史、哲学、美学和自然科学等，及时总结和收集资料，在不同历史时期，根据形势发展和广大群众的需要，写出富有时代气息的、具有现实指导意义的著作。

父亲长期担任党的领导工作，他的所有著作、译作都不是在平静的书斋中，利用整段时间精雕细刻完成的，而是在紧张的工作之余，利用休息时间或养病的短暂间隙构思和写作，积少成多，最终完成整部著作，有些文章则是为了适应革命斗争需要，在极短的时间内一气呵成。革命战争年代，资料缺失，无法一一考证查实，难免会有不尽完备之处。但只要具备了条件，他便随时修订、补充，力求完善，始终将宣传马克思主义作为自己毕生的重要职责，矢志不渝。新中国成立后，在任山东大学校长期间，他亲自讲授《社会发展史》，白天忙于行政工作，晚上进行写作，经常到凌晨一两点钟才能休息。解放前的监狱生活，使他的身体受到严重摧残，而此时长时间的超负荷工作，更使他体力透支、健康受损，但他全然不顾，把全部精力投入党的教育事业中。

当他在 1955 年被错误关押时,没有按某些人的要求,说一些违心的话,揭发别人的"罪行"。他说:"我不能抹黑自己,也不能陷害同志。"作为共产党人,在逆境中,他考虑的不是个人的得失,也没有心灰意冷,他始终遵守马克思主义的实事求是原则,坚持真理、决不动摇。即使在十几年的铁窗生活中,他也没有停止工作,而是以常人难以想象的勇气和毅力,写下大量的读书笔记和百万多字的著作。其中,《规律论》和《美学论要》等已经出版。在这些用生命铸就的文章中,不仅有他的思考总结,也体现了他的铮铮铁骨、百折不挠的勇气以及为捍卫马克思主义真理而英勇献身的精神,成为留给我们的宝贵财富。1980 年,他的冤案得到平反昭雪。但他已经于 1972 年在狱中含冤去世。在经历了劫难之后,人们重温他的作品,又看到了一个革命者无私无畏,为马克思主义在中国的实现,用生命写下的不朽篇章。1998 年,中央编译局和中央电视台联合制作了大型电视文献纪录片《共产党宣言》。这是世界上第一部以此书为题材的电视作品,其中就有父亲翻译《宣言》的珍贵资料。2011 年,中央编译局和黑龙江电视台联合制作的电视片《思想的历程》也介绍了父亲翻译《宣言》的重要内容。宋平同志曾这样评价我父亲:"华岗同志是我党早期的党员,他长期从事党的地下工作、统战工作、新闻工作和教育工作,为党和人民的事业作出了重要贡献。"

成仿吾（1897—1984）中国无产阶级革命家、教育家、社会科学家，新文化运动的重要代表，《共产党宣言》中文全译本译者。原名成灏，笔名石厚生、芳坞、澄实。湖南新化人。早年留学日本，1921年回国。大革命失败后，流亡欧洲，加入中国共产党，主编中共柏林、巴黎支部刊物《赤光》。1931年回国后历任中共鄂豫皖省委常委、宣传部长及省苏维埃文化委员会主席、教育委员会主任，苏维埃中央政府执行委员、教育委员，中共中央党校教务主任，陕北公学校长，华北联合大学校长，晋察冀边区参议会议长，华北大学副校长等职。新中国成立后，历任中国人民大学副校长、校长、党委书记，东北师范大学、山东大学校长和党委书记。为中共七大、八大、十二大代表，第一、二、三、四、五届全国人大代表，第一、五届全国政协常委。译有《共产党宣言》等。

我翻译《共产党宣言》的经历

成仿吾

恩格斯在1892年曾经说过，近来《共产党宣言》（以下简称《宣言》）在一定程度上已成为欧洲大陆大工业发展的一种尺度。一个国家的大工业越发展，该国工人中想认清自己作为工人阶级在有产阶级面前所处地位的要求就越高，他们中间的社会主义运动也越扩大，因而对《宣言》的需求也越增长。回想起来，我们中国共产党人的革命活动，我们许多党内外同志翻译和出版马恩著作的经历也正好说明了这一点。在我们党建立以前，就有陈望道同志从日文翻译的《宣言》问世。1920年，上海岫庐书社出版了郑次川翻译的《科学的社会主义》。建党后，成立了人民出版社，李达同志负责编辑"马克思全书"，原计划出书15种，后来出了《宣言》《工钱劳动与资本》及《〈资本论〉入门》三种。此外，在《晨报》副刊、《民国日报》副刊《觉悟》上

本文原载中央编译局马恩室编《马克思恩格斯著作在中国的传播》，人民出版社1983年版。

也不断有翻译和介绍马克思主义的文章发表。这些译著对于中国革命风暴前的革命者和群众起了非常重要的教育作用，给了在黑暗中寻找光明的中国人民难以估计的力量。

我自己翻译和校正马恩著作中译本，断断续续搞了50多年，实际上只是在1975年以后的一段时间才专门从事这方面的工作。1927年大革命失败，我被迫离开广州，经日本渡海先抵海参崴，接着又乘了十几天的火车到达莫斯科。在莫斯科与张闻天同志相见，他写了一封信给巴黎支部，介绍我到法国去。1927年下半年我在巴黎开始翻译马克思主义书籍，但那时翻译的大多是马恩著作的一些章节，而且主要是供我们中国同志学习用的。我真正译书是1929年的事。那时，我在柏林编辑中共巴黎—柏林支部的《赤光》报。这年年初我收到蔡和森同志从莫斯科寄来的信，他要我把《宣言》译成中文，说莫斯科外文出版社准备出版，我现在还记得他在信上的署名是：Watson。我用了当时流行的德文《宣言》版本，参考了英、法文译本，花了几个月时间把《宣言》译出来了。可是怎样把译稿送到莫斯科，当时是颇费周折的；最后，我找了德国共产党中央，请一个德共党员将《宣言》译稿带往莫斯科。由于和森同志此时已调回国内，任广东省委书记，不久壮烈牺牲，这稿子也就石沉大海了。这是我第一次翻译《宣言》。

我第二次翻译《宣言》是1938年在延安与徐冰同志合作的。徐冰当时是《解放日报》编辑，我在陕北公学工作。这一年中央宣传部弄到了《宣言》的一个德文小册子，让我们翻译出来。于是我们把书分成两部分，我译前半部，徐冰译后半部。我们利用工作之余进行翻译，条件也很差，连像样的德文字典都没有找到。译出来后，我把全部译文通读了一遍就交了卷。1938年8月这译本在延安曾经作为"马恩丛书"第4集出版过，在上海和其他敌占区也出版过，1938年8月和10月由中国出版社印行，有横排和竖排两种。我在敌后解放区得到这个译本时，发现译文的缺点是很多的，但是没有机会校正了。后来博古同志根据俄文出版了一种校译本，改正了某些缺点，但离开德文原著似乎远了些。

1945年我回延安参加党的七大，有时间对《宣言》作了较大的修改，可以说这是我第三次翻译《宣言》。定稿后交给了解放社，胡宗南进攻延安时，这部修改稿可能遗失了。《宣言》百年纪念时，我本想再校正一遍出版，后来因事未能如愿。

全国解放后，我又抽空将延安版的《宣言》稍加校正，作为马克思诞生135周年纪念版，由中国人民大学和东北师范大学印了很少份数，供校内使用。这次校正是我一人作的，我没有去麻烦徐冰同志。当我校完清样时，他刚去朝鲜做慰问工作。我在重校后记中说过，译文还是很难满意的，好在《宣言》是宜于细嚼的珍品，对那些细心研究或反复钻研的同志们，我相信还是会有帮助的。

1974年，我奉调从山东来京，毛主席在一份批示中要我到中央党校专门从事"马恩著作中文译本的校正工作"，中央组织部根据毛主席的指示还给了我几名助手。从1975年年初起我在助手们的协助之下，对《宣言》进行了较严格的校正工作。许多老同志知道后，都热情地支持我，鼓励我，肖克同志说他双手赞成我的工作，并且把我的修改稿送去打印。1975年春节刚过，我和助手们遵照毛主席教导的关于准确性、鲜明性与生动性的原则，对修改稿逐字逐句地进行了研究。我们还学习了马列主义经典著作中的有关文章，并查阅了一些历史资料，以加深我们对《宣言》的理解。那一段时期，我们每天讨论三小时，前后修改了三遍，直到1975年9月才初步定稿。中央党校印出讨论稿后，我送给了胡乔木、范若愚、张仲实等同志，请他们指正。我们还邀请了在京的26个有关单位的同志们一起座谈，并到工厂、公社和部队中去征求广大群众的意见。我们综合这一切宝贵的收获又对译文作了修改。

与此同时，我们对照了我国外文出版社、东德狄茨出版社、莫斯科外文出版社和《宣言》1848年、1883年、1890年版共六个德文版本，发现国内外的德文版本同1848年的德文原版都有数目不等的差异，我们分别情况对译稿又进行了必要的修改。

1976年《宣言》在中央党校印出试用时，我呈报了中央政治局。在这里我不能不提到敬爱的朱德委员长对我的亲切关怀与热情鼓励。

1976年5月21日，我们敬爱的朱德委员长在收到我送去的《宣言》译本的第三天，就来电话说要来看我。我打电话回答说,我应该去看总司令,怎么好让总司令来看我。这天下午,朱德同志不顾90高龄到了中央党校我的住处,一见面,他就说:"你们重新校译的《共产党宣言》,我昨天一口气看完了,很好,很好懂,主要问题都抓住了。如果看不懂,我就读不下去了。"他说:"现在许多问题讲来讲去,总是要请教马克思与恩格斯,总得看《宣言》是如何讲的。"朱德同志问了我们小组的情况和工作计划后,还鼓励我说:"你这个工作是根本工作,做好了,对世界都有影响,有世界意义。……我把你这里当个点,我以后常来。"没想到这是我最后一次同我们敬爱的总司令畅谈,一个多月之后他就和我们永别了!

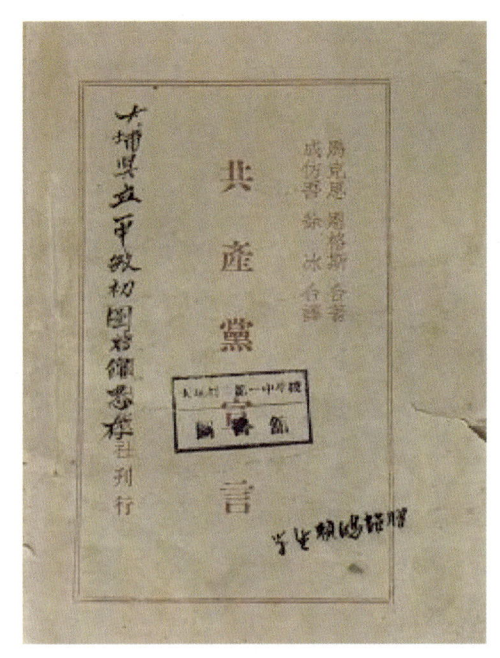

成仿吾、徐冰翻译的《共产党宣言》

在这次短短的见面中,他对我的鼓励是非常多的,我十分感动。但是他说,做好这个工作有世界意义,当时我并不曾完全理解,只以为是对我的工作高度鼓励,使我愧不敢当。但后来我逐渐想起了,他说的是有深远意义的。

这几年我在助手们的帮助下，除重新翻译了《宣言》外，还校译了《哥达纲领批判》《社会主义从空想到科学的发展》《路德维希·费尔巴哈和德国经典哲学的结局》《马克思恩格斯关于历史唯物主义的通信选》等著作。在工作中，我是常常以恩格斯生前对某些译者的批评作为鉴戒并时时引起警惕的。他在1890年德文版序言中谈到丹麦文译本时说："可惜这译本不很完备：有几个重要的地方，大概是译者感到困难而被删掉了，有些地方也还可以看到草率的痕迹，尤其令人不愉快的是，从译文中可以看出，如果译者较为细心，是能够译得很好的。"坦率地说，我们的经典著作译文也有类似的问题。仅以在我国影响最大、读者最多的《宣言》而论，过去的译文就有一些不准确的地方。《宣言》开头的第一段话，原文是：

Ein Gespenst geht um in Europa-das Gespenst des Kommunismus. Alle Mächte des alten Europa haben sich zu einer heiligen Hetzjagd gegen dies Gespenst verbündet, der Papst und der Zar, Metternich und Guizot, französische Radikale und deutsche Polizisten.

过去的译文是：一个幽灵，共产主义的幽灵，在欧洲徘徊。旧欧洲的一切势力，教皇和沙皇、梅特涅和基佐、法国的激进党人和德国的警察，都为驱除这个幽灵而结成了神圣同盟。原文"ein Gespenst umgehen"是指"魔怪的出现"，并没有"幽灵徘徊"的意思。马克思和恩格斯在给倍倍尔等人的通告信中对这一点作了很好的说明。他们指出,"红色魔怪"意味着"资产阶级对于它与无产阶级间不可避免的生死斗争的恐怖,对于这个近代阶级斗争的无法挽救的结局的恐怖"。至于"神圣同盟"一词,德文中原本是没有的,大概是英译者的错误,我们又按照英文版译出,当然就离开了原意。这只是一个例子,我不想在翻译问题上多谈。我更想到,我们近来在传播马克思主义方面的一些情况。我想说,今天在中国,在世界,传播马克思主义都是一件关系到能不能坚持社会主义道路,能不能坚持共产党的领导,能不能实现共产主义伟大理想的重要工作。我们的马克思主义理论工作者,我们的经典著作编译工作者,任重道远,要拼命向前啊!

  1883年3月14日下午,马克思,这位人类最伟大的思想家停止了思想。在他逝世的时候,他是最遭嫉恨和最受诬蔑的人。各国政府都驱逐他,资产阶级都纷纷诽谤他、诅咒他。一百年以后,情况发生了多大的变化,他的名字成了真理的象征,他的学说成了人类解放的旗帜。我深信,这位科学巨匠的思想,一定会深深埋在我们中国人的心中,一定会在我们中国这块土地上发扬光大。在纪念马克思逝世一百周年的前夕,我写了这段回忆,连同我译校的很不成熟的几本习作,就作为献在海格特马克思墓地上的一束白花吧!

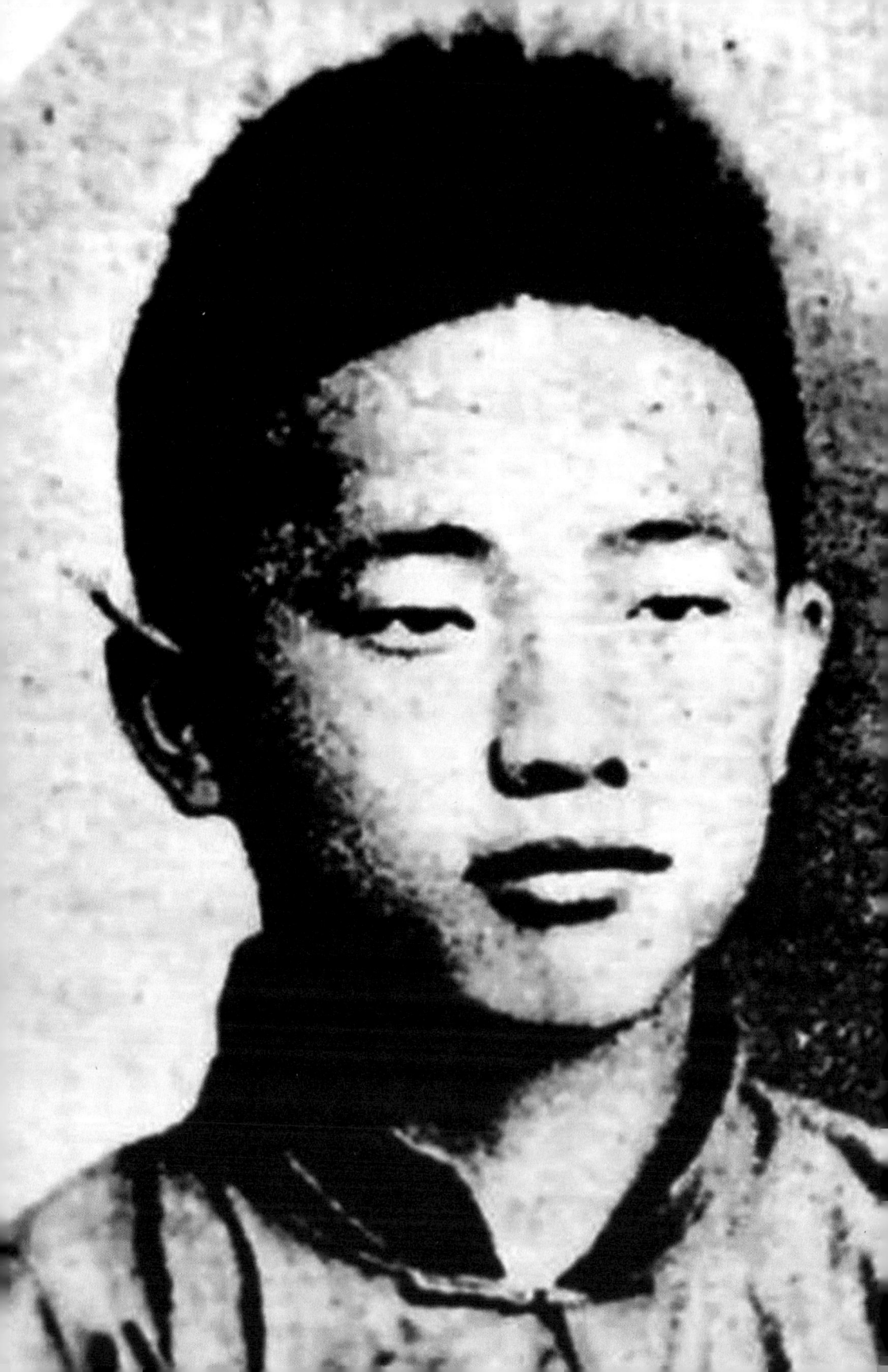

杜畏之（1906—1992）马克思主义经典著作翻译家。原名屠庆祺。河南永城人。1919年考取开封欧美留学预备学校，未能成行，转到南京东南大学、开封中州大学学习。1925年初加入中国共青团，被选拔到莫斯科中山大学留学，和王明、俞秀松等同在俄语班，转为共产党员。曾担任中共六大翻译。1928年回国后曾担任中共中央组织部秘书，安徽大学、北平中国大学教授等。1987年被聘为上海文史馆馆员。译有恩格斯的《自然辩证法》、列宁的《俄国资本主义的发展》等。

关于恩格斯《自然辩证法》的翻译

杜畏之

我与几位朋友老早已计划着发行一种唯物论丛书，想把世界哲学史中唯物论的重要著作（包括东方的在内）有系统地介绍一下，使中国的读者也能得到一个与唯物论接近的机会，以准备现代宇宙观之传布。然而这计划经过几年的迁延而始终未能实现！第一，我们自己没有钱来独立发行这个丛书；第二，我们找不到出版者。上海的一些出版家大都是以渔利为目的的书贾，间有几家所谓"有良心的"出版者，然而有的资本拮据，心有余而力不足，有的尚犹豫于企业利润与文化任务之间，不肯肩起这历史的负担。我们的计划在这个沉闷时期中或将成为永久的空想了。这对于我们自然是件不如意的事，然而对于中国思想却是件历史的不幸啊。

我们既然不能实现我们的丛书计划，只好退一步做去，以零星的介绍来填补计划失败的缺陷。1930年5月，我译了朴列汗诺夫的《战斗的唯物论》，算是我们此后学术生活

本文节选自杜畏之1931年所译恩格斯《自然辩证法》的序言。题目为编者所加。

的露布。可惜这本"光芒射人"的小册竟找不到读者,它的命运也同它的著作所慨乎言之的《费叶尔巴赫论》一样,"销路很坏"。现在想求销路很坏也不可得了。它的光芒偶然撞到检查者的眼睛里因此而变成禁书了。

此后,我又打算译马利维诺夫的《唯物论与经验批评论》,因找不到出版者而中止,后来陈什么君把它译出了。

去年夏天我已开始译现在这本书——《自然辩证法》,却因诸事而迁延,直到今年5月才算完事。还不晓得什么时候可以出版,出版后的命运如何更难预料。以零星的译著来完成我们的丛书计划,这项工作是何等的艰难而糜费时日啊!

中国的唯物论在过去的遭际虽如此可怜,然而我们却敢于断言它未来的昌盛。平常提起唯物论来,总使人心中幻起一个强壮的,好像是粗野的、有生命的影像;唯物论确是如此,特别是现代工人阶级的唯物论,它将以宏大的气魄来扫荡那些文弱的、世纪末的、颓废的、怯懦的、弱不禁风的林黛玉式唯心论。当唯物论以其粗大的手套掷向唯心论的时候,你看后者将何等的觳觫,而且当他脱去的丝织的白手套而露出纤纤玉手时,难道还能免掉唯物论之一阵粗野的仰天大笑么!胜利与失败已经预先决定了。

《自然辩证法》这本书在反唯心论的斗争中有重大的作用,因为它是辩证唯物论在自然领域中之最深入的一次侦察,它的针锋虽然是对着自然科学家之恶俗的唯物论,然

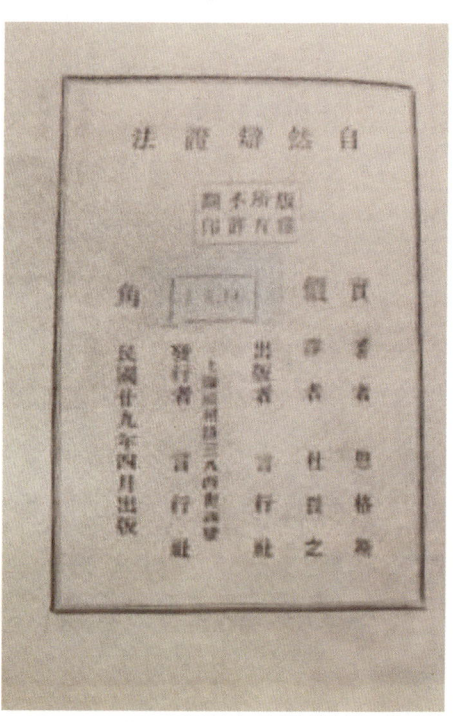

杜畏之翻译的《自然辩证法》

而它对自然科学中之唯心的倾向之挞伐作用亦不能更小。我之所以忙着译出这本书，就是因为想在自然科学的战区中早一点建筑一个砲台。

它将来的命运怎样呢？这就很难预料了。

现在我把这本书的内容及我对它的排列次序之更动略略陈述一下，至于它的历史、它的传记，已经既详且尽地见于里雅沙诺夫的二万多字的长序中，我不来多嘴了。

这本书并不是写成的有系统的著作，却是昂格斯遗留下来的一些零星的札记、手稿与论文之收集，所以为着某种必要而将次序加以颠倒是没有什么妨碍的。里雅沙诺夫在出版德俄对照本的《自然辩证法》时并未依照这些材料之原来的分札，而是对它们做过一番年代的整理，然后依照年代之先后而排成它的目录。我对这些材料之排列给了一个很大的更动。我的更动是有理由的。里雅沙诺夫出版它时把它当作文献而出版，所以用年代为标准而排列它的目录是当然的。我之译它而在中国出版它，并不把它当作一种必须保留的文献，而把它当作自然哲学的绪论，把它当作用辩证法研究自然之教科书。我依此标准而排列它，所以把几篇有引论性质的文字及对辩证自然观作一般介绍的文字都移到前面来了。所以德俄对照版中的第六篇成了中文版中的第一篇，第八篇提为第二篇，第四篇提为第三篇，第五篇作了第四篇，而第十四篇则作了第五篇。其余十一篇则依照其重要性之大小而排列，德俄对照版中的第一篇作了第六篇，第七篇仍为第七篇，第九作第八，第十作第九，第十一作第十，第十二作第十一，同时第二篇降作了第十二篇，第三篇降作了第十三篇，冗长而意义较小的第十三篇，作了第十四篇，第十五篇与第十六篇及附录都依旧。此外我又将我写的一篇《辩证法与相对论》作了附录中的第二篇。我以为这种次序对读者是较为有利的。

我所根据的本子是里雅沙诺夫编的德俄对照本（1925年国家书店版），译时以俄文为主，俄译文虽谨慎亦间有错误处。我仅我所知道的依照俄文校正了。

至于翻译方面，我相信我是极其忠实而谨慎的。然而我不敢说没有错误，因为我们究竟是中国人，对于西人的文字与掌故免不掉有不甚熟悉的地方。

中国人的翻译花样很多，据说有直译，有曲译，有意译，有胡译，有节译（并不声明的节译），有"高兴怎样便怎样"译，最后还有"不晓得怎样"译。这些好名我都不敢当，我的译文只是"翻译"，我的目的在使读者读我的译文时同读原来的本文差不多，甚至一样，如是而已。

昂格斯书中随便引了很多外国语，希腊文、拉丁文、法文……我大都翻找各种字典译出了，其中有一句荷兰话却无论如何没法子译，因为我找不到荷兰文的字典，所以我只好将原句抄出。

辩证法与自然科学及读者杂记中生物学的译名大都

根据商务的动物学大辞典与植物学大辞典。有些名辞在这两本字典上找不到，那时我就依照字源来译它，或是不能译出而只将拉丁文的学名写出，然而这样的名辞最多不过三四枚而已矣。

关于《自然辩证法》旧序及从猿到人还应当说几句话。前一篇曾在《动力》杂志第2期上发表过，吴西岑给它改了一个什么题目我也记不得了。这次收入这本书中只改了很少几个字。后一篇则偷懒而用了一个出名的翻译家的译稿，结果却得不偿失，我费了半天的头晕眼花才将它略略地校改一遍，校后的文字依然不能使我满意，然而我自己又过分的疲倦，不能自译，只好等到再版。偷懒的人得到报应了。

我本来准备写一篇更长的序把辩证法与数学的关系讨论一下，顺便批评罗素的算理哲学，却因第一天气过分炎热不宜于工作，第二参考书难于搜罗而作罢。我很愿暑天过后能写一篇独立的论文以讨论这个问题，以补足这个缺陷。

最后我还要借几行字来纪念一位青年科学家陈育生君。他对于数学、化学、物理学，特别是电学都很有根底，他又是个热烈的革命家，忠实的Marxist，他在21岁的时候曾握着武器亲身参加过1927年在上海排演的伟大的历史剧，4月12日之后被逮入狱，次年被释出，即到河南开封作数学教员。今年3月二次入狱，5月，被谋杀。这是一位很有希望的能以辩证法的车子驰驱于自然科学之郊野的人,却不幸以 25 岁的壮年而去世了。我深致哀悼于这个同处 20 年的兄弟,这本译文就算是对他的纪念了。

陈韶奏（1903—1991）马克思主义经典著作翻译家。浙江临海人。笔名笛秋。1924年在东南大学参加中国社会主义青年团，1925年转为中国共产党党员。1926年返回浙江从事革命活动，担任中共临海特支委员。1928年转入地下文化战线，参加"社会科学家联盟"，并潜心钻研和翻译马克思主义哲学著作。新中国成立后先后在西安五中、四中、六中任教。1962年退休回家乡浙江临海定居。后任临海第五、六届政协委员。译有《国家与革命》《唯物论与经验批判论》等。

关于翻译列宁巨著《唯物论与经验批判论》的回忆

陈韶奏

  1930年，我与朱铁笙合译的列宁巨著《唯物论与经验批判论》，在白色恐怖笼罩的上海秘密出版发行了。全书近30万字，发行量在2000册以上。这是列宁这部著作在我国的首次中译本，尽管我们的译文水平很低，但当时对传播马列主义，在我党早期革命理论战线的建设中也起了一定的推动作用。

  1927年蒋介石背叛革命后，白色恐怖笼罩着全中国。特别是文化中心的上海，革命与反革命的理论战线益发显现短兵相接、你死我活的紧张局面。

  1928年4月间，中央在上海召开"浙江工作会议"。我当时任杭州党团市委宣传委员并浙南党特派员。在会议中，我从自己火线斗争的亲身实践中提出反对盲动路线的尖锐的意见和批评，竟遭到理论上的冲击。在会议未开毕，我即重病垂危，组织让我滞留上海养病，我从此转入上海党

本文原载中国自然辩证法研究会编《中国自然辩证法研究历史与现状》，知识出版社1983年版。

的地下文化战线工作。

　　当时上海虽然白色恐怖十分严重,但仍聚集了由各地潜来的有理论水平的大批革命志士和革命知识分子。党领导了八个革命文化团体,在思想理论和文化战线上对国民党进行了卓越的反文化"围剿"的艰苦斗争,主要有以鲁迅为代表的"左翼作家联盟"、邓初民为首的"社会科学家联盟"、周扬等人领导的"文联"、田汉等人领导的"剧联",等等。我是"社会科学家联盟"的主要成员之一。回顾我在南京及广州上大学时和入团入党献身革命斗争以来的经历,一直热衷于阅读马列主义书刊,对马列主义有着深厚的无产阶级感情,但自己马克思主义理论水平还是很低,通过大革命失败的教训痛感研究马列主义革命理论对于正确指导中国革命实践的重要性和紧迫性,遂潜心进一步钻研马列主义哲学文献的原著。那时有的同志搞日文,有的搞俄文、德文、法文。我搞的是英文版本。我的英文基础较好,这时渐渐形成了翻译出版马列经典著作的想法,受到组织上和同志们的

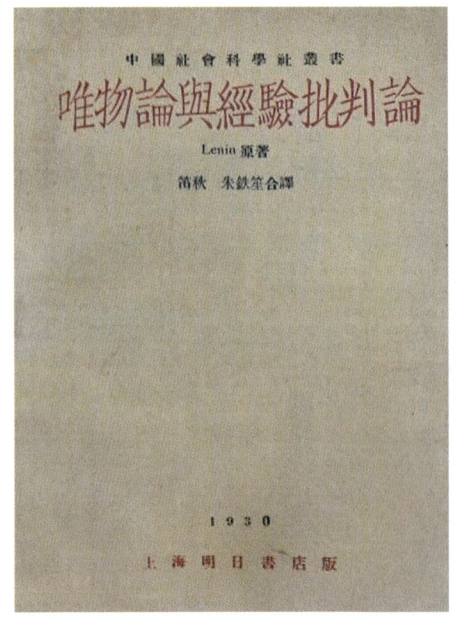

陈韶奏、朱泽淮翻译的《唯物论与经验批判论》

支持和鼓励，于是自 1928 年下半年开始着手列宁哲学名著《唯物论与经验批判论》的翻译。

要在那种白色恐怖的环境中进行这样的工作，困难危险可想而知。国民党对我悬赏 3000 元的通缉令，时时威胁着我的安全，便衣特务穿街走巷，我随时都有坐牢杀头的危险。我只能不间断地从一个亭子间搬到另一个亭子间，有时甚至一月搬移四五处地方，在极度衰弱的病体和失业穷困的处境下，全凭着对共产主义的坚定信念及同志们的掩护和帮助，经过 400 多个废寝忘食的日日夜夜，终于译成了这部著作。在日本人开的"内山书店"的帮助下，于 1930 年 7 月在"明日书店"秘密出版发行。当时我用的化名是"笛秋"。

这本书出版后，我总感到有许多不足之处，有些属于外文水平不够，有些属于对原著的理解不准确，认为有责任对该书进行全面修改以图再版，使其尽可能做到意思准确可靠、文字简练通顺，于是逐字逐句对该书进行了全面修改。可恨的是，当我经过又一年的精心修改的译稿刚刚完成时，1932 年"一二八"事变爆发，日本侵略军狂炸上海，我放在亭子间的修改稿子连同衣物都被日寇一颗炸弹全部化为灰烬了。

回顾长期革命斗争中自己所以能在任何艰难困苦的环境下，始终对党忠心耿耿，对革命前途充满信心，都与半个世纪前在钻研马列主义原著时所树立起来的革命人生观分不开的。翻译和修改列宁这部著作的两年中，使我有可能较深刻地领会马列主义的真髓，这对我后来的一生都起了主要作用。

朱泽淮（1903—1940）革命烈士，马克思主义经典著作翻译家。又名朱亚凡，笔名铁笙。四川丰都人。1923年，经肖楚女介绍，加入中国社会主义青年团，随后转为中共党员。1928年考入上海大夏大学，一边读书一边从事党的工运工作。1938年担任中共四川丰都临时县委书记、丰（都）石（柱）中心县委书记等职。1939年，受党组织派遣，在中共川康特委宣传部工作，公开身份是《时事新刊》编辑。1940年春被国民党反动派逮捕枪杀。译有《国家与革命》《唯物论与经验批判论》等。

《唯物论与经验批判论》的译者朱泽淮烈士

谭杞安

人民出版社出版的《中国新民主主义革命时期通史》第三卷第303页第15到17行，有这样几句话："仅在1941—1942年内，就查禁了进步书刊1400余种，同时，对进步文化工作者则施以迫害。如邹韬奋被迫出走香港；前《时事新刊》记者李亚凡、《大声周刊》编辑车超先均先后惨遭杀害。"

这是写国民党对进步文化的摧残。在第17行中就有两处错误：李亚凡应该是朱亚凡。车超先应该是车耀先。两位烈士牺牲的时间也有错误，车耀先是渣滓洞的烈士之一，知道的人很多；朱亚凡1939年（应为1940年—编者）牺牲于成都，知道的人较少。我要谈的是关于朱亚凡的事。

又在《中国新民主主义革命时期通史》第二卷第98到99页之间的插图页"第二次国内革命战争时期马克思列宁主义主要经典著作"，其中有一本《唯物论与经验批判论》

本文原载李齐念主编《广州文史资料存稿选编》（六、文化教育），中国文史出版社2008年版。原标题为《回忆朱亚凡烈士》。谭杞安为朱泽淮烈士的好友。

的图像，这是中国的第一个译本，出版于1930年。此书的译者署名为卢笛（应为"笛秋"，下同——编者注）和朱铁笙。朱铁笙即朱亚凡，知道这件事的人就更少了。

朱亚凡是他作为烈士的名字，朱铁笙是他译书时用的笔名，他的本名是朱泽淮。以下我就从认识他的时候说起。

1928年春，我初到上海，进大夏大学预科，同宿舍有一位四川同乡。他的年纪比我大，样貌比我老，状况比我穷，他的名字是朱泽淮，是丰都县人。由于我之前在四川忠县中学时的同窗好友朱芳淮也是丰都县人，初以为他们是弟兄辈。经问明，原来朱泽淮乃是朱芳淮的侄辈，不过年龄比芳淮大些。泽淮在大夏大学读的是社会学系，但他选读的课程很庞杂，颇多哲学与文学。他的英文很好，又懂得些法文和德文，而且还学过世界语。他不但学识渊博，而且来到上海读书之前在家乡曾搞过社会活动，故颇富社会经验。我和泽淮的友谊增进得很快，认识不久后就仿佛情同手足。

当1928年5月山东"济南惨案"发生后，上海学生激于义愤组织义勇军。我初时还在犹豫不决，是在泽淮带动之下我才参加了义勇军的行列。有一天我们身穿义勇军军装从课室回宿舍，经过劳勃生路被上海租界巡捕抓住了。据说租界上不准穿武装的人进入，而实际上是国民党企图卖国、压制群众运动，指使租界当局阻止义勇军行动。我们被带到巡捕房，把军装脱下，然后才放了回去。我感到莫大的耻辱，回到宿舍十分郁闷。泽淮邀了我出外散步，我们走到一个空旷的地方坐下来，泽淮向我讲了很多关于帝国主义压迫我国和北伐大军革命以及蒋介石背叛革命等事实和理论。这是他对我作的一次有系统的爱国主义教育。

到了暑假，当时上海各大专学院都办暑期学校，在选择之下我进的是善钟路上海艺专。这间暑期学校虽然排定的是些文艺课程，而实际上是宣传革命理论，有潘梓年、冯乃超等教师。我之所以读这间学校，是受泽淮的指点。这是泽淮引导我接受社会主义革命教育的开始。

在这暑期中，报纸上有征求英文翻译的广告，泽淮去应征而被录用了。他翻译了第一篇文章，得到几元钱的报酬，因为是我替他清稿和誊写的，他拿了一元钱给我。他本来很穷，我当然不肯接受他的钱。泽淮慎重其事地对我说道："老弟，你当然不需要这一元钱，但一定要收，应该懂得，这是劳动的报酬。而是你第一次的劳动报酬，也作个纪念嘛。"原来他又是在对我进行教育。

在泽淮的帮助下，下学期我考进了光华大学正科。泽淮从大夏大学转入了持志大学。那时各大学都是行学分制，只要读够了规定数量的学分就可以毕业。泽淮计算他转了学便可以提早大学毕业。

有一天，泽淮去光华大学找我，要我替他写毕业论文。他给了我一卷材料，叫我把这些材料编纂起来写成一篇《中国粮食问题》的文章。他说，这不过是捞取文凭而已，没有多大意义。"我实在忙不过来，你必须帮我这个忙。"我知道泽淮一方面在读书，一方面在干革命工作，我当然照他的吩咐办了。这时候，朱芳淮也来到了上海，也是在干革命工作。芳淮和泽淮都曾把一些违禁书籍、革命宣传品交给我秘密保管。因为光华大学这样的学校，估计被搜查的机会少些。但实际上我也犯过风险，不过幸未出事而已。

泽淮的住处随时在迁移，每迁一次便来告知我。他每次去找我，都得谈一些革命形势和理论问题。当时上海白色恐怖十分严重，到处都在搜查，到处在捕人，乘电车也常遇巡捕上车对乘客搜身，我也感到紧张。泽淮对我说："这是没有什么了不起的，这是对革命分子的甄别。在压力之下，有的人会叛变，有的人会逃跑脱离革命，但真正的革命者更坚定了，组织更纯洁了，革命力量在质的方面更提高了。"这番话在当时对我有很大的启发。

有一段时期，泽淮很穷困，在不得已时，来向我取去一元或几毛钱以维持生活。他说有几个烧饼就能过一天的。我去看他，他住在北四川路底什么里的一间小亭子间里。房间虽小，然而感到很空，因为房间里没有多的东西。一副床板上面放了极简单的卧具。一张小条桌和一条长凳，桌上有一瓶墨水，一本英文字典，一卷稿纸和三两本书，此外就别无他物了。泽淮身穿极单薄的衣服，因为是严冬，他坐着用一块破棉絮包着双足御寒。这就是他在翻译列宁名著《唯物论与经验批判论》时的情景。

《唯物论与经验批判论》的第一个中文译本于1930年由上海明日书店出版。译者署名卢笛（应为"笛秋"）和朱铁笙。卢笛（应为"笛秋"）是江苏人，他的本名我记不清楚

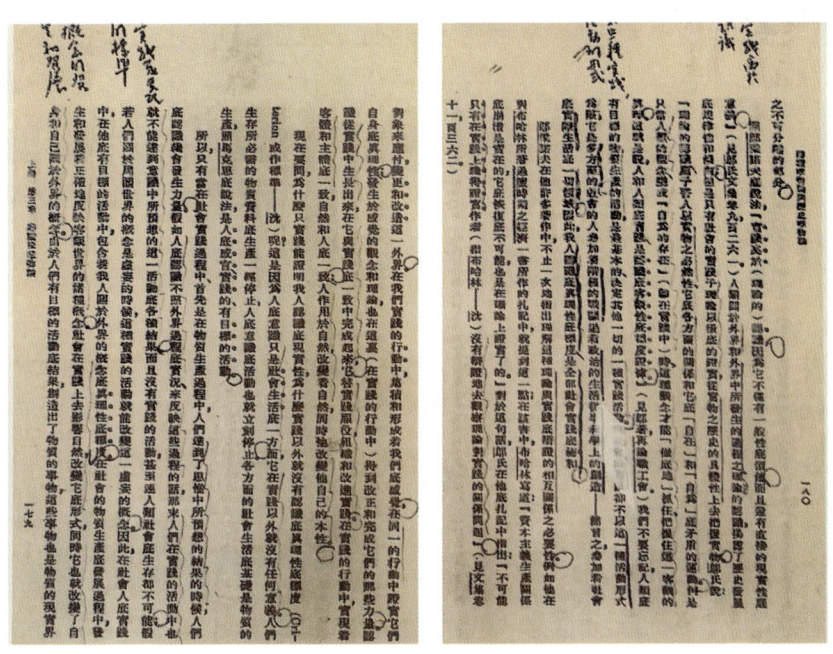

毛泽东在《辩证唯物论与历史唯物论》一书上所作的批注

了；朱铁笙即朱泽淮。他两人各译半本合起来出版的。这本书出版之后，泽淮送了一本给我，在扉页上还写了"杞安弟指正"几个字。后来泽淮说，这书译得太匆促了，有不少错误须要改正。我曾照他的指示在书中注上了些改正的文字，这本书到今天我还存着作为纪念。

"九一八"事变之后，我父亲病故，奔丧四川，也就和泽淮失了联系。

1939年成都发生新南门抢米事件，报纸上说捕获了一些暴徒，并枪毙了一名为首的罪犯，是忠县人朱亚凡。因与《时事新刊》有关，同时封闭了《时事新刊》。我见这消息之后，脑中装着一个问号：这位朱亚凡是什么人？

伍觉天是《时事新刊》社的成员，因报纸被封不能不避走。他到重庆和我会见时，我问及成都的情况。他说，所谓抢米事件是国民党特务搞的鬼把戏，《时事新刊》是特务的眼中钉，抓人、封报是特务预定的阴谋，朱亚凡到报社不久，和我还不很熟，就这样牺牲了。

过了一段时间，我偶然会见朱芳淮，又谈到了成都新南门抢米事件。我说："忠县干革命的人，你我大概都知道，怎么不曾听说过朱亚凡这个人？"芳淮惊讶地说："你还不明白吗？什么忠县人，那就是泽淮嘛。为了避免牵涉到过去在丰都闹革命的案件，他怎能不改变名字籍贯呢？"这时候我才知道泽淮已结束了他革命的一生了。

又过了多年，我和前《时事新刊》的主办人王达非相熟之后，偶谈往事，我问达非是如何与朱亚凡相识的，达非对我说道：

"朱亚凡和我是在成都的菜馆中，萍水相逢。我俩一见如故，我邀他到《时事新刊》工作，他欣然同意了。殊不知到报社不久，就发生了新南门抢米事件。朱亚凡以记者身份前往现场采访，竟遭抓去而作为主犯处决了。《时事新刊》被封，我只得逃亡他处。过了多年我回到成都，听说朱亚凡一到成都就有特务跟踪的了。我曾透过人事关系从川康绥靖公署的档案中捡出审讯朱亚凡的案卷看了，朱亚凡在受审讯时大讲其统一战线。这就是说，他最后还在努力做宣传工作。"

1976年，我会见广州市五中的前校长胡庸。经胡希明介绍说，这是你们四川同乡丰都县人，因此我问他知不知道丰都有个朱泽淮。他说："怎会不知道呢，他就是我中学时候的老师，也就是我走向革命道路的引导人。"

秦邦宪（1907—1946）中国无产阶级革命家，中国共产党早期领导人，马克思主义经典著作翻译家。又名博古。江苏无锡人。1925年入上海大学学习，参加五卅运动，同年底加入中国共产党。1926年赴莫斯科中山大学学习，1930年回国后曾任中国社会主义青年团书记、中共临时中央政治局局成员、中共中央局书记、中共中央政治局常委、中共中央书记处总书记、中共中央组织部长、红军野战部队政治部主任、中共驻南京代表、八路军驻重庆办事处主任、中共长江局组织部长和南方局组织部长、新华社社长等职。1946年4月8日因飞机失事遇难。译有《共产党宣言》《社会主义从空想到科学的发展》《卡尔·马克思》《国家与革命》《联共（布）党史简明教程》《辩证唯物论与历史唯物论基本问题》等。

为了信仰，无惧生死，不计得失
——忆秦邦宪的红色翻译生涯

秦红

秦邦宪，生于1907年，江苏无锡人，祖上为北宋词宗秦少游。1934年1月在党的六届五中全会上被选为中央书记处总书记。离任后继续为党工作，1946年因飞机失事遇难，史称"四八烈士"。

爷爷秦邦宪所受的正规学校教育不多，除了随其父亲在浙江的家庭私塾与姑丈许国凤家的私塾接受教育外，又高小三年毕业。在苏二工四年间，初为一用功的学生，之后开始办黑板报，参与社团，到了1925年5月后，更是参与到五卅运动之中。到上海大学学习一年多，学校不大上课。后又赴莫斯科中山大学学习三年，二年级后，就开始外出从事各种翻译工作。回校后，依然承担不少翻译与辅导员的工作。

这不足十年的课堂教育，支撑了他成为新闻事业的奠基人，与斯诺进行英文对话，并且还做了大量翻译工作，

秦红为秦邦宪之孙女。本文为秦红口述，张甲秀整理。

是新中国成立前传播最广、影响最大的马克思主义经典文献的译者之一。

一、赴莫斯科求学，奠定深厚翻译功底

1925年夏天，"俄共与共产国际基于苏联本国利益，""用苏俄思想意识形态把中国学员培养成为合格的'布尔什维克'"，决定建立为中国革命培养人才的学校，并为了纪念孙中山，将其命名"孙中山中国劳动者大学"，简称"中大"。

1926年11月，在上海大学读二年级，同时在国共合作的国民党上海市党部做宣传干事的秦邦宪，作为中大的第二批学生，用中共上海区委给市党部的3个名额，从上海上船，7天到达了海参崴，再经12天的火车，到达莫斯科，进入了中大。随即，秦邦宪被编入中大四班读书。

入校后，秦邦宪在1926年11月10日填写了入校后的第一份学生履历表，里面的俄文名字与学号是另外颜色的笔加上的，从这张表开始，Погорелов成为秦邦宪正式的俄文名。这个词根是"燃烧"的名字——波戈列洛夫及其简称博古，开始伴随他之后的革命生涯。

秦邦宪入校第一年的重点是学习俄文。努力学习俄文的秦邦宪进步很快。"1927年上半年先在四班后在俄文班读书"，1927年9月开学，他成了具有学生编制的教学翻译，每月有40卢布的补助（含助学金）。"1927年10月中

学校（经当时学校秘书长模古略也夫）派到向忠发所率领中国工人代表团去当翻译〔是日常生活招呼方面的翻译，政治谈话、文件、大会演讲等另由卜世畸（俄文翻译）、冀朝鼎（英文翻译）担任的。所以要我去，大概是因大翻译不愿任此琐碎。在我去之前，周达文、洛甫都在那里几天后辞去的，所以派小翻译去的〕，离开学校陪代表团去参观及休养。1928年二三月回莫后，又被派至国家保卫局去列宁格勒审讯华侨反革命案约二三星期，前后离校共计五个多月，与学校生活隔离了。"在秦邦宪的联共（布）支部党员登记表中，也填有做代表团翻译的时间：1927年11月到1928年2月。

有资料显示，秦邦宪随代表团出访做翻译，是全苏工会中央理事会提出的邀请，由全苏工会中央理事会对外关系委员会书记签发。向忠发去乌克兰参观的翻译事宜，在中大由翻译局主席张闻天负责组织，张闻天派杨放之作为随行翻译。

秦邦宪被派到工人代表团翻译时的俄文水平距离"大翻译"尚有距离，是中大秘书处给了秦邦宪这个工作机会。秦邦宪出色的翻译能力与勤勉认真的态度获得了中国工人代表团与全苏工会领导的肯定，苏工会最终再次提出借调，使秦邦宪得以陪同中国工人代表团访问苏联各地。

1928年8月31日到10月22日，秦邦宪到费阿多西亚休假近两个月。只是这个休假并不是真的休假，因为之前他已"入翻译班列宁主义小组，在学校中翻译列宁主义，因外出几月,俄文发音有进步,渐入大翻译之林,二八年夏随学校去休息,翻译下学期材料。暑假后回校仍在翻译班"。1927年11月13日到中大的韩铁生记得"秦邦宪翻译了他学习的课程列宁主义(杨放之口译,笔译者张闻天、博古、曹靖华、赵XX等)"。大约就有这个暑假的成果。

暑假后翻译班的工作分配对秦邦宪之后的思想发展有重要影响。此时杨尚昆被分配为特别班翻译,秦邦宪"是教务处的翻译",并由此开始和库丘莫夫有了直接接触,此时库丘莫夫"是二八至二九年春的翻译班党组指导员,又是这时期的教务处主任"。

据张国焘的《我的回忆》记载,秦邦宪此时的俄语已取得了很大进步。"1928年11月间,两个星期以后,俄共中央监察委员会召集第二次会议。这次会议,米夫未到,却由柏耶金领着另一支部局委员秦邦宪来参加会议。会议开始后,即由秦邦宪起立用俄文发言。他的那篇冗长的俄文演说,是预先准备好的,说得相当流利熟练。"

1928年4月前后,秦邦宪回到中大,他的学生角色发生了巨大转变,其在俄文水平上渐入"大翻译"之林,进入了翻译班翻译教材;组织上进入少共,直接或间接受中大书记伯尔曼领导;翻译上成为教务处的翻译,开始受库丘莫夫的影响。"召学生谈话,译学生意见书等"。秦邦宪的身影开始出现在中大教务处与支部局两大关键部门中,"学校大会亦开始参加翻译"。

二、临危受命，无惧生死勤勉工作

1930年，秦邦宪结束莫斯科的留学生活，回到上海，投身革命事业。但是此刻白色恐怖笼罩下的上海血雨腥风。初到上海的秦邦宪被分配在上海担任全国总工会宣传干事，同年12月补选为团中央委员，任宣传部长。次年3月团中央书记温裕成因贪污被撤职，年仅24岁的秦邦宪受命团中央书记。6月向忠发叛变，9月再次临危受命，被指为临时中央政治局总负责。短短17个月的时间里，他经历了回国待业、总工会干事、团中央部长、团中央书记、党的总负责五种角色，快速从归国才俊转变为主持党的工作。1934年10月，中央红军第五次反"围剿"失败，秦邦宪踏上战略转移的漫漫征程。遵义会议后，秦邦宪支持党中央的正确领导，先后在多个岗位开展革命工作。

尽管秦邦宪后来离开了最高领导岗位，但还是政治局常委，长征后期的重大决策中依然有他的参与。之后，他参与国共谈判、南方局工作，奠基新闻事业，总是一方业务负责人。

在动荡与摸索的时代，在共产国际的远方指挥下，秦邦宪是坚决贯彻上级指示、敢于探索、勇于承担的不到30岁的年轻人，在具体的革命实践中，难免会犯错。事实上，秦邦宪是那个时代不断寻求真理、不断在理想与现实结合中探索实践、不断在挫折中学习成长的年轻人的缩影，也许还是当时各方力量对抗的必然结果。

三、为了信仰，不计得失倾情翻译

人说曾经沧海难为水，但从总书记岗位上走下来的爷爷，不止在统一战线、新闻事业的岗位上继续为党努力工作，还挑灯夜战翻译工作。除了校文以外，他还翻译了130万字的理论著作，包括《联共（布）党史简明教程》（上下册，博古总校阅，1939年出版，27万字）、《辩证唯物论与历史唯物论基本问题》（四册，博古编译，1941年到1942年12月出完，66万字）、《共产党宣言》（马克思恩格斯合著，博古校译，1943年出版，2万字）、《卡尔·马克思》（列宁著，博古译，1943年出版，2万字）、《社会主义从空想到科学的发展》（恩格斯著，博古译，1943年出版，5万字）、《论一元论历史观之发展》（普列汉诺夫著，博古译，1945年出版，22万字）、《国家与革命》（列宁著，博古译，1946年出版，7万字）、《辩证唯物论与历史唯物论》（列宁著，曹葆华译，博古校，1948年出版）。

秦邦宪翻译马列著作的缘起应该是1938年9月至11月党的六届六中全会，会上党中央提出在全党开展学习竞赛，要求全党自上而下地努力学习马克思列宁主义理论，善于把马克思列宁主义和国际经验应用于中国的具体环境。

尽管秦邦宪仅参加了六中全会开幕式及听了一两场报告就匆匆离开回到了武汉，但一年后，《联共（布）党史简

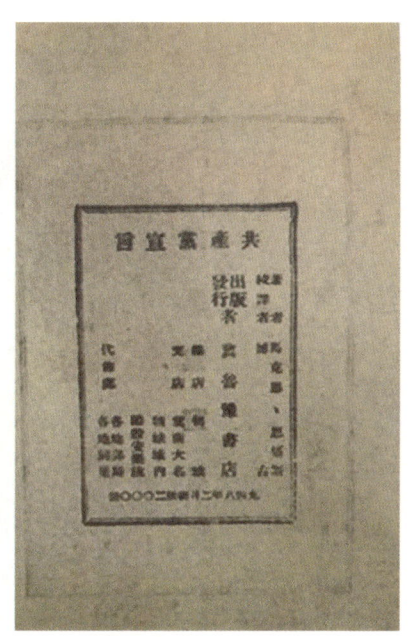

秦邦宪（博古）翻译的《共产党宣言》

明教程》（上下册）在武汉的中国出版社出版。《辩证唯物论与历史唯物论基本问题》中的数篇文章，也在1939年和1941年作为不同的单行本出版。

秦邦宪在1940年11月正式离开武汉，回到延安，开始筹备《解放日报》与新华社。1942年，延安整风运动开始。这是一个马克思主义的学习运动。毛泽东十分重视马列主义著作的翻译工作，在整风运动开始后不久建议成立一个大的翻译部，计划大批翻译马恩列斯的著作和苏联书籍，认为做好翻译工作，"学个唐三藏及鲁迅，实是功德无量的"。

1942年，在中宣部1943年的工作计划中，除了明确要译出《马恩通信选集》《列宁选集》和《新世界史》以外，责成张仲实、吴敏、柯柏年等人拟定一个分若干年完成的翻译计划。与此同时，还决定对高级干部应读的马恩列斯译文进行校订。

但是，翻译质量没能令人满意。为了提高马列主义著作译文的质量，当时除了在报刊上登载一些马列主义著作的校订文作为标准以外，中央在毛泽东提议下又作出了《关于一九四三年翻译工作的决定》。决定说："为提高高级干部理论学习，许多马恩列斯的著作必须得重新校阅。为此特指定凯丰、博古、洛甫、杨尚昆、师哲、许之桢、赵毅敏等同志组织一翻译校阅委员会，由凯丰同志负责组织这一工作的进行。……希望参加这一委员会的各同志把这一工作当作对党最负责并必须按时完成的业务之一部分。"这个决定是5月27日由中央书记处讨论决定，并由毛泽东亲笔审订的。

但是，由于各种各样的原因，建立大编译部和翻译质量委员会的工作部署，实际上都没有能够按计划实现。在整风运动到抗战胜利这段时间，延安解放社只出版了《共产党宣言》《社会主义从空想到科学的发展》以及《马克思主义与文艺》等著作。《宣言》与《发展》都是由秦邦宪翻译的。

说起俄文翻译水平，在莫斯科中山大学时，张闻天就被称为红色教授，当博古还是生活翻译的时候，张闻天已经是"大翻译"了，并于1938年兼任延安马列学院院长。

何克全也是留苏三年，一直从事理论宣传工作，时任中共中央宣传部代理部长等职。杨尚昆1926年11月与秦邦宪同期到莫斯科学习，1930年考入苏联中国问题研究院做研究生，兼任职工国际中国代表的翻译，时任北方局书记兼党校校长。师哲1929年起被派到苏联工作，1938年在莫斯科任中共驻共产国际代表团团长任弼时同志的秘书，1940年回国在中央办公厅工作。许之桢在大革命失败后被派到苏联远东地区，在侨居苏联的中国职工中开展工作，1939年后任马列学院编译部部长，1942年后任中共中央出版局出版委员会秘书。赵毅敏于1936年底到1938年底任苏联东方民族殖民地问题研究院第八分校校长，负责培训中共高级干部，1939年后，一直在文化、教育战线工作，曾担任中央党报委员会秘书长、《解放日报》社秘书长、中共中央宣传部教育科科长、秘书长兼延安大学副校长等职务。张仲实于1926年10月到莫斯科学习，1928年转入莫斯科中山大学，在张闻天同志领导的翻译班从事马列主义教材的翻译工作，1941年7月任中共中央马列学院编译主任。

　　这些同志都具有极好的俄语翻译功底，从历史资料看，也没有见到安排秦邦宪承担翻译任务的任何文件。秦邦宪时任中央政治局委员、解放日报社社长、新华总社社长、中央出版局局长，在许多同志的回忆中，秦邦宪是一位非常勤勉、认真的翻译家："知道翻译工作是革命所极其需要的一项的时候，那么不管多忙，总是要挤出一些时间来做，一直到你（这里指秦邦宪——编者注）离开延安的最后几天，还念念不忘于这项工作。""在清凉山上，他（这里指秦邦宪——编者注）是唯一一个工作到深夜的人，一两点了，他那个窑洞里的灯光还是亮堂堂的。""他治学很勤，一有空就努力译著或读书，他窑洞里的灯，常常是很晚才灭掉。""博古每早四时半起床，与新闻编辑一起上早班，审阅四个版面的稿子。他上新闻班或在编辑部开会，他窑洞专用电话常常叫他，毛泽东主席有时一天几次电话找他。他还要外出开会。夜间无论谁从博古窑前经过，都能看到他还在亮灯工作。""在延安，夜间熄灯最晚的是毛泽东与博古，毛泽东的习惯是夜间工作。博古只有夜间才能翻译，早晨6点半钟还要起床上早班，审查党报的稿件。""抽空用砖头压着马克思主义原著，斜放在办公桌或小茶几上，抬头看原著，低头写译文。"翻译的日子，秦邦宪就是这样走过来的。

1943年8月，秦邦宪翻译出版的《共产党宣言》首译"共产主义幽灵"的经典译法流传至今，该译本是当时党内高级干部学习的六种读本之一。1949年，该译本再次被列入12种"干部必读"丛书中。随着解放战争的胜利，《共产党宣言》博古译本先后在陕西、山西、黑龙江、吉林、辽宁、北京、天津、河北、山东、河南、江苏、上海、浙江、湖南、湖北、安徽、江西、广东等18个省市出版了70余次，占解放前七种汉译本出版总数的六成，是新中国成立前传播最广、影响最大的马克思主义经典文献。据相关研究统计，截至2021年，该译本共发现有71种版式、翻印

60多万册。印量第二大的马克思主义经典著作也是他的翻译作品——恩格斯的《社会主义从空想到科学的发展》。

秦邦宪应为中共党员的典范之一，为了信仰，无畏生死、不计得失，直至贡献自己的全部包括生命。他高尚的人品、纯洁的党性、无私的奉献，令我们后人唯感遥不可及，只能致敬与纪念。

张闻天（1900—1976）中国无产阶级革命家、政治家，马克思主义理论家、宣传家，中国共产党的重要领导人之一。原名张应皋，化名洛甫，上海南汇（今属上海）人。1925年加入中国共产党。同年赴莫斯科中山大学学习。1931年回国后担任中共中央宣传部部长兼中央党报委员会书记、中共临时中央政治局常委。1934年在中共六届五中全会上当选为中央政治局委员、中央书记处书记。在中华苏维埃二大上当选为中央政府人民委员会主席。遵义会议后代替博古同志在党内负总责。后历任中共中央书记处书记兼中央宣传部长、西北工作委员会主任、马列学院院长、中共合江省委书记、中共中央东北局组织部长、东北财经委员会副主任、辽东省委书记等职。新中国成立后曾任中国驻苏联大使、外交部第一副部长。是中共第六届中央政治局委员、常委、中央书记处书记，七届中央政治局委员，八届中央政治局候补委员，第一、二届全国人大常委会委员。主要著作编为《张闻天选集》。

在洛甫同志领导下从事编译和研究工作

何锡麟

　　张闻天同志是我党历史上在马克思主义理论宣传工作和干部教育工作上作出重大贡献的主要领导人之一。这位伟大的马克思主义者在一生中对党、对人民、对共产主义事业的贡献和可歌可泣的事迹，实在是数不胜数。40多年前，我曾经先后在他直接领导下的编译部和研究室工作过。那时大家都亲切地称他洛甫同志。回忆当年他的亲切教诲以及耳聆目睹的感受，缅怀与景仰之情，时经久而弥深，至今仍然不断地激励我前进。

　　在抗日战争时期，延安是党中央的所在地，被人们称为革命圣地。它也是党为全国大量培养革命干部的中心。洛甫同志当时是中共中央政治局委员、党中央总书记，中央宣传部长，马列学院院长，工作已够繁重的了。但是为

本文原载《回忆张闻天》，湖南人民出版社1985年版。

了把我党在根据地里第一个编译马列主义经典著作的专门机构的工作开展起来,他还亲自兼任马列学院编译部主任,在组织和领导马列主义经典著作的编译工作方面,倾注了大量的心血。

编译部是个小单位,人员在初期不过十人,但洛甫同志的兼职并非挂名,而且他管得很具体,很细致,如抽调干部,个别谈话,了解工作进度和困难,审阅部分译稿,等等。除编译人员外,还组织了延安其他单位的一些同志参与这项工作。在洛甫同志领导下,整个工作是有计划、有组织地进行的,目标一开始就很明确,即在前期要集中力量编译出版《马恩丛书》(共十册),在后期要编译《列宁选集》(共20卷)。《马恩丛书》中有一本《政治经济学论丛》,书名就是洛甫同志定的。马列学院(包括编译部)解散后,于1943年还抽调了一些同志到中央宣传部把翻译《列宁选集》的工作坚持进行到底。洛甫同志开创并亲自领导、组织这项工程的进行,这是《丛书》和《选集》得以如期出版的决定性因素。这30本书的翻译出版,不论对于解放区的理论教育,还是对于马克思列宁主义在中国的传播,都是一件大事。它扩大了马克思列宁主义的宣传阵地,为广大干部提供了学习和掌握马克思列宁主义基本理论的精神食粮,适应了党中央大量培养干部的迫切需要。其中的若干著作,就包括在1949年中央规定的《干部必读》这套书内。

洛甫同志重视马列著作的翻译工作是和他一贯重视对

干部进行马克思主义理论的教育分不开的。他本人就是认真学习马克思主义理论的一个模范。大约在1939年,他组织了《资本论》学习小组,共十来个同志,隔周讨论一次,每次学习讨论都是他亲自主持,不论溽暑寒冬,从不间断,一直坚持到把《资本论》第一卷的25章全部学完,整整花了一年多的时间。在学习讨论会上,规定学习小组的成员轮流对正在学习中的这一章作中心发言。对中心发言人的要求,是尽量用自己的语言谈谈读完这一章后自己的理解和体会。不同意见可以充分展开讨论,自由发表意见,因此讨论会进行得很活跃。对重要的章、节乃至片段,要求进行详细的、深入的讨论。对学习中的难点,如第一章,尤其是第一章第四节《商品的拜物教性质及其秘密》,则不惜花费时间,深入钻研,务求理解马克思的原意。为此,还常常把《资本论》的德文原版与中、英、俄、日文的不同译本对照起来进行分析和研究。小组成员中,王学文同志研究《资本论》多年,王思华同志本人就是《资本论》的译者,洛甫同志去过日本、美国、苏联,对这几种文字都能掌握,加上别的同志,讨论可以说是相当深入的。从洛甫同志的发言中,可以看出他高度的马克思列宁主义的理论修养和学识的渊博。《资本论》学习小组因学得好,坚持得好,当时曾受到毛泽东同志的表扬。

这次学习已是46年前的事了,但洛甫同志认真学习钻研马克思主要著作的精神,他领导学习的方式、方法,规定的学习制度,讨论的民主气氛,攻克学习中难点的办法,等等，我记忆犹新，至今还有值得我们学习和借鉴的地方。

洛甫同志更值得我永远学习的是他为人的作风和品德。他总是以大局为重，心怀坦荡，从来不突出个人，不计较个人得失，从来不宣扬自己，从不谈自己的功绩。反之，常说自己应该多下去，多接触实际，多接触群众，多调查研究，向群众学习。他对毛泽东同志的尊重和拥护，完全是发自内心的，是基于他对中国革命的长期认识和从长期革命实践中得出的历史的结论。这一点，在他的谈话、报告和学习讨论的发言中，都一再有所流露。如他常说"我们哪有毛主席那样高的水平"，"这要请教毛主席"，等等。

在与洛甫相处的日子里，从未见他有过急躁、发火、

延安马列学院旧址

疾言厉色、盛气凌人的表现。他坚持原则，但从不用伤害同志的语气讲话。可以毫不夸张地说，民主作风、平等态度、平易近人、谦逊诚恳，已成为他工作和生活的习惯。1938年5月初他亲自找我谈话，这是我在延安第一次同党中央的一位负责同志谈话。洛甫同志听我叙说上前线的愿望后，他说，现在是抗战时期，上前线打仗当然重要，但根据你的条件，还是以留下来翻译马列著作为好，这并不比上前线不重要。目前这方面的干部奇缺，现在要大量培养干部，马列主义的理论教育必不可少，在职干部也要学习马列著作，马克思主义的宣传工作更离不开它。我们现在有条件可以有组织、有计划地翻译出版马列主义经典著作了。过去在艰苦的战争环境中是没有这种可能的。他的谆谆教诲、循循善诱，使我受到深刻的教育，并留下了难忘的印象。谈话足足用了近两个小时，我临走时才发现张学思同志正在等待着洛甫同志的接见。

1945年第二次成立中共中央政治研究室，由洛甫同志兼任主任（中央政治研究室第一次成立于1941年，由毛泽东同志兼任主任）。他用商酌的口气征求我这个初学者（我只在1941年成立中央政治研究室后接触过一些世界经济问题）的意见，说世界经济研究是否应以研究美国经济为重点。这是他在1945年夏说的，40年后的今天来看，他在国际经济问题方面是多么具有远见！1948年我出席东北局在哈尔滨召开的城工会议，这次会议原定王稼祥同志报告，因稼祥同志有病改由洛甫同志报告。这样我又一次见到洛甫同志。在会议休息期间，洛甫同志不是派人把我找去，而是自己老远跑过来找我，问起我目前工作的情况，并急切向我打听原来中央政治研究室一位同志的下落。多年在他领导下工作过的同志，无不认为他具有无产阶级革命党的领导人的风度，具有革命的长者和学者的风度，他是同志们的真正的良师益友。他善于团结干部，对同志关怀备至。在他直接领导下的同志，时时处处都能感到在领导者与被领导者之间存在着亲密无间的同志关系。我清楚地记得，在马列学院编译部时，因天气寒冷，洛甫同志曾亲自把自己的皮袄赠送给当时在编译部历史组主编《中国通史简编》的范文澜同志。从这里也可以看出他对知识分子的关心和爱护是无微不至的。在当时陕北物质条件比较困难的条件下，他总是尽可能地从各方面改善我们编译人员的生活，每月发的生活补助费是四元五角，比马列学院学员和研究室人员都要略高。我们这些编译人员不但生活上有所照顾，而且在工作中遇到困难时也往往能获得他的亲切的鼓励和帮助。记得我刚开始翻译《雇佣劳动与资本》的头几天，自己不知合不合规格，感到有些为难，这时他亲自来找我并将我的译稿拿去看，第二天送回来时对我说，你就这样翻译下去好了。他还不时把我们难以得到的英文版书刊，如《共产国际》《苏俄反对外国武装干涉与国内战争史》、阿多拉茨基的一本哲学著作等等，拿到我们窑洞里来，让我们在暇时看看。洛甫同志的窑洞同我们的住处之间相隔一个山坳，而他每次来看望我们，总是爬山走来，亲切地向大家问寒问暖。

由于林彪、"四人帮"、康生的迫害，洛甫同志过早地离开了我们，但他的光辉思想、业绩和高大的形象，将永远活在人们的心中！

何锡麟（1915—2013）马克思主义经典著作翻译家。河南濮阳人。曾先后在北平燕京大学、苏州东吴大学、北京大学学习。1936年加入中国共产党。后历任北平社联书记、中共北平市委文委委员、北平学委会干事会主席等。1938年调入中共中央马列学院编译部，从事马列经典著作翻译工作。1941年起先后任中共中央政治研究室世界经济研究小组组长、陕甘宁边区师范学校教导主任、中共东北局社会部调查研究室主任、吉林省永吉地委宣传部部长、吉林大学教育长兼文法学院院长、东北大学教育长等。新中国成立后，先后任北京师范大学党委书记、第一副校长，南开大学党委副书记、副校长，中国科学院哲学社会科学部世界经济研究所副所长。1978年任中央编译局顾问。译有《雇佣劳动与资本》《〈资本论〉提纲》及《列宁选集》的部分卷次等。

回忆在延安翻译马列经典著作的情况

何锡麟

党中央一贯重视马列主义理论的宣传和教育工作，而在解放区内有计划地编译和出版马列主义经典著作则是从1938年开始的。1938年5月5日，在马克思诞生120周年纪念日，延安成立了马列学院。马列学院机构小而精，却设了编译部，它的主要任务就是编译"马恩丛书"和《列宁选集》。当时中共中央的总书记张闻天（即洛甫）同志兼任院长和编译部主任。

我是1938年5月第一个被调到马列学院搞经典著作翻译的，不久柯柏年同志、王石巍（即王实味）也来了，我们是最早的三个人。以后又来了景林和赵飞克同志，景林曾在德国学电机，当时参加德文翻译工作。赵飞克曾在英国留学，他和景林两人都是学自然科学的，这时因工作需要

本文原载中央编译局马恩室编《马克思恩格斯著作在中国的传播》，人民出版社1983年版。

何锡麟翻译的《〈资本论〉提纲》

都调来翻译马列主义经典著作。再后来，王学文、张仲实等同志也来到马列学院编译部。还调来一个陈絜同志，在地下党时期曾是燕大的支部书记。

当时翻译的本子主要来自苏联，有俄文、英文、德文、法文、日文等版本。我们先以主要力量从事"马恩丛书"的编译，接下去才翻译《列宁选集》。我翻译的第一本经典著作是马克思的《雇佣劳动与资本》，接着便翻译了《政治经济学论丛》中除《价值、价格与利润》外马恩的其他几篇著作。随后又翻译了恩格斯的《〈资本论〉提纲》。《论丛》和《提纲》这两本书均由王学文同志从日文进行校对，1939年由延安解放社出版。

当时不在编译部的成仿吾、艾思奇、徐冰（邢西萍）、吴理屏、王思华、何思敬、曾涌泉、曹汀（军委编译处）等同志，也都参与了翻译马列主义经典著作。

编译部后来组织了一部分同志编写中国通史，人员有范文澜、尹达、金灿然、叶蠖生、佟冬等同志。他们写的《中国通史简编》，于抗战末期出版。

编译部搞翻译工作的（中国通史组不计在内），最多也就十个人。中央重视，生活待遇上条件较好，一个人有一个窑洞，但是翻译条件很困难，主要是图书资料少，特别是工具书少。当时毛主席的图书馆也不大，我们要查大英百科全书等也找不到。当时只有一些历史书籍和类似年鉴之类的书。我只有一本商务印书馆出版的《综合英汉大词典》，搞德文的同志也仅有一本字典。即使有人能带到解放区来一两本字典,那也是很少的,当时每人要有一部顶用的字典就相当不错了,因此翻译中碰到难句子,有时一两天也搞不出来。当时我们翻译工作的定额是一天 1000 字,一年 36 万字。1000 字的稿费一元。如果该书又在重庆出版,所得稿费一部分自愿交回延安解放社,一部分上交顶大生产任务。

1941 年中央发表关于调查研究的决定后,马列学院和编译部都解散了。整风时我们之中一部分同志已调到中央政治研究室。后来,没译完的《列宁选集》,由张仲实、曹葆华同志和我在 1943 年底又带到中宣部去继续翻译。1943 到 1944 年我在中宣部因主要参加审干,译书不多,张仲实、曹葆华同志继续搞翻译工作。《列宁选集》就是这时完成的。

中央很重视收集报刊图书资料,国内战争时期,每打下一个县城,就把当地各种书籍、报刊都收集起来。我和柯柏年同志 1944—1945 年在延安中共中央外事组工作时,把当时能够得到的英文资料及时译出,编成油印刊物《供您参考》,自己翻译,自己刻蜡版,自己油印,共印 11 份,只供中央领导同志参考。记得毛泽东同志的《论联合政府》一文,就利用了《供您参考》中的材料。

当时翻译出版的"马恩丛书"共十本。《列宁选集》可能是 20 本,苏联出版的是 12 本,每一本的篇幅太大,我们把它分成了 20 本。出版这些书都是给党内领导同志及广大干部学习用的,有时我们的译稿送至解放社,在还未排印之前就被中央领导同志如陈云、富春等同志抽去看了。

我们译的书均由延安的解放社出版。当时尹达同志负责出版社工作。当年每本书初版时印数可能有2000册左右。纸张多用马兰草纸，质量不好，只有发给中央委员们的书才用白报纸印，我们译者也可拿到一本白报纸本的赠书。我们的书在解放社出版后，往往很快就在重庆重印出版。

王学文（1895—1985）中国经济学家，马克思主义经典著作编译家。江苏徐州人。1910年赴日本留学，1921年考入京都帝国大学经济学部，受教于著名的马克思主义经济学家河上肇。1927年回国后加入中国共产党，先后在法政学院、上海艺术大学、群治大学、暨南大学等校任教，讲授马克思主义政治经济学和经济思想史。1938年任中共中央马列学院副院长兼教导主任。新中国成立后，长期在中共中央宣传部工作，并在中央党校讲授政治经济学，致力于研究《资本论》和财政经济问题。为中国科学院哲学社会科学部委员，第一、四届全国人大代表，第一、二、三届全国政协委员，第四、五届全国政协常委。译校有《雇佣劳动与资本》《价值、价格与利润》《〈资本论〉提纲》等，著有《中国经济现状概论》《近世欧洲经济思想史》《政治经济学教程绪论》《〈资本论〉研究文集》等。

我的回忆

王学文

党中央为了迎接抗日战争高潮的到来，在延安先后设立了许多培训干部的学校，有组织有计划地培养干部，如抗大、陕公、中国女子大学、行政学院、鲁迅艺术学院、自然科学院、军政学院、中央党校、马列学院等，其中以马列学院为最高学府。与有组织有计划地培训干部相适应的又一措施，则是有组织有计划地翻译和出版马列主义的经典著作，这一工作由当时的总书记张闻天负责主持，由张闻天兼任马列学院院长，为了便于领导，编译人员主要集中在马列学院。马列学院除教务处、行政处之外，另设编译部，还有材料部，主任是涂国林。秘书长先是朱光，后是章夷白。

我原是中央党校管理委员会主任兼教务主任，1938年下半年调马列学院任副院长兼教务主任，领导日常工作和

本文原载中央编译局马恩室编《马克思恩格斯著作在中国的传播》，人民出版社1983年版。

讲授政治经济学，重大问题再找张闻天。教务处下设政治经济学研究室、哲学研究室、历史研究室等。

讲课则有陈云、洛甫、陈昌浩、吴亮平、艾思奇和范文澜、杨松等人，刘少奇同志《论共产党员的修养》就是在马列学院讲演的。

编译部有何锡麟、柯柏年、王石巍（即王实味）、陈伯达等人。编译部下还分几个小组，他们的生活待遇较一般人要高些。

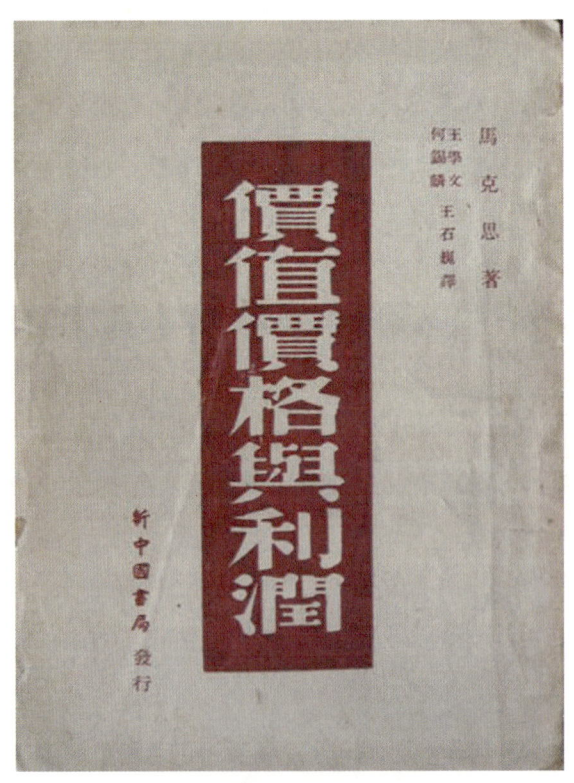

王学文等翻译的《价值价格与利润》

1939 年，张闻天因我教授政治经济学，并懂外文，让我脱产两个月去校对《〈资本论〉提纲》及《政治经济学论丛》（其中包括《雇佣劳动与资本》及《价值、价格与利润》二书）。

我校对《雇佣劳动与资本》是根据德文原文，《价值、价格与利润》是根据英文原文，这两本都参照了河上肇的日文译文，因为他的译文比别人都好。

《雇佣劳动与资本》及《价值、价格与利润》因我校对改正的较多，所以在出书（即《政治经济学论丛》）时，便算是王学文、何锡麟、王石巍三人合译了。

至于《〈资本论〉提纲》是《资本论》第一卷的提纲，当时只有英文译本，翻译是根据英文译的，我也只好根据英文译本校对，署名何锡麟译，王学文校，我校对后都送翻译者看，同意后才交出。

建国后，1950 年三联书店再版《价值、价格与利润》，再版时只用我的名字，稿费也都给了我。我把应属于王实味的二分之一的稿费交给了当时马列学院机关党委，三次共交了 264 万元（旧币，收据还在我处）。

之后，《雇佣劳动与资本》归编译局出版，我重新校对了一次，提了若干条意见，但由于那时陈伯达正在打击我，所以，编后记连我的名字也未敢提。

我对翻译校对的体会是不仅要懂外文，还要有专业知识，而且要懂得和熟悉所要翻译的著作，这样才能正确地表达原意。

沈志远（1902—1965）中国马克思主义经济学家、哲学家、翻译家。原名沈会春，曾用名沈观澜、王剑秋。浙江萧山人。1926年赴苏，先后在莫斯科中山大学、莫斯科共产主义科学院中国问题研究所、莫斯科中国劳动大学学习，参与共产国际东方部《共产国际》杂志中文版的编译和《列宁选集》（六卷本）中文版的翻译出版工作。1931年回国后先后任教于上海暨南大学、北京大学、西北大学等。1944年加入中国民主同盟。新中国成立后，历任华东军政委员会主任委员、参事室主任、文教委员会副主任，中国民主同盟上海市委员会主委，中国科学院哲学社会科学部学部委员，上海市政协副主席等职。是第一届全国人大代表。译有《辩证唯物论与历史唯物论》等，著有《计划经济学大纲》《新经济学大纲》《近代经济学说史大纲》等。

在追求真理的征途上
——追忆父亲沈志远

沈骥如

父亲在中学时代就参加了五四运动。1925年上半年，经中共党员侯绍裘的介绍，父亲在上海加入了中国共产党。1926年12月至1931年12月，父亲被中共派遣到苏联学习、工作了五年。父亲先是在莫斯科中山大学学习马克思主义，1929年6月，他以优秀的成绩毕业，被选送到莫斯科中国问题研究所当研究生，期间，从1930年8月到1931年11月，他在共产国际东方部中文书刊编译处编译《共产国际》杂志中文版，并参加翻译出版《列宁选集》六卷集中文版的工作。在苏联五年的学习与工作，使父亲打下了坚实的马列主义理论基础，树立了坚定的马克思主义世界观。1931年12月，父亲回到了阔别五年的上海。1932年初到1933年6月，父亲先后担任中共江苏省文委委员和中央文委委员，与冯雪峰、杨翰笙等同志共事。他还先后担任

本文原载吉晓蓉主编《书韵流长：老三联后人忆前辈》上册，上海三联书店2015年版。沈骥如为沈志远之子。

了社会科学家联盟（社联）的委员、常委，参加编辑《研究》杂志。1933年6月至8月，在一场伤寒病之后，父亲与单线联系的党组织失去了联系。同年9月，父亲到上海暨南大学任教，周谷城也在那里任教。由于马克思主义的言论，父亲于次年6月被解聘。于是，他闭门著书、译书，直到1936年7月。1936年8月，应当时在北平大学法商学院任经济系主任的李达同志的邀请，父亲到该院任经济系教授，七七事变以后，父亲转赴西北联大法商学院任教，1938年底被国民党教育部解聘，同时被解聘的还有曹靖华、章有江、刘及辰、彭迪先等八位教授。

父亲被国民党教育部解聘后，于1938年底到重庆，在邹韬奋主持的生活书店任副总编辑。从此，父亲就与生活书店结下了不解之缘。众所周知，20世纪30年代末出版的郭大力、王亚南翻译的马克思的《资本论》是我国马克思主义传播史上的一件大事。但是，译文比较难懂。所以当时大学的进步的教授和各革命根据地的党校，大多采用我父亲沈志远著的《新经济学大纲》作为马克思主义政治经济学的教科书。这部著作的最大特点，是把《资本论》的主要内容，用通俗易懂的白话文系统地介绍给读者，同时还加入了列宁的《帝国主义是资本主义的最高阶段》的内容。新中国成立前夕，父亲又在该书中加入了体现毛泽东思想的新民主主义经济的内容。据笔者统计，《新经济学大纲》从1934年由北平经济学社印行问世到1954年的20年间，先后再版了至少18次（主要是由生活书店再版，三联书店成立以后，由三联书店再版。由于各地生活书店分别再版，分别标记版本，版本统计难免有遗漏），可见这部专著对在我国传播马克思主义政治经济学所起的重要作用，说此书是生活书店的"品牌"出版物之一一点也不为过。

父亲不但是一位马克思主义经济学家，也是一位马克思主义哲学家。他的哲学著作、译作与经济学著作、译作的文字数量差不多是一半对一半。沈志远对马克思主义哲学在中国传播的最重要贡献，是翻译出版了苏联米丁院士

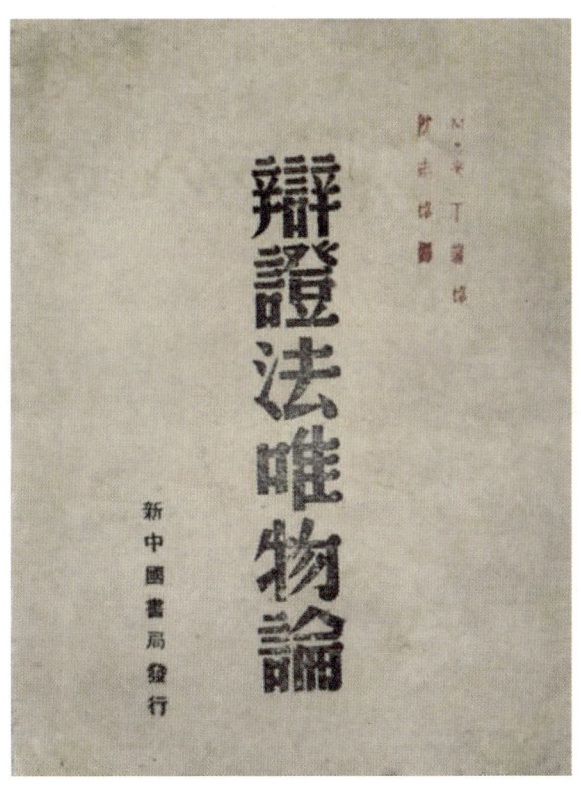

沈志远翻译的《辩证法唯物论》

等人主编的《辩证唯物论与历史唯物论》。该书的上册《辩证法唯物论》于1936年12月由商务印书馆出版,1938年再版,1939年后由生活书店再版,1949年后由三联书店再版。据笔者不完全统计到1950年为止,至少也印发了18版。该书的下册《历史唯物论》于1938年7月由商务印书馆出版,1939年6月再版,1940年后改由生活书店再版,1949年后由三联书店再版,到1950年为止,至少印发了13版。为了逃避国民党的书刊检查,有时候这本书的译者用父亲"王剑秋"的笔名。

如此频频的再版记录表明,这部著作的翻译出版对马克思主义哲学在中国的传播有着深远影响。据我母亲崔平(崔华玉)回忆,在1950或1951年的一天,父亲和她出席了在中南海怀仁堂举行的晚会,在父亲向毛主席表示敬意的时候,毛主席握着父亲的手亲切地说:"你是人民的哲学家。"毛主席为什么这样说?可以从下面一本书找到答案:龚育之、逄先知、石仲泉著《毛泽东的读书生活》(中央文献出版社2003年版)一书,介绍了毛泽东在延安时期爱读的书目,其中哲学书有七部(八本),在这八本书中,毛泽东批注多且重要的有五本,其中包括李达等译的《辩证法唯物论教程》和沈志远翻译的《辩证唯物论与历史唯物论》(上册)。五本书中的这两本,"在文字和内容上与《实践论》和《矛盾论》有直接的联系","例如,毛泽东从《辩证唯物论与历史唯物论》(上册)的原文中提取和复述了这一句话:'认识物质,就是认识物质的运动形式。'这表示他注意到这个观点,这句话后来也写进《矛盾论》里了。"可见,毛泽东称我父亲沈志远是"人民的哲学家",是因为他仔细阅读过沈志远翻译的书,是对沈志远在中国传播马克思主义哲学所付出的辛勤劳动的肯定和赞许。

除了父亲的著作《新经济学大纲》、译著《辩证唯物论与历史唯物论》被生活书店频频再版以外,生活书店还出版了我父亲的《近代经济学说史》《二十年的苏联》(与张仲实合著)《研习资本论入门》《现代哲学的基本问题》《近代经济学说史纲》等著作、译作,据不完全统计,有11种之多,其中有些著作、译作后来三联书店也再版过。由此可见,父亲是三联书店,特别是生活书店的重要的骨干作者之一。

何思敬（1896—1968）中国哲学家、法学家，马克思主义经典著作翻译家。原名何浏生，笔名何畏。浙江杭县（今余杭）人。1916年留学日本。1926年回国后任中山大学法学院院长、教授。1932年加入中国共产党。1938年辗转到达延安，历任抗日军政大学教授、中共中央军委编译处研究员、延安大学法学院院长等。1945年作为中共代表团法律顾问，跟随毛泽东、周恩来赴重庆谈判。新中国成立后历任北京大学法律系教授，中国人民大学法律系和哲学系教授、系主任、马列主义发展史研究所教授，中央法律委员会委员，外交部专门委员等。是《共同纲领》和新中国首部宪法起草人之一。译有《哥达纲领批判》《哲学的贫困》《经济学哲学手稿》《国民经济批判大纲》等。

父亲何思敬在我国马克思主义早期传播中的突出贡献

何理良

我的父亲何思敬，原名何浏生，笔名何畏，浙江杭县塘栖镇人。中国马克思主义哲学家、法学家、马恩经典著作翻译家、教育家。

何思敬出生于1896年，当时正值辛亥革命前后，中国正由封建王朝转变为共和制国家，社会动荡，民生凋敝。何思敬自幼聪慧好学，读书刻苦用功，胸怀大志，深受私塾先生喜爱。在私塾读书识字的这段经历，为其日后的学习打下了良好的基础。虽家境贫寒，但其父亲廉洁正派，何思敬正直的个性得益于其父亲的影响。13岁时其父亲因病去世，何思敬被其父友张静江送往上海，在世界社做学徒，后调入通义银行。此两处均为孙中山创立的民族革命同盟会成员的秘密联络点。同盟会成员议论的法国大革命的自由、平等、博爱等理念和进行革命、建立共和国的

何理良为何思敬之女。本文为何理良口述，张甲秀整理。

思想，对青年何思敬极有吸引力。但是辛亥革命后广大人民大众仍是贫困愚昧，受军阀和帝国主义列强欺压，这使何思敬心中萌生了彻底改变这个世界和为穷苦人谋福利的想法。

辛亥革命后，江浙一带经济有所发展，张静江有意开发西洋式瓷器业，即资助何思敬于1912年远渡日本，进入京都美术工艺学校学习。但手艺不是何思敬的志向，他心中有更崇高的理想和抱负。初次报考官费，因知识不足，未成。

何思敬于1914年归返故乡，找了个临时性工作。但他悬梁刺股，手不释卷地补课，一年后再次东渡，以优异成绩考取中国官费生资格，从此脱离了张静江的资助，在仙台等地接受中学教育并学习德文，1916年考入日本东京帝国大学，开始了他在日本高等学府的留学生活。回忆起这段经历，何思敬说："当时听说若能考入中国政府指定的日本高等学校就可以领取中国官费，所以1914年9月到东京去准备投考被指定的高等学校。但第一次投考没有成功，所以1915年10月回到杭州在一个丝织厂中去当纹工学徒三个多月。"

何思敬求学期间，国内外形势发生了巨大变化，因为俄国十月革命的胜利，促使马克思主义和其他社会主义思潮于日本知识界广泛传播。当时何思敬对国内外重大事件都极为关注。他在大学期间，通过日文和德文阅读了不少马克思和恩格斯及其他社会科学理论书刊和进步的文艺作品。他在文学院攻读德文，就是为了更好地学习马克思、恩格斯的共产主义思想，期间也对黑格尔的著作和德文版的其他社会科学理论产生了浓厚的兴趣。当时正值日本马克思主义研究先驱、经济学家河上肇教授等多位日共同志大力宣传社会主义学说，在他们的影响下，何思敬开始有意识地阅读马恩著作，也读过刚刚传到日本的布哈林的《共产主义ABC》，还参加了进步大学生宣传社会主义团体的活动。这些都对年轻的何思敬产生了一定影响，为推动他日后从事马克思主义理论研究、从事经典著作翻译奠定了基础。

1922年，何思敬结识郁达夫、郭沫若、成仿吾，以何畏为笔名，向《创造社》投稿。同年转入美术系。何思敬利用课余时间到其他院系旁听，并长时间入图书馆阅读马克思著作和政治、经济、社会学、哲学和法律书籍。

1927年2月接到国民政府秘书长周柏年的来电，聘请何思敬至广州国立中山大学担任教授一职。何思敬即予接受并启程回国，来到广州，任国立中山大学教授和法科副主任。不久蒋介石发动"四一二"反革命政变，国共两党合作破裂。白色恐怖笼罩广州，何思敬尽己所能掩护校内共产党员和朝鲜义烈团成员金奎光，并多次公开揭露国民党罪行。

在赴上海为赴德留学做准备时，"九一八"事变爆发，何思敬放弃赴德机会，留在国内参与抗日救亡运动，并将出国经费全部捐献给革命组织。经韩托夫和沈志远介绍，于 1932 年加入中国共产党。同年 9 月，何思敬服从组织安排，重返中山大学任教，积极参加当时广州一带的抗日活动。

"一二九"运动的消息传到广州，中大学生群起响应，掀起广州各界抗日救亡运动高潮。广东军阀陈济棠血腥镇压学生爱国运动，酿成"荔枝湾惨案"，并阴谋加害何思敬、邓初民等教授，何思敬被迫避走香港。

在香港期间，何思敬应邀出席宋庆龄等在上海发起的全国各界救国联合会成立大会，随后，与陈汝棠等在香港成立全国各界救国会华南区总部——简称"南总"，主持日常工作，对"两广事件"和平解决有贡献。

抗战全面爆发后，何思敬几经辗转，从上海经武汉、山西渡过黄河。何思敬在毛泽东邀请下，由廖承志亲自接送，于 1938 年 3 月抵达延安，受到延安抗大几千名学生的迎接，并由毛泽东亲自主持欢迎会。

在延安的九年，是何思敬主要从事翻译、教育、法律等工作的时期，也是他与反动派进行斗争的年份。当时，他是马克思主义理论战线上的骨干分子。1938 年新哲学会成立，他是该会的负责人之一。在第一届新哲学会年会上，他提交论文《黑格尔与逻辑》。他精通日、德、英语，与徐冰合译马克思名著《哥达纲领批判》，后又翻译了马克思的《哲学的贫困》。毛泽东还主持了一个克劳塞维茨战争研究会，请何思敬直接从德文本讲解，坐在条凳上的听讲者中有毛泽东和在延安的八路军高级军事干部。何思敬还同王

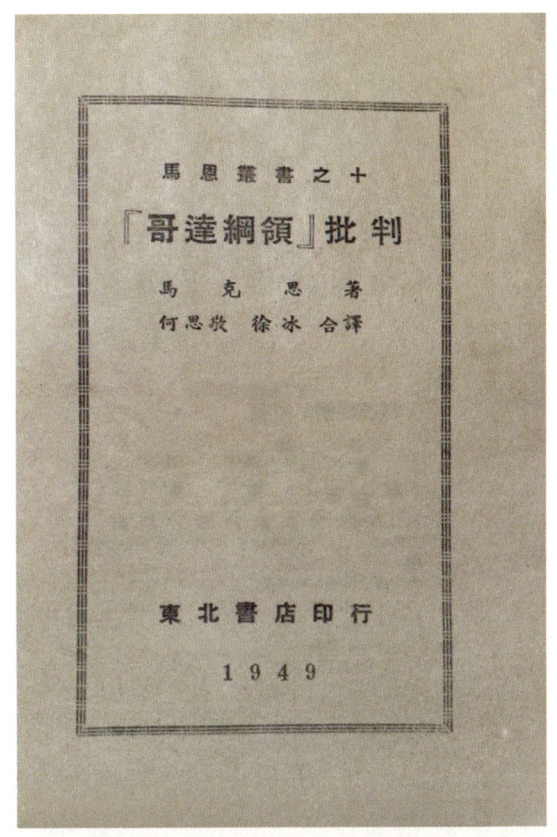

何思敬、徐冰翻译的《哥达纲领批判》

学文教授用日语向延安日本工农学校的学员讲授社会发展史,该课程被日本学员认真记录并被王艾英、何理文译成中文,以《社会科学常识》书名出版。

在延安那段日子里,令我印象深刻的一件事是,一天傍晚,毛主席提着一盏马灯来到编译处看望我们一家人。主席的突然来访,使我的父母很感惊喜,急忙鞠躬敬礼。看来何思敬的日本生活习惯很深,除敬礼外还不由自主地欠身鞠躬，以示敬意。我父母忙请主席坐下，主席则拱手向我们一家的团圆表示祝贺，并一一和我们握手。坐下后，主席到上衣口袋里找香烟，可是只找出一支，于是他就把这支香烟掰成两半，一半送给我父亲，两人就这样一边抽烟，一边谈笑。

抗日战争胜利后，毛泽东和周恩来应蒋介石的邀请，到重庆谈判全国的和平问题。何思敬随毛泽东、周恩来赴重庆参加国共谈判，任中共代表团法律顾问，并先后在《解放日报》撰文揭露蒋介石推行"宪政"的欺骗性和《五五宪草》的反动实质，谴责美蒋制造"安平事件"的阴谋和罪行。

1948年何思敬结束土改工作后，跟随中央转移至西柏坡，协助周恩来撰写全国人民政协的《共同纲领》，同时为起草新中国第一部宪法做准备。

全国解放以前，何思敬同志承担着繁重的理论教学工作、军事著作编译、法律顾问和种种社会活动，没有充裕时间更多地系统介绍马克思主义的经典著作。虽然如此，他仍是多年一贯孜孜不倦地钻研马克思主义的理论，尽可能地作了一些翻译介绍，完成了许多有价值的理论工作和实际工作，是党的理论战线上的一名忠诚的、杰出的战士。毛泽东同志曾高度评价何思敬同志是一位"有正义感、有勇气、有学问"的人，称誉他是"全国第一流的法学家"。

新中国成立后，何思敬在北京继续从事马克思法律和哲学的研究、教学和翻译工作，参与中国人民大学的筹建，创建了新中国第一个大学的法律系，并任中国人民大学首任法律系主任，为我国培养了一批优秀的法学理论干部。积极宣传马克思主义哲学，利用更多机会接触德文原版书刊，大量从原文阅读了马克思和恩格斯的著作，翻译多部共产主义哲学著作。

何思敬是一位学者，更是一位战士。他对马克思主义在中国的传播工作是倾毕生心力以赴的。他不单纯是一位经典著作翻译家，他还是一位马克思主义的笃信者，一位优秀的理论宣传家和革命战士。他的翻译和著述工作同我国新民主主义革命和社会主义革命、社会主义建设实践的紧密结合是一贯到底的。他的学识既是无畏地批判反动、勇于维护真理的利刃，也是宣扬马克思主义哲学和法学以及社会主义法律思想的宝库。

何思敬的一生，是奋斗的一生，是光辉的一生。他一向勤奋、不计功名利禄的高尚情操和品德，他的不朽业绩与学识，永远值得后世敬仰与学习。

曹汀（1911—1998）马克思主义经典著作翻译家，马克思主义军事理论翻译工作的奠基人之一。开国上校。山西太平（今襄汾）人。1938年参加革命，曾在中央军委编译处负责翻译马列主义军事著作，翻译出版《新德意志帝国建设之际的暴力与经济》《恩格斯军事论文选集》等。新中国成立后，历任军事科学院外国军事研究部翻译处处长、副部长，中国翻译工作者协会副会长等。参与翻译、选编、校对和出版的译作主要有《马克思恩格斯军事文选》《列宁军事文选》《列宁斯大林军事文选》《马克思恩格斯列宁斯大林军事文选》等。

我在翻译和校对马克思和恩格斯军事著作方面的一段经历

曹汀

我是1939年在延安军委编译处开始翻译恩格斯军事著作的。首先从德文翻译《普法战争（1870—1871年）》一书。该书系由德国共产党员郝思从英文转译的，并附有他作的序；同时还节录了波尔克海姆所著《对于1806—1807年德意志铁血爱国者的回忆》一书的恩格斯序文和恩格斯给韦德梅叶尔的一封信附录于后。翻译这本书时曾得到何思敬同志的帮助，该书已在延安出版。后来就同时学习俄文，经初步掌握后，就继续根据1936年苏联出版的《恩格斯军事论文选集》（两卷集）翻译恩格斯的著作。当时由于初学俄文，水平很低，加之工具书也少，只有露和辞典一本，参考材料更缺，所以从事这一工作非常困难。虽有曾涌泉同志帮助校对，但翻译中的错误还是很多的。这一工作一直继续到1945年，只完成了俄文译本的大部分。后由于参加其他军事材料的翻译，这一工作就中断了。

本文原载中央编译局马恩室编《马克思恩格斯著作在中国的传播》，人民出版社1983年版。收入本书时有删节。

新中国成立后，虽然仍在军委的翻译机构从事翻译和领导工作，但在1959年前始终忙于苏军条令的翻译、校对、出版工作，就没有在正式工作时间来从事这一工作了。只能在业余时间补译《恩格斯军事论文选集》未完成的一部分文章，同时又从1956年苏联新出版的《恩格斯军事论文选集》（一卷集）中选译了一些文章。主要是整理延安的旧稿。计划出版六卷集《恩格斯军事论文选集》。后来由人民出版社出版了五个分册，共约70余万字，第二分册由于其他原因没有完成。

1959年中央军委为了加强全军干部的军事理论学习，指示军事科学院编辑马克思列宁主义经典的军事著作选集，

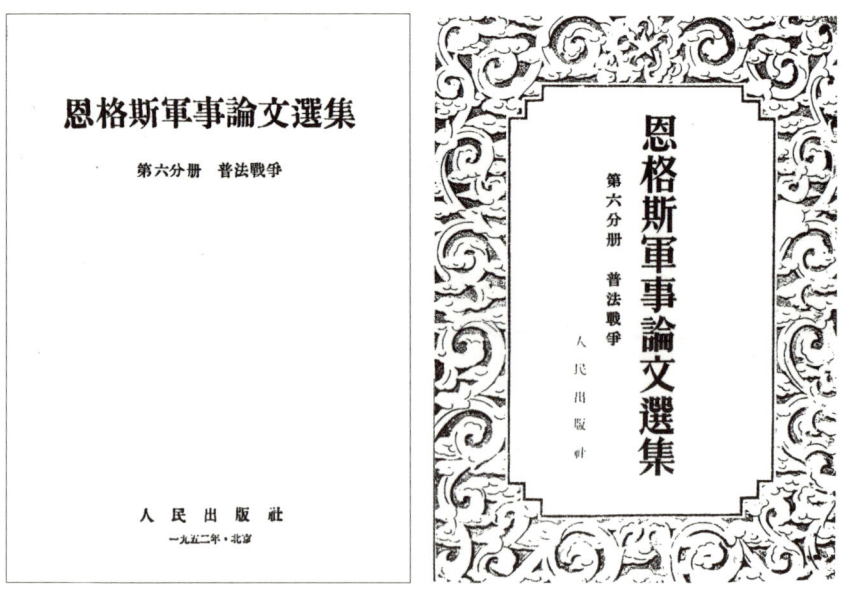

曹汀等翻译的《恩格斯军事论文选集》

不仅要编辑马克思和恩格斯的军事著作,而且还要编辑列宁和斯大林的军事著作。因为当时《列宁全集》和《斯大林全集》已由中央编译局翻译出版,所以只有选编的任务,而马克思和恩格斯的军事著作则大部没有译文,需要组织翻译。当时我在该院某部翻译处作领导工作,就精选了一部分俄文修养较好的同志从事选编、翻译、校对和出版《马克思恩格斯军事文选》的工作。这一工作于1962年完成。共三卷约150万字。

1972年,我又参加了编审《马恩列斯军事文选》精选本的工作。我担任马克思恩格斯军事论文的选编的部分工作。该书着重收录了马克思、恩格斯、列宁、斯大林关于战争、军队和战略战术等方面的基本论述,只有一卷,约27万余字。

1978年军事科学院又开始编辑、出版《马恩列斯军事文集》的工作,我因病实际没有参加。这个文集的马恩部分计划分五卷出版,约200余万字。

这就是我从事翻译、校对、编辑、出版马克思恩格斯军事著作的简单经历。

其次谈谈我在这段经历中感受最深的两点。

一是党的重视和领导的关怀。党中央对马克思列宁主义经典著作的翻译和介绍,一贯重视,这是众所周知的。这点也可以从中央军委对马克思恩格斯军事著作翻译和研究的关怀看出来。据我所知,早在1938年军委就指示当时的编译处翻译恩格斯的军事文章,把马克思恩格斯军事理论的学习当作军事干部必修的课目。军委编译处当时由曾涌泉同志领导,由抗大等单位调来几位懂俄文的同志从事苏联军事材料的翻译工作,并指定焦敏之同志翻译恩格斯的《军队》一文,后改称《军队论》在延安出版。当焦敏之同志外调后,就由我继续这一工作。当时军委负责同志,特别是叶剑英参谋长亲自关怀和指导这一工作。我记得,当恩格斯的《普法战争》一书在延安出版以后,叶剑英同志曾亲自找我谈话,指示研究马克思恩格斯军事思想的重要性,鼓励我全心全意把这一工作做好。这对于我是一次极大的鞭策。新中国成立后,1959年中央军委正式把编辑马克思列宁主义经典的军事著作的工作列为当时重点工作之一,这一任务由军事科学院承担,由院长兼政委叶剑英同志和副院长宋时轮同志亲自指导。我们除了选编、翻译、校对、出版了规模最大的一部《马克思恩格斯军事文选》(三卷集)以外,还选编了一部《列宁斯大林军事文选》。1972年为了适应全军广大干部学习马克思列宁主义军事理论的需要,军事科学院重新精选了一部《马克思恩格斯列宁斯大林军事文选》。接着1978年又在1962年出版的《马克思恩格斯列宁斯大林军事文选》的基础上再加以扩大,选编了七大本《马恩列斯军事文集》,供军队高级干部学习、研究之用,其中《马克思恩格斯军事文集》共五卷。现在正在陆续出版。

二是翻译经典著作要有一支精干的队伍,要发扬集体力量。我们知道,马克思和恩格斯为无产阶级革命的需要,曾在19世纪后半期对军事问题作了全面而深刻的研究，写了许多论文。由于恩格斯分工负责这方面的工作，军事著作绝大部分是他写的。这些著作有些是关于军事理论基本原理的论述，有些是关于军事学术史的专门论文，有些是对当时军事事件的评论。另外，在他们通信中也有不少涉及这方面的书信。这些著作浩瀚繁多，至少有100万字以上。由一个人从事这些著作的翻译介绍工作，本来困难就是非常之大的，这不仅需要极大的精力和很长的时间，而且需要很深的语文修养，丰富的知识，尤其是军事知识。这些都是我个人不完全具备的，加之延安当时的条件，工具书既少，参考材料又缺，虽然工作中曾得到领导的支持和同志们的帮助，尤其是何思敬同志（对德文）和曾涌泉同志（对俄文）的直接帮助，不仅解决了一些疑难问题，而且亲自校对了一部分译文。但总起来说，这一重大而艰巨的任务那时主要由我一个人担负。困难之多是可以想见的。因此，对原著的理解和研究就受了很大的限制。当然这里也有自己主观努力不够的地方。所以后来由人民出版社出版的《恩格斯军事论文选集》，其中有很多的错误。我及时通知该社停止再版，同时也由于时间和精力关系再没有补译第二分册。归根结底，这是翻译没有和研究很好结合所得的沉痛教训。

  及至1959年中央军委把编辑马克思列宁主义经典的军事著作选集的任务交给我们时，情况就大不相同了。我们不仅有一支精干的俄文翻译队伍，具备了发挥集体力量的优越条件，而且除了俄文第二版《马恩全集》以外，还有几种苏联选编的恩格斯军事论文选集，至于工具书和参考材料那比较前就丰富得多了。此外我们还有中央编译局翻译的部分《马恩全集》可供选用，而且在工作中也得到了他们很多帮助。我们翻阅了全部可能收集到的马克思和恩格斯，特别是恩格斯的军事著作，确定了选编的范围，把他们的文章分为军事理论（其中包括军事学术史和军事技术史等）、军事事件的评论和通信部分等三个部分。同时为了便于我军读者的需要，除俄文译本注释外，还加添了我们自己编辑的部分注释。这就是1962年出版的《马克思恩格斯军事文选》。这个选本不仅在编辑上具有自己的特点，而且在翻译、校对、注释等方面更发挥了集体的力量，保证了应有的质量。1972年精选的一本《马恩列斯军事文选》和目前广泛选编的五本《马恩军事文集》，也是依靠集体的力量。这里虽然主要的任务是编辑，只对极少数译文作了校正，但另一方面却加强了研究。在翻译和研究相结合的方面前进了一大步。

最后谈点希望。目前出版的马恩著作大部分都是由俄文转译的。据我个人了解，俄文译本比其他译本要好得多，更忠实于原文；在版本的选择上和在一些难句处理上都下过一番功夫。它不仅比较准确通顺，而且注释齐全，是我们翻译原著的重要参考材料。但在我对照原文校对的几篇文章中仍发现不少误译的地方。如马克思的《中国革命和欧洲革命》、恩格斯的《德国的革命和反革命》中的几节文章，就有这种情况。另外，如恩格斯的《1852年神圣同盟对法战争的可能性与展望》一文，不仅内容有误译之处，连标题的表述都值得研究。据说，《共产党宣言》的俄译本也有人提出与原文有出入的地方。所以希望中央编译局早日开始从原著重译《马恩全集》。

至于注释的问题，这里也提一点个人的看法。俄译本的注释是花了很大精力和通过仔细研究的，绝大部分是正确的，适用的。但有些注释多少带有大国沙文主义或民族主义的倾向，使用时应当注意。另外，为了便于中国读者阅读，还需要增加一部分必要的注释。总之，我认为，注释应以我为主，兼取各种译注的长处。

曹葆华（1907—1978）中国诗人、翻译家。四川乐山人。1935年毕业于清华大学。1939年赴延安，任鲁迅艺术学院文学系教员。次年加入中国共产党。1944年开始在中共中央宣传部翻译马恩列斯经典著作，曾任中共中央宣传部翻译、翻译组长、编译处副处长，中共中央宣传部斯大林全集翻译室副主任，中国社科院外国文学研究所研究员。译有《马克思论印度》《马恩列斯论文艺》《马克思恩格斯论艺术》《马克思恩格斯论文学》《论住宅问题》《法德农民问题》《自然辩证法》《劳动在从猿到人转变过程中的作用》《俄国资本主义的发展》《黑格尔〈逻辑学〉一书摘要》《唯物主义与经验批判主义》等。

总把明珠细细琢

——回忆曹葆华同志的翻译工作情况

严友强　曹忠侃

紫檀木的书橱内满满地摆着一阁书，这是曹葆华同志生前保存下来的由他翻译后出版的著作。虽然这些书不是他的全部译文，但却包括了他30余年翻译生涯的主要译著。它们历经"疯狂的十年"，居然绝大部分没有散失掉，而且能在今天完好地静静地排放在书橱内，这真是难能的幸事！今天，当我们撰写这篇回忆文章时，也庆幸可以从中寻查到一些材料。曹葆华同志倾毕生的心血，从事马克思主义经典著作及无产阶级文艺理论的翻译工作。他的译文的数量是惊人的。从1947年一直到1966年"文化大革命"开始这段时间，几乎每一年都有他的译著问世。甚至于有时一年中，他能拿出几部大部头的重要经典著作付印，奉献于广大读者，由此可见他付出了多么巨大的劳动。他的译文的精美，也自有公论。虽然经他翻译出版的经典著作，后来为中央编译局的译文所代替，不再刊行，但他的译文也

本文原载中央编译局马恩室编《马克思恩格斯著作在中国的传播》，人民出版社1983年版。曹忠侃为曹葆华之子。

还是给其他翻译这篇著作的同志提供了佐证和借鉴的材料，并为在中国翻译出版最精确、最完美的马克思主义经典著作译著，作出了自己的贡献。另一方面，他的一部分译著，如《马克思恩格斯论艺术》及普列汉诺夫的文艺理论等，虽经后来许多翻译者反复推敲，依然经得起检验，因而一再刊行，成为传世之作。当我们一册册翻阅他的译著时，我们看到了解放战争时期出版的印制粗陋的马列主义著作，看到了新中国成立初期装帧简朴的马列主义经典著作，还有后来烫金字的硬壳精装书……我们一册册翻读着它们，那一行行字迹，连篇累卷，字里行间闪耀着马克思主义真理的光辉，它们在我们眼前宛若千千万万行进的行列……我们从这活生生的联想中深深感到，马克思主义的真理已经和中国人民历史性的前进步伐紧紧地结合在一起。自然，我们会想到30余年坚持不息，终日伏案译述，冥思苦想，反复揣摸这些文字的曹葆华同志，也许，此刻我们才进一步懂得了他毕生从事经典著作翻译的价值和意义。

曹葆华同志翻译的马列主义经典著作的绝大部分译自俄文，然而，他本人却是学英文的。他曾就学于清华大学外国文学专业并毕业于该校研究院，俄文完全是他自学的。

解放战争时期到新中国成立初期，曹葆华同志一直在中共中央宣传部担任马列主义经典著作翻译的领导工作，同时，他又是一位多产的翻译家。1947年他在瓦窑堡，胡宗南匪帮进犯延安，他随中央转移，为了减轻辎重，他宁肯舍弃衣被而不舍得丢掉书稿。完成的译稿、正在翻译中的译稿、外文版的经典著作、工具书装了三箱子,一直随他转战南北。最初他们在陕甘宁边区与敌人周旋。有时,敌人在后面紧紧追赶,他们刚爬上一个山坡,在后面不远的山梁上就出现了追敌的身影,大家跑得气喘吁吁。有时为甩开敌人,要一连数日进行长途行军,身强力壮的同志都感到疲备,何况身体条件较差、平时又缺乏大活动量锻炼的曹葆华同志呢!但是,行军只要一停止,他就会打开箱子,立刻开始紧张的翻译工作。有时在老乡的窑洞里工作,有时干脆在窑洞外面的空地上。他就这样不停地翻译着。从陕西转移到山西临县,又迁到河北阜平县城南庄,1948年之后到了西柏坡……他走到哪里,就把翻译工作带到哪里,从未间断过。当人民解放军在战场上与敌人殊死

曹葆华翻译的《俄国资本主义底发展》

搏斗的时候，曹葆华同志也在另一条战线上，用他的笔不懈地战斗着。这期间除了翻译的各类文稿，仅他翻译后出版的著作就有20多本，其中有他和于光远同志合译的恩格斯著《劳动在从猿到人转变过程中的作用》等，恩格斯的这篇文章，曹葆华同志是根据苏联工人出版社出版的德文版《马克思恩格斯全集》译出的，译时参考过俄文译本。全国解放后，曹葆华同志随中央宣传部来到北京。随着生活和工作条件的改善，曹葆华同志工作更加勤奋。他的译文质量和数量不断提高。出版社出版了他的许多译著，其中马恩著作主要有：与季羡林同志合译的《马克思论印度》、恩格斯著《法德农民问题》《论住宅问题》《自然辩证法》等。恩格斯的三篇文章分别与毛岸青、关其侗、于光远和谢宁同志合译。《法德农民问题》是根据俄文版《马克思恩格斯文选》两卷集翻译的。《论住宅问题》是根据《马恩文选》两卷集俄文本和英文本翻译的。凡遇两种本子在语句和意思上不一致的地方，就查看德文本并按德文原文译出。《自然辩证法》根据德文本《马克思恩格斯全集》（旧国际版）译出，译时逐字逐句对照过俄文本，个别地方还参考过英译本。序言、附注是按俄译本译出的。《自然辩证法》一书在延安就开始翻译，译稿的一部分过去曾经分册陆续出版过，前后历经十余年，直到1954年才最后全部译完该书。时间流水，点滴成川，曹葆华同志孜孜不倦的工作结出了丰硕的成果，他为在我国宣传马列主义的理论作出了贡献。

自50年代后期，曹葆华同志不再担负任何领导职务，他埋头书斋,专心译述,主要翻译介绍无产阶级文艺理论。文学艺术是极为丰富又极为复杂的社会意识形态,要想掌握马克思、恩格斯在这方面的绝妙的、精辟的论述,并领会其精神实质,本身就会面临很多困难。我国社会主义文学艺术的实践提出的各种问题,又迫切要求文学艺术工作者从革命导师的论述中寻求答案。但是马克思和恩格斯关于文学艺术的论述却像散播的明珠镶嵌在卷帙浩瀚的著作之中。因而把它们摘录下来编辑在一起,翻译出版马克思、恩格斯论文学艺术一书,供大家学习之用,极为必要。早在 1951 年曹葆华同志就翻译出版了《马恩列斯论文艺》。该书由周扬同志校阅;1953 年又重新印刷过。1957 年是十月社会主义革命 40 周年,人民文学出版社出版一套名为"纪念碑丛书",其中包括马克思恩格斯论文艺。1958 年人民文学出版社把"马克思恩格斯论艺术"列入选题。此时曹葆华同志正在翻译苏联出版的《马克思恩格斯论艺术》(两卷本)一书。由于社会上对该书的急迫需要,虽然全书尚未译完,人民文学出版社曾把译好的某些部分结集成册发表。中文本《马克思恩格斯论艺术》分为四卷于 1960 到 1966 年由人民文学出版社出版。这部书的影响很大,特别是广大专业的和业余的文学艺术工作者、文学艺术部门的干部、大学里教文艺理论的教师等,更把它视为必读之书。曹葆华同志还于 1962 年翻译出版了由格·索洛维耶夫编的《马克思恩格斯论文学》,从而为大家提供了各种版本,便于我们互相参看,相得益彰。人民文学出版社的程代熙同志当时任《马克思恩格斯论艺术》一书的责任编辑。据他后来回忆说:"曹葆华同志一边翻译、一边同时把翻译好的译稿交给我,请我用铅笔在稿旁边提问题。我提对的地方,他接受下来;他认为提得不对的地方,便仍坚持自己的意见,并能认真地跟我说明道理;他认为意见虽提得正确,但译法仍欠妥当之处,便在吸取意见的同时把文字润色恰当。他常催我们快出书。每出一本书他都很高兴。他一点没有大翻译家的架子,我们相处得很好。"从这段回忆中,我们可以看到曹葆华同志翻译《马克思恩格斯论艺术》的一些情况。

曹葆华同志曾和中央许多领导同志互有往还,领受过不少教益,他的工作成果也得到他们的肯定和赞扬。他很少提到与中央领导同志的关系,认为这是庸俗的。但是,只要谁给了他思想上启迪,或者以人格的高尚令他感动,他却会不止一次提到。他生前跟晚辈们讲过,刚解放不久,有一次,他在东安市场书摊买书,碰见了身着普通战士军装的邓小平、刘伯承同志。刘伯承同志曾请他翻译过一篇文稿,因而相识,首先过来打招呼。刘伯承同志对他翻译大量马列主义经典著作表示称赞,并把上衣口袋里插着的一支派克钢笔取下来,赠给曹葆华同志。这不是一支新笔,看样子刘伯承同志还正在使用着。当时站在旁边的邓小平同志也说了些勉励的话。一支派克笔连同两位老一辈无产阶级革命家的极为简朴的形象一直留在他的记忆里。50年代他主编《学习译丛》,这个刊物主要是通过翻译的文章向读者介绍社会主义国家政治、思想方面的情况。邓小平同志当时就对他敏锐地指出，不要光把眼睛盯着苏联，应该多介绍东欧各国的情况。以后的历史发展证明邓小平同志的看法具有预见性。曹葆华同志对中央宣传部的领导同志非常敬重，他特别钦佩胡乔木同志为党兢兢业业工作的精神，他说胡乔木同志为中央起草大量文件，不计名利，不像陈伯达那样沽名钓誉。他和周扬同志在翻译工作上合作过。也正是在周扬同志的鼓励和支持下，他在中宣部辟出书房，埋头译述。他翻译著作中某些译题的选择，事先都征求过周扬同志的意见。

十年动乱期间，抄走了他的全部手稿，剥夺了他工作的权利，糖尿病、白内障、一次次心脏病的侵袭，他的身体日渐衰弱。粉碎"四人帮"后的1978年，人民文学出版社准备出版他在"文化大革命"前早已译好的《普列汉诺夫文集》第五卷。他的心情万分激动，彻夜难眠。夜里，他几次起身，整理译稿。由于视力弱，精神不支，他颤颤巍巍把稿子翻过来找过去，忙了一夜，终未理出头绪。这之后十多天，他因过度兴奋疲劳，致使心力衰竭离开了我们。最后，他安逝在供他工作的书桌旁，安逝在一坐下工作就几个小时不起身的藤椅上。就在他去世的当天，他还表示要为党多做些工作，准备继续翻译著作。

也许由于意识到早年从事过新诗创作，因而曹葆华同志对自己的译文可能出现"因辞害意"的毛病非常警惕。他必抠懂每一个字，每一句的文法，在文理未搞通之前，他决不轻率从事，不像某些人那样只求语言表面通畅，却未准确表达原意。他把忠于原著放在第一位。为了与原著意思相符，他宁愿多用几个字，而不肯舍掉几个字，使语言显得洗炼，但与原著有些微差异。他自己也知道，他的译文有时表达直一些，但在没有找到更好的表达方式之前，他只好先采取这种译法，留待以后继续思索、寻觅最恰当的表达句法，不像某些译者那样只求文句一时的明丽，却忽略原著文词语句间严密的逻辑关系。他的这些翻译原则，也许未能尽善或有待商榷，但这套做法却和他整个人品融为一体而显示风格和特色。在遣词造句方面，他也是苦心孤诣，这是他早年从事诗歌创作养成的习惯。有时为了寻找一个恰当的词汇，无论吃饭或睡觉，他都在思索，在推敲，割舍不下。若碰到身边有熟识的人，他会把问题提出来，让你和他一块想词儿。他是怕自己掉进圈子里，思路枯竭，他希望从别人的一点提示中，引出灵感，从而寻觅到最贴切的词汇。他还搜集同一著作的不同译本，反复比较译者们对同一句子的不同译法，吸取各家之长。他不是自视孤高，而是多方向人请教。如译恩格斯的《自然辩证法》时，他曾请教过几位自然科学方面的专家学者。清华大学物理系教授何成钧同志对自然科学的概念、定律采用流行的科学名词表达方面曾提出过宝贵的意见。在翻译《马克思恩格斯论艺术》及其他著作时，一些难译的土话、典故、谚语，他曾请教过外贸学院副教授张马丽。他在翻译同一本著作时，一般都参考过俄、英、德三种文本。他的初稿，每行文字间留有很宽的空白，以供反复删改，而交给出版社的手稿，则抄写得非常清楚，致使人们能亲自领会到他的一丝不苟的工作态度。总之，为了提高译文质量，力求达到翻译的最高标准"信、达、雅"，他就像真理探索者那样，刨根问底，热情而专注。这一方面由于他具有学者一样治学严谨的态度，另一方面由于他作为一个共产党员，对马克思主义信仰、崇敬，他意识到自己工作的重要意义而具有高度的责任感。马克思、恩格斯的著作，字字珠玑，曹葆华同志刻意求索，务求其圆润生光，他的一生因从事这一伟大的工作而放射出光彩。

于光远（1915—2013）中国经济学家，马克思主义经典著作翻译家。上海人。1932年入读于上海大同大学，1934年转至清华大学物理系。1935年参加"一二九"运动，参与组织中华民族解放先锋队。1939年任延安中山图书馆主任，并开始参与马克思主义经典著作翻译工作。后任教于延安大学财经系。1948年起在中宣部工作。新中国成立后，曾任国家科委副主任、国家计委经济研究所所长、中国社会科学院副院长等。是中共八大代表，第十二、十三届中共中央顾问委员会委员，第五届全国人大代表，中国科学院哲学社会科学部学部委员，中国社会科学院荣誉学部委员。译有《自然辩证法》等。

关于马列著作翻译工作的回忆

于光远

我从1940年4月起开始学习做一点翻译工作。最初的目的是温习一下学过的德文，中山图书馆有阿铎拉兹基主编的马恩全集的德文版，其中有一卷中收入马克思写给燕妮的情诗。我就一边朗读一边试译。那时我和童大林同住在中央青委的一个窑洞。他对这一点记得很清楚，我倒一直没有回忆起这样的事，经他一提醒，我就把这件事回忆起来了。译稿当时没有保存，若保存到现在也一定是译得不像样的东西。自己不会写诗，当然是一定译不好诗的。

接着翻译的是《反杜林论》的哲学部分。准确地说不能说是"译"，而是"校"，因为那时我手边就有吴亮平从英文译过来的中译本。应该承认这个译本是不错的，是可用的。但是我对它还是不满意，认为有不少译得不够准确的地方，于是全部重校一遍，就改在吴亮平的书上，这个工作后来就同我主持的那个《反杜林论》读书小组联系在一起了。在写对延安读书小组的回忆文章时，我就讲到对这本

本文节选自于光远所著《我的编年故事》，大象出版社2005年版。题目为编者所加。

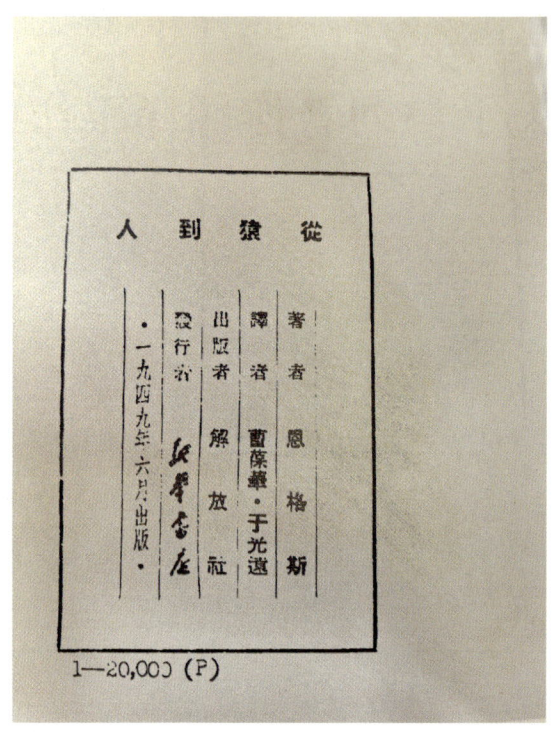

曹葆华、于光远翻译的《从猿到人》

书的校译和在读书小组上对它利用的状况。经过我校译的那本《反杜林论》不知什么时候也丢失了。

接着我就翻译《自然辩证法》。恩格斯的这部著作同《反杜林论》在《马恩全集》中是同一卷。我翻译这本书并没有要出版的意思,只是认为它很重要。这个学科又正是我最有兴趣的学科之一,所以就动手翻译。在翻译了一段时间之后,陈友群同志从大后方来(后来他长期担任朱德同志的秘书),他看我正在做这个翻译工作,就送给了我一本神州国光社出版的杜畏之的中译本。这个译本根据的是阿铎拉兹基之前里亚扎诺夫主编的德文本。里亚扎诺夫编得就很乱，而杜畏之译的质量实在太差了，更增加了自己对恩格斯这本书必须认真翻译的决心。

我虽然并没有把这件事当定期完成的工作任务来做，但是在桌上经常放着那个大本子《马恩全集》和德文辞典，有一些时间就译几行，不赶什么进度，但也从不间断，日积月累，许多篇手稿、若干段笔记陆续翻译了出来。

记不起受到什么启发，我把从猿到人的那一篇译文，给了《中国青年》，那时许立群和韦君宜在编这本杂志。由于我对自己的译文没有把握，请景林同志校对了一下，发表在《中国青年》第三卷第一期上，时间是1940年11月。

我在延安没有把这部著作译完，但是这译稿没有丢掉，一直带在身边，带到新中国成立后的北京。新中国成立后，我这个译稿就开始发表，后来又与曹葆华、谢宁等合作，由人民出版社出版了新中国成立后第一部恩格斯的《自然辩证法》中译本。

周建人（1888—1984）中国著名社会活动家、生物学家，中国民主促进会创始人之一，马克思主义经典著作翻译家。鲁迅之弟。初名松寿，乳名阿松，后改名建人，字乔峰，笔名克士、高山、李正、孙鲠等。浙江绍兴人。早年在上海大学、暨南大学、安徽大学任教。1932年参与筹建中国民权保障同盟。后在上海组织马列主义读书会，开展抗日救亡斗争。抗日战争胜利后，任生活书店、新知书店编辑。1945年12月参与发起成立中国民主促进会。1948年加入中国共产党。新中国成立后，历任出版总署副署长、高等教育部副部长、浙江省人民政府副主席、浙江省省长等。是中共第九、十、十一届中央委员，民进第四、五届中央委员会副主席、代理主席，第六、七届中央委员会主席，第一、二届全国人大常委会委员，第三、四、五届全国人大常委会副委员长，第二、三、四届全国政协常委，第五、六届全国政协副主席。译有《新哲学手册》等。

信仰马克思主义，传播马克思主义

周建人

1983年是伟大的无产阶级革命导师马克思逝世一百周年，中央编译局的同志要我回忆一下解放以前在国民党反动派的黑暗统治下，是怎样翻译马列著作的（《新哲学手册》，1948年上海大用图书公司出版）。我想这个问题应该从我怎样信仰马克思主义开始说起。

我生在满清王朝的末期（光绪十四年）的江南水乡绍兴。那时是黑暗的年代，内忧外患交迫，人民生活在水深火热之中。有志的青年都愤然起来革命。绍兴是有革命传统的地方，光复会就是浙江地区的革命团体。它的首脑人物徐锡麟在安庆枪杀安徽巡抚恩铭，首先发难起义，不幸失败，被剖心炒食，壮烈牺牲。在绍兴的革命女英雄秋瑾也被清政府在轩亭口斩首。那时我还年轻，但徐锡麟、秋瑾的死给我留下了不可磨灭的印象。

本文原载中央编译局马恩室编《马克思恩格斯著作在中国的传播》，人民出版社1983年版。

辛亥革命推翻了清王朝的统治，当时人们对辛亥革命寄予了深切的期望，总以为从此社会会光明起来。但是，辛亥革命仅仅赶走了一个皇帝，剪去了拖在背上的辫子，辛亥革命的成果不久就被袁世凯所篡夺，人民仍然被压在封建主义和帝国主义的两座大山下面。以后军阀混战，搞得国无宁日，民不聊生。北伐的胜利，又曾给人们带来过希望，但日子不长，蒋介石就发动了"四一二"反革命政变，捕杀了几十万革命志士，人民陷入了更加深重的苦难之中。一个有头脑的爱国知识分子看到这种情况，怎么能不深思和焦虑。

但是，正如毛泽东同志后来讲的，十月革命一声炮响，给我们送来了马克思列宁主义。庶民的胜利、工农政权为世界无产阶级树立了榜样，使中国的知识分子看到了"新世纪的曙光"。革命的先驱者们决心以俄为师，把马克思列宁主义的革命理论传播到中国来。中国共产党的诞生使中国革命有了领路人，马克思列宁主义很快就在中国传播开来。

1921年，我进入商务印书馆当一名小雇员。那时就接触到瞿秋白、杨之华、茅盾、侯绍裘、杨贤江等共产党人，并和他们结成了亲密的友谊。秋白曾约我到上海大学讲进化论；侯绍裘曾约我到松江女子中学讲妇女解放。他们两人后来都被国民党反动派杀害了，但是他们的革命精神却使我永生难忘。那时我开始学习一点马列主义著作，结合我亲身经历的资产阶级革命不彻底所带来的痛苦，使我逐渐认识到，只有马列主义所指出的无产阶级革命的道路，才是中国人民的出路。因而使我向往着共产党。那时，结合着编辑生物书籍，开始翻译一些介绍马克思主义关于自然科学的书籍，如苏联乌拉诺夫斯基著的《马克思主义和自然科学》（1938年上海珠林书店出版）。以后感到应该翻译点马恩的原著，在人民中间普及马克思主义哲学观点。

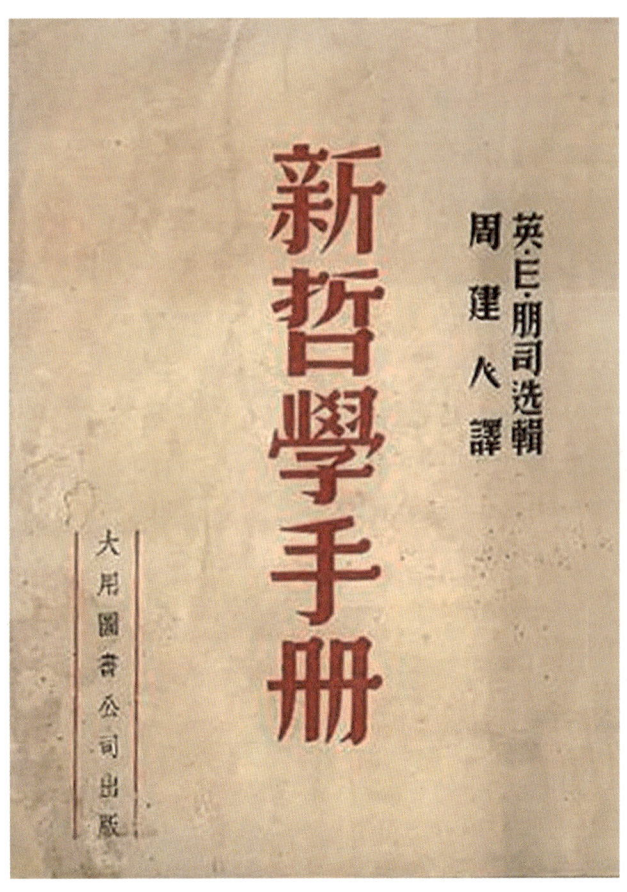

周建人翻译的《新哲学手册》

马列主义的哲学是认识世界、改造世界的方法论，只有掌握了马列主义哲学，才能懂得革命的道理。但马列主义的哲学著作是很多的，为了普及易懂，我选了一本英国朋司（E. Burns）选辑的马克思恩格斯的哲学著作，书名是《新哲学手册》，翻译开始时是在抗战时期，当时我失业在孤岛的上海，因病贫交困，一直耽搁下来。直到抗战胜利后，遇上大用图书公司的负责人王德鹏，他说："你可以译点马恩的书吧！"于是我又捡起来，在女儿周晔的帮助下完成了这本书的翻译。大用图书公司因为出版进步书籍而屡遭日本帝国主义和国民党反动派的迫害，王德鹏只得出逃，以后竟未能得到他的音讯。

翻译介绍马克思的著作一直是我的宿愿，以后我专门买了一套德文版的马恩列斯的选集，其中列宁的《哲学笔记》我看过多遍，想把它译出来，但终未成功。马恩的《共产党宣言》早有中译本。但是我总觉得马恩在1880年再版时，把书名改为《共产主义宣言》（内容也有修改），是很有道理的，应该把中译本书名改为《共产主义宣言》才对，其中一些译文也有可商榷的地方。我总想把它重译过，但也因琐事缠身，以后是患眼病，视力衰退，终于未能如愿。我想后人总是会做这工作的，而且会做得更好。

现在马克思恩格斯著作已有全集的译本，我过去译的东西已没有什么用处了。只是回想起过去翻译马恩著作的情况，不胜今昔之感。在那黑暗的年代，读马恩的著作就有被杀头的危险，而现在有这么多马恩的原著，可以供大家自由阅读，这个幸福是来之不易的。时代是在前进，但是马克思主义的光辉是永远灿烂的，在今天宣传马克思主义仍然是有现实意义，因为我们要建设一个繁荣昌盛的现代化的社会主义国家，有许多新问题新情况要研究。我相信后来居上，对马克思主义的宣传、学习和运用，一定会做得更好。

邹韬奋（1895—1944）近代中国著名新闻工作者、出版家。本名恩润，曾用名李晋卿。江西余江人。1922年在黄炎培等创办的中华职业教育社任编辑部主任，开始从事教育和编辑工作。1926年接任《生活周刊》主编。1932年7月成立生活书店，任总经理，出版了大量马克思主义译著。1935年与沈钧儒等人组织成立上海文化界救国会。1936年11月，在"七君子"事件中被捕。出狱后辗转重庆、汉口、香港，继续开展爱国救亡工作。1944年7月24日在上海病逝。9月28日，中共中央根据其生前愿望追认为中国共产党正式党员。2009年被评为100位为新中国成立作出突出贡献的英雄模范之一。

邹韬奋在马列主义传播中的贡献

张仲实

韬奋是伟大的爱国者。他热爱祖国，热爱人民。为了祖国和人民，他不避艰危，忘我地工作。1931年九一八事变后，他在他主编的刊物《生活》周刊上高举抗日救国的大旗，积极地为反对日本帝国主义侵略、争取民族解放而斗争。1935年8月底，他从国外流亡中回国，更积极地投身于救亡运动的洪流，热烈地支持党领导下的"一二九"运动；并和其他著名爱国人士一起发起上海各界救国会和全国各界救国联合会，被选为这两个组织的执行委员；此后，他成为救国会的著名领导人之一。1936年夏季，他和沈钧儒、陶行知等人联合署名发表了著名的《团结御侮的基本条件和最低要求》，这个文件是由他起草的。1936年11月22日，他和救国会其他领导人沈钧儒、李公朴、史良、沙千里等七人在上海被捕，被押解到苏州，经江苏高等法院检察官以"危害民国"罪起诉，被系狱中，到次年抗日战争开始，

本文原载刘末鸣、韩淑芳主编《邹韬奋：用笔尖作战》，中国文史出版社2020年版。原标题为《伟大的大爱者》。张仲实为马列主义经典著作翻译家，曾任生活书店总经理。

才在 7 月 31 日获释。在被捕期间，韬奋始终保持革命节操，表现了一个革命者应有的坚贞不屈的品德。

韬奋是彻底的民主主义者。他在他主编的刊物（《生活》周刊、《大众生活》《全民抗战》等）上不断抨击和揭露国民党反动派的黑暗统治，揭露国民党反动派对革命人民的残酷镇压。1933 年 1 月间，韬奋参加了宋庆龄、蔡元培、鲁迅等发起组织的中国民权保障同盟。当时国民党特务横行，任意绑架、秘密逮捕革命者，酷刑逼供，随意处死。中国民权保障同盟就是为了反对国民党反动派的这种无法无天、蹂躏人权的暴行而组成的，它的主要任务是营救被捕者，协助群众争取公民权利如出版、言论、集会、结社等自由的斗争。韬奋一面积极地参加这个同盟的活动，一面通过他所办的刊物向人民群众指引斗争的方向。他在这个同盟成立的时候写道："从历史上看来，便知民权之获得保障，绝不是出于统治者的恩赐，乃全由民众努力奋斗争取来的。"在抗日战争时期，韬奋被聘为国民参政会参政员，从第一届会议第一次大会到第五次大会，他的提案共有九案，其中三案都是为了力争人民的言论自由的。1941 年春季，韬奋被聘为第二届国民参政会参政员。这时生活书店好多支店遭受了当地国民党政府封闭。经理、店员被捕。在第二届参政会举行第一次大会时，韬奋为了表示反抗，毅然辞去参政员职务，离开重庆，前往香港，坚持斗争。

韬奋是杰出的编辑家、政论家、出版家和革命家。从职业说，韬奋是从事编辑和出版工作的。他办刊物，有独创精神，态度鲜明，力求内容精辟、文笔简练；照顾读者需要；对文稿的选择，极为严格，凡不符合要求的，不管是谁写的，都不迁就，对于每期所采用的稿子，他都在原稿上认真修改，一字一句都不轻易放过，直到自己满意了才发排。对于读者的来信，他极其重视，凡来信中提出各种现实问题，比如求学问题、家庭问题、婚姻问题、职业问题等，他都"以极诚恳的极真挚的情感待他们，简直随他们的歌泣为歌泣，随他们的喜怒为喜怒"。他还在《生活周刊》社附设了书报代办部，专为读者服务。他主编的刊物与广大读者密切联系。韬奋在所办的刊物上设有《小言论》栏，每期刊物的《小言论》就国内外各种重要问题，加以评述。在工作之余，他还写一些文章。他的文章"明显畅快"，深受读者欢迎。在国民党反动派的法西斯统治下，他所办的《生活》周刊、《大众生活》，销数达十五万份到二十万份，创造了以前我国期刊销数的新纪录，使国民党特务大为惊慌。那时许多反动势力控制的学校里，《生活》周刊、《大众生活》都是被禁止的。但学生们都偷偷地订阅，在宿舍里、厕所里偷偷地阅读。

据夏衍同志回忆，1938年他到广州去办《救亡日报》。4月下旬，他带了许多自己认为很难处理的问题，到武汉向周总理请示。周总理说："你要好好学习邹韬奋办《生活》的作风。通俗易懂，精辟动人，讲人民大众想讲的话，讲国民党不肯讲的话，讲《新华日报》不便讲的。这就是方针。"总理的这段话，是对韬奋的工作所做的精辟总结。

《生活》周刊社附设的书报代办部，到1932年便发展成生活书店。因为有全国广大的读者同情和支持，生活书店的业务迅速发展，它在全国各地陆续开设了56个分支店。韬奋用办刊物、办书店的方式，同国民党反动派进行了不屈不挠的斗争。《生活》周刊被封闭了，就出《新生》；

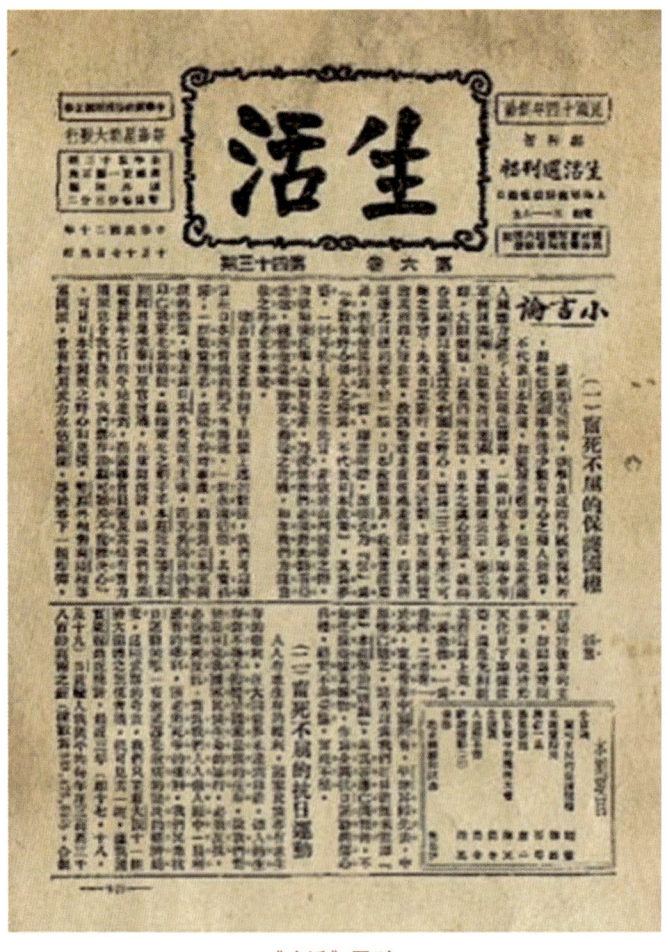

《生活》周刊

《新生》被封闭了，就出《大众生活》；《大众生活》被封闭了，又出《生活日报》和《生活星期刊》；以后又出版《抗战》《抵抗》《全民抗战》。再后又在香港出版《大众生活》。从1934年起，在生活书店出版的杂志还有《文学》《世界知识》《妇女生活》《译文》《太白》《生活教育》《光明》《国民公论》等，这些杂志当时都是很受读者欢迎的。从1936年年初起，书店又有计划地出版宣传抗日救国和革命理论的通俗读物，如《青年自学丛书》《救亡丛书》及其他有关哲学、政治经济学书籍，传播了革命的道理。在当时，对推动广大青年走上革命道路，生活书店是起了巨大作用的。生活书店是用生产合作社的办法办起来的；凡参加该店工作的，每月从工资中扣除百分之三十作为股份，以一年半为期。书店的管理机构——理事会，由全体股员大会选出。任何人不得来书店谋私利。韬奋当时也只是一个理事，同其他店员一样，每月仅拿工资，从没有额外支取。"四人帮"说韬奋是"资本家"，完全是捏造、诬陷之词。

生活书店同读书出版社、新知书店都是当时进步的文化堡垒。它们在宣传抗日救国和革命理论方面都起过巨大的作用。1949年7月，党中央关于三联书店今后工作方针的指示中的第一件就明确指出："三联书店（生活书店、新知书店、读书出版社）过去在国民党统治区及香港起过巨大的革命出版事业主要负责者的作用。在党的领导之下，该书店向国民党统治区域及香港读者宣传了马列主义、毛泽东思想和党在各个时期的主张。这个书店的工作人员，如邹韬奋同志（已故）等做了很宝贵的工作。"

韬奋同志经历的道路是中国知识分子走向进步、走向革命的道路。韬奋在上大学时，也是埋头读书，做一个优等生；大学毕业后，他当过英语教员，做过英文秘书、专业刊物的编辑等。1926年他接办《生活周刊》，为了适应时代的要求，渐渐注意社会问题和政治问题，渐渐由个人出发转到从集体出发，他的政治思想也渐渐发生变化，走向革命道路。1931年九一八事变后，他致力于抗日救国运动，逐渐转向为劳苦大众的利益而奋斗的立场。1933年7月，他被迫出国流亡到欧美各国考察，看到资本主义社会的腐朽，又到苏联考察，看到社会主义社会的优越，更促进了思想的变化。1935年8月他返回祖国，正逢日本帝国主义的魔爪从我国东北伸向华北数省，民族危机更趋严重，这年8月1日，中共中央发表《为抗日救国告全国同胞书》，号召全国人民团结一致，共同抗日。11月28日，中共中央又发表《抗日救国十大纲领》，更加鼓舞了全国人民的抗日热情。中国的出路何在？这是当时许多人都在思考的问题。韬奋回国后，就选定了中国共产党的道路，自觉地跟着共产党前进。他响应党的号召，全力参加抗日救国运动。"一二九"运动爆发后，他立即给予热烈的声援，他写道："参加救亡运动的男女青年同胞们！……你们紧挽着臂膊大刀枪刺的英勇行为是全国大众所要洒热血抛头颅为民族解放牺牲一切的象征！记者为着民族解放的前途，要对你们这先锋队顶礼膜拜，致最诚挚的无上敬礼！"他主编的《大众生活》以最大的篇幅来反映这个运动,以全力推动全国人民的救亡运动。

此后,在各个时期,韬奋的政治态度总是同党的主张相一致的,他总是诚恳地听取党的主张,并且努力把党的主张转变为自己的实践。不论他个人的事业或者有关个人的去处有什么问题,或者遇到新的政治问题,他总是去找他所能接触的党组织商量,虚心听取党的意见,无条件地按照整个革命的利益来安排自己的生活和工作。总之,这时他已经严格地用革命者的标准来要求自己。

太平洋战争爆发后,在1942年年初,韬奋同志在党的帮助下,逃出香港,辗转到了党领导下的广东省抗日根据地,以后又到了苏北抗日民主根据地。在根据地里,他看到了抗日军民斗争的情况,看到了新中国的未来,感到十分振奋。他写道:"当我在敌后抗日民主根据地亲眼看到民主政治鼓舞人民向上的精神,发挥抗日力量,坚持最残酷的敌后斗争,并团结各阶层以解决一切困难的情形,我的精神极度兴奋,我变得年轻了,我对于伟大祖国更看出了前途光明。"他更坚定地要求加入共产党,成为无产阶级先锋战士。但不幸的是,在他一生的重要时刻得了重病,这个愿望未能在生前实现。在他病危弥留之际,他在遗嘱中说:"请中国共产党中央严格审查我一生的奋斗历史,如其合格,请追认入党。"他还留下嘱咐,在他死后,他的"骨灰尽可能带往延安,""遗嘱亦望能妥送延安。"

韬奋同志于1944年7月24日在上海病逝，党中央对韬奋同志的逝世表示了沉痛的哀悼，对他的政治活动和事业作了热烈的赞扬和高度的评价。1944年9月28日，党中央给韬奋同志的家属发了唁电。唁电中说："……韬奋先生二十余年为救国运动，为民主政治，为文化事业，奋斗不息，虽坐监流亡，决不屈于强暴，决不改变主张，直至最后一息，犹殷殷以祖国人民为念，其精神将长在人间，其著作将永垂不朽。先生遗嘱，要求追认入党，骨灰移葬延安，我们谨以严肃而沉痛的心情，接受先生临终的请求，并引此为吾党的光荣……"

韬奋同志逝世时，上海还在日本侵略者的魔掌中，不能公开发表他的逝世消息。这年10月7日，新华社才公布了韬奋同志逝世的消息。当时在延安出版的党中央的机关报《解放日报》在发表这个消息的同时，还发表了一篇社论，对韬奋的逝世表示沉痛的哀悼。社论里写道："由于他的真诚爱国，由于他从广大人民的利益出发的立场，他和中国共产党很早就成为最亲近的战友。他不是共产党员，但在争取民族独立和民主自由的战斗中，他始终和共产党结着亲密的联盟。他对于中国的前途是乐观的，知道新的中国一定会形成。而在共产党所领导的广大中国解放地区里，他已亲证了人民的伟大斗争，看到了新民主主义中国的光明未来。他相信有共产党的存在，有中国广大人民的存在，也就有中华民族的不可磨灭的伟大力量的存在，这力量会使抗战必然胜利，使自由幸福的新中国必然生长起来。韬奋先生临终遗嘱要求共产党中央追认他为党员，证明他对共产党的事业的伟大意义，是有深刻认识的。"

当时各解放区都举行了韬奋同志追悼会。其中以延安的追悼会最为隆重。这个追悼会是在党中央的直接领导之下举行的。1944年10月11日，周总理召集同韬奋熟识的吴玉章、博古、邓颖超、周扬、艾思奇、林默涵、李文、程今吾等和我共12人，开了发起人会议，讨论了纪念和追悼韬奋同志的办法。会上决定的办法中有：向陕甘宁边区政府建议，将延安的华北书店改名为韬奋书店；向陕甘宁边区文教会议建议电唁他的家属；在延安举行追悼会，并在大会上陈列展览韬奋的著作和他所办的期刊；建议《解放日报》社在举行追悼会时出追悼专刊，专刊由艾思奇和我负责。会上还决定成立追悼会筹委会，由周扬、艾思奇、林默涵、李文等及我组成，以周扬为负责人。这次会议的决定由我整理了一份记录，送周总理审阅。周总理在"向陕甘宁边区文教会议建议"项下补充了一句"提议以韬奋为出版事业的模范"。周总理将这份记录送毛主席阅批。毛主席批示"照此办理"。

延安各界追悼韬奋的大会是在1944年11月22日，即韬奋和救国会其他6位领导人于1936年以"救国罪"被捕的日子举行的。会址是陕甘宁边区政府大礼堂，有1500个座位。那天到会的人远远超过这个数目，很多是自发来参加的，大礼堂的座位都坐满了，礼堂内的空地和两边窗外都站立了很多人。到会的青年同志大多是在思想上受了韬奋的影响、帮助而参加革命队伍的。场内场外挂满了挽联和悼词。许多中央负责同志都参加了追悼会，朱总司令、陈毅同志都在追悼会上讲了话。

当时，毛主席、朱老总都给《解放日报》追悼专刊题了词。毛主席的题词是"热爱人民，真诚地为人民服务，鞠躬尽瘁，死而后已，这就是邹韬奋先生的精神，这就是他之所以感动人的地方"。朱老总的题词是"爱国志士，民主先锋"。1949年年末，韬奋同志逝世5周年时，周总理作了

张仲实在邹韬奋烈士墓前

题词"邹韬奋同志经历的道路是中国知识分子走向进步走向革命的道路"。其他中央负责同志如陈毅、吴玉章、徐特立，也都给追悼专刊写了文章。许多革命青年怀着感激的心情，在《专刊》上发表了文章，向帮助他们走上革命道路的韬奋同志表示衷心的感谢。

韬奋同志有很多崇高的品德。他对工作极其认真负责，一丝不苟。他自己说："我生性不做事则已，既做事就要尽力做得像样。"他勤奋、好学，对自己从不感到满足。他说："我个人是在且做且学，且学且做，做到这里，学到这里。"他密切联系群众，竭诚地为群众服务。他对读者的每封来信，总是以关切的心情，针对思想上的特点，对于他们存在的问题，给以切实具体的解答。他说，他"把读者的事情看作自己的事，与读者的悲欢离合、甜酸苦辣打成一片"，他"答复的热情不逊于写情书，一点也不马虎，鞠躬尽瘁，死而后已"。他为人谦虚，热情，从善如流，没有一般知识分子自命不凡、自高自大、目空一切的脾性。韬奋的这些崇高品德都是值得我们学习的。

王禹夫（1909—1996）马克思主义出版家。原名王振明，又名王新民，笔名宇斧。河北获鹿（今鹿泉）人。1929年加入中国共产党。1931年创办党的秘密出版机构——北方人民出版社，担任负责人，出版和重印了大量党的文献、马克思主义书籍和进步文艺作品。1937年冬赴延安，曾担任中央马列学院编译部编译员，鲁迅艺术学院、陕北公学俄文教员，军委编审局编译员等。1947—1952年任华北联大图书馆馆长、华北大学研究部研究员。1953—1985年任中国政法大学中共党史教研室主任、党史教授、顾问等。

忆北方人民出版社对马克思主义著作的出版传播之略况

王禹夫

马克思，1883年3月14日逝世于伦敦。之后，每周年的革命人民的祭念，对于马恩著作及马克思主义的传播，逐渐向全世界各个角落开拓着，战斗着。百年来，马克思主义旗帜虽已飘扬于全世界，但各地方向纵深发展的速度是不平衡的，自然也不是一帆风顺的，有的经过了极其艰苦的奋战——愈是流血牺牲，前仆后继，愈证明了真理的进展是勇往直前的。在我们中国的大地上，同样也呈现了此种姿态。当我们对马克思逝世举行百年祭的时候，对马恩著作及马克思主义出版传播情况，来一番全面的总的检阅，是非常必要的。在这一课题下，北方人民出版社自然也应该来一番汇报。

北方人民出版社，是在30年代初严重的白色恐怖下，肩负了它的历史使命的。

情况是这样的，在30年代初，北方白区的革命形势有

本文原载中央编译局马恩室编《马克思恩格斯著作在中国的传播》，人民出版社1983年版。

些回升与活跃，革命人民大众的精神食粮却极感贫乏——在白色恐怖下，上海中央的出版物极不容易来到北方以满足北方的需求，而北平又缺乏刊印这些书刊的适当印刷所。在这种情况下，保定党组织知道我和一家印书局熟识，想让我试试看能否进行刊印些革命人民所需要的读物。

当时，由于我在保定担任革命互济会的开辟工作，而和协生印书局的编审赵云弢熟识（赵原是保定第六中学的进步教员，被反动当局解聘，而到此任编审的；我曾介绍他参加了革命互济会），通过赵又认识了该印书局的经理张培植（后知张是一位同情革命者。抗日期间，张将其印刷机器潜运至晋察冀解放区，中途为日寇发觉，被敌人捕杀），遂和赵、张协商此事，他们慨然答应可以照办，商定每印出一本书随即付交一部分款。于是，开始试印《各时代社会经济结构元素表》（张伯简译制，是上海书店套色石印版重排的铅印单色版），及瞿秋白著《社会科学概论》（封面为《社会科学研究初步》，署名布浪得尔著，杨霞青译，以混乱敌人耳目），这两种印出后立即经组织系统发行了一部分，收回了一部分书款，即将这部分书款照约交付了印书局。

开头印了这一两种，试验的结果看来是顺利的，是可以继续搞下去的。那么就需要确定出版社的名号，以示对工作、对读者负责。考虑了党以前的出版机构用过的出版社名号，有人民出版社（1921—1922年，地址实在上海却

播撒火种的伟大先驱　431

王禹夫捐赠给中央编译局的部分图书

竟伪印为广州，以迷惑敌人的视线）、新青年社（1920—1927年）、平民书社（1923—1927年）和中国青年社、上海书店（1923—1927年）、华兴书局（1929—1931年）、启阳书店（或春耕书店、春阳书店，1931—1932年）、无产阶级书店（1928年后）等，经过再三考虑和斟酌，觉得还是以对读者有较大影响的"人民出版社"这个名号为好，所以出版物上都刊印着："人民出版社出版"（有的前面更增加"北方"二字），"新生书社发行"（在北方，对"新生社""新生读书社"较熟悉），但后来，由于白色恐怖严重，为了避免国民党反动派的查禁、检扣，有时封面就需要改换装帧或变更名号，有些出版物另印着"人民书店""北国书社"或"新光书店"等字样。

该社的出版物，绝大部分是把党以前的出版机构的优良出版物，加以重新校订和编排付印的；另外，也编辑出版了一些新的书稿。该社的全部出版物，后来大致划分了两大类丛书：内容凡是比较一般些的，通俗一些而易为人民大众所接受，比较能半公开发行的，则列称"人民文化丛书"或"大众文化丛书"；而内容凡属经典著作，或更带指导性的纲领，及党的文献、决议案之类的，则列称"左翼文化丛书"。

当时，这些优良出版物或书稿主要来源于三个方面：（一）当时保定"群玉山房"及"世界图书馆"（均在保定西大街路南）经理苏馨甫（苏兰田）先生保存下来的一批，由于我们和他熟识，以贱卖的形式卖给我的；（二）北平党的组织给搜集了一大批（有的是经过清华大学的同学张凤阁设法妥交给我的）；（三）上海方面（和我以邮政信箱联系），陆续寄来些新的出版物，后来也寄来了不少排印的纸型，但白色恐怖已极其严重后，被反动公安局检扣了一些。当时我和各方面联系的通信处、收件处都是保定师范，收件人是用一些化名，如王光潜、王辛垦、王逸民、王晨晞、李达科、王达科等，由保定师范一位老收发员亲自交给我（该收发员很可靠，我们的关系处得也很好），公安局几次向该收发员追究这些人名是谁，都被该收发员很机巧地应付（坚称本校并无此等人）过去了。

当时，进行工作的方式和方法是这样的：由于在白区秘密工作的需要，全部工作，如编审、校对、发行、联络等，都由我一人负担，这和1921至1922年党在上海办的人民出版社是由李达（鹤鸣）一人负担一切的情况大致相似。这个工作关系，由于绝对秘密的需要，我单独和党组织联系——请示报告，而全部工作都由我独自一人担负。

当确定了要刊印那一本书，将内容审定好，版式封面规划好后，交印刷所排版，大多是在夜晚突击排版校对，最后由我亲自校阅后而付印，书印出装订好后，即迅速将书分散存放，印刷所暂掩藏一小部分，大部分是于晚上或风土天（北方常刮大风，尘土迷天）时，敏捷地把它们分散开：一部分存放保定师范几个教室的讲台下（木板讲台，内空，容量不小，无人注意）；一部分散存于其它学校（如保定的甲种工业、第二模范、京汉路员工子弟等学校，后来在北平时，也分散于师大、北大、师大附小、绒线胡同小学……），利用熟人的社会关系（主要是可靠的个人关系）；一部分则用被单包裹起来，伪装为要洗的脏衣被，用洋车拉到洗衣坊里（和洗衣坊的关系也需搞好，当时和西门外大街路北的一家洗衣坊关系很好，常给掩存不少书籍），取书时又以被单包裹着，装作是取回洗好的衣被似的等等方式。

关于发行，一部分是由组织系统发行下去；一部分是交给各校门房和各书摊、各书店代售（和他们交代时，都说是外埠寄来的）；又一大部分是打邮包寄至外埠外地——主要是北京、上海和北方其它都市学校。记得和上海的邮寄关系，除了用邮政信箱号码外，还有"东方青年社"（通讯处是暨南大学）；由保定寄往北京的，记得有"北方青年社"（通讯处是清华大学；和北平组织联系的也寄清华大学，代用名——张清一）、"开拓社"（通讯处是北京大学）和"转换社"（"鏖尔读书会"，通讯处是师范大学）等处；寄北方其它都市学校的，有：正定地区寄第八师范，邢台地区寄第四师范，大名地区寄第七师范，泊镇区寄第九师范……等等。邮包都是于傍晚天色黑暗的时候，我两臂分抱着步行（坐洋车时不多）送到车站附近邮局投寄的。

由于白区工作技术上的需要，不仅书刊封面上的地址，常故意印着并非当地出版的地址，就是邮件来往，也用了好多不同的化名，而且名字也是常常变动不定的。

及至 1932 年 7 月，保定发生大惨案——反动政府镇压保定师范学潮，军警包围，屠杀逮捕广大学生，大肆恐怖，我被通缉，北方人民出版社保定社务，从此被迫暂告结束。

由于发行的书刊，一大部分没有收回书款，如陆续寄往"北方青年社"（清华大学）的，数量最多，他们误以为都是赠送的，这样，拖欠了协生印书局的印刷费，便无法偿还。后来，在北平遂将《苏联革命过程中底农业问题》（列宁著）译稿（陈晓光译）交另一家书店出版，收回了一笔现款，始得偿还了协生印书局。

北方人民出版社，前后所刊行的出版物，本来按原定计划有五六十种，如果没有什么意外事变发生，约于一两年内可完全出版。现将已经出版发行的，略举一些如下：

《各时代社会经济结构原素表》（张伯简译制，照上海书店套色石印版重排的铅印单色版）

《社会科学概论》（瞿秋白著，封面变为《社会科学研究初步》，著者化为布浪得尔著，杨霞青译）

《土地农民问题指南》（包括中共六大决议案和五次劳动大会决议案等）

《苏维埃宪法浅说》（附录："一苏"大会通过的《中华苏维埃共和国宪法大纲》）

《武装暴动》（封面伪装《艺术论》）

《政治问题讲话》（即"联共"十六次大会斯大林的政治报告）

《马克思主义的基础》（包括《共产党宣言》及《雇佣劳动与资本》）

《民众革命与民众政权》（选辑《红旗周报》论著，封面伪印《孙文主义之理论与实际》）

《世界经济地理纲要》（哈拉宾著）

《资本主义之解剖》（即《共产主义 ABC》）

《国际政治法典》（即《第三国际议案及宣言》新订本）

《中国革命论》（即《共产国际对中国革命决议案》）

《中国革命与中共的任务》（即《国际代表在中共六次大会上的政治报告》）

《共产国际纲领》

《少共国际纲领》

《国家与革命》（列宁）

《左派幼稚病》（列宁）

《苏联革命过程中底农业问题》（列宁）

《论反对派》（斯大林）

……

以上这些出版物，是在极其严重的白色恐怖下，为了稍稍满足广大革命人民的迫切需要，而紧急地强行出版的。当然大多是属于党过去出版机构优良出版物的重印，而这些工作活动在当时情况下，为了安全，也只能是完全由一个人担负起来为较好，自然，也不可能像现今的出版社设有许多部门分工，特别是专门翻译马恩的经典著作这样的部门来进行这项工作，在当时的具体情况下，是难以办得到的。

　　30年代初,在极其艰苦的白色环境中,北方人民出版社已尽了它的努力,遂也完成了它所负的历史任务。

华应申（1911—1981）出版家，三联书店的创始人之一。江苏无锡人。1934年加入中国共产党。1935年参与创办新知书店并主持总店业务。曾历任上海、汉口、桂林等地新知书店经理，华中新华书店总经理。组织出版一大批马克思主义著作。新中国成立后，曾任出版总署出版局副局长、发行事业管理局局长，人民出版社副社长，国际书店经理，文化部群众文化事业管理局副局长、计划财务司司长、办公厅主任，广西壮族自治区文化局局长，国家文物管理局副局长等职。译有《列宁的生平》等。

华应申与马列著作出版传播

华焱

1935年父亲与徐雪寒伯伯等一起创办了新知书店并任副经理，他主持经营管理业务，从此成为总经理徐雪寒的得力助手。初创业时，父亲是店里唯一的专职干部。父亲当时租住在书店一个十几平方米的厢房中，与员工没有严格分工，吃着每月六元法币很差的不洁包餐。其中孙佐铠曾与父亲同住店中，以店为家，尽管不分昼夜地工作，待遇菲薄，但他们不计报酬，也从无怨言。1936年孙得了伤寒不治身亡，因形势变化，书店未及给这位"新知"最早去世的同人开追悼会，父亲一直引为终生憾事。

在党的领导下，新知书店出版了大量马列著作和进步书刊，影响日益扩大。其间书店还多次为党组织印刷传单，以书店名义保释被捕的地下党员。上海1937年"八一三"抗战爆发后，徐雪寒由组织安排执行其他任务，父亲则承担了书店全盘主要日常业务。为了进一步开展抗日宣传，新知书店迁往武汉，并陆续在广州、丽水、金华、襄阳、

本文原载吉晓蓉主编《书韵流长：老三联后人忆前辈》上册，上海三联书店2015年版。原标题为《父母留下的一份宝贵遗产》。华焱为华应申之子。

南阳、长沙、衡阳、常德、重庆、昆明、香港设立了十几家分店。根据徐雪寒的要求，在武汉新知书店收并了地下党湖北省委的扬子江出版社，并在中央长江局凯丰同志领导下，以中国出版社名义出版了共产党人和左翼人士列宁、斯大林、毛泽东、王明、吴玉章、胡绳、薛暮桥、翦伯赞等人的大批著作。在书店的迁址、扩展和运作中，父亲显露出了他在危局困境里对党组织的忠诚和独撑掌控的能力。

1938年9月，组织决定将总店迁往桂林。当时桂林由李宗仁、白崇禧控制，政治空气相对宽松，桂林一时成为全国著名的抗日文化城，全国知名文化人大批云集到这里。父亲在主持桂林新知书店总店期间，任桂林书业界党团支部负责人，组织关系由中共桂林八路军办事处李克农领导，李克农曾肯定地说："新知书店党的领导较强，徐雪寒华应申都是抗战前的老同志。"作为"抗战前的老同志"，政治上当然表现会更加成熟些。在桂林期间，父亲要求书店每月都需有进步新思想、新知识的新书出版。他不但事无巨细亲力亲为，而且还很下力气进行宣传。为了沟通广大读者与书店的联系，桂林新知书店创办了一份油印期刊《文化线》。欧阳文彬阿姨曾回忆说，华应申为《文化线》中的"开卷有益"栏目撰写了第一篇文章《历史的教训》。文章从1792年法国大革命说到第一次世界大战，又到沙俄十月革命，联系抗日战争，预言了正义战争必然胜利。文章发表后产生了广泛影响，读者纷纷来信要求多登这样的文章。接着，父亲又连续发表了《关于军队政治工作》和《从苏联叛国案到汪精卫》《神是人造的》等一系列文章,使"开卷有益"栏目成了《文化线》的重点。这些文章在抗战时期,大大提高了新知书店的影响力和战斗力。

当时店里招收了一些年轻人,没有工作经验,父亲耐心手把手地教他们,从打算盘、开发票、进货、打包,一直到他们站柜台、接待读者以及印刷、选择纸张,等等,

新知书店昆明分店

父亲都亲自一一示范,直到学会为止。据当时在桂林工作的年轻店员回忆,我父亲不但定期组织形势报告会,请人来讲战局、讲政策,提高员工的思想认识水平,培养全局观念。同时,他还很注意营造一种气氛,鼓舞大家的革命情绪。桂林店的任务,一是将上海出版的进步书籍中转到重庆等地,二是补充重庆印刷力量的不足,代印进步书刊。记得当时桂林代印的书刊《文学月报》《学习生活》桂林版,书籍有《恩格斯论〈资本论〉》《马恩科学的文学论》等。由于业务量大人员少,大家经常加班加点,工作不分彼此。划版样,校对,跑印刷厂,打包,送邮包……一起上阵。桂林分店的门市由早上的八点一直开到晚上九点,有时还要延长。发行《资本论》的头几天,店员们一边低声唱着《国际歌》,一边把店里布置得像办喜事一样。门市正中,一排崭新的精装本《资本论》,四周摆着《大众哲学》《新哲学大纲》和《政治经济学》等,读者则从早到晚川流不息。在这种非常热烈的气氛熏陶中,青年店员都产生了一种极强烈的革命自豪感。别看"新知"党员力量强,但有时思想工作也并不都那么好做。1941年1月,发生了震惊中外的"皖南事变"。2月,桂林生活书店被广西当局"限期停业",随后又遭武力封闭。新知书店也危在旦夕,国民党检查官曾两次来新知门市部,查抄走新出版的《联共党史》10本、《论共产党人》多册。为此,父亲派人去广西国民党省党部提出了严正抗议,要求退还查抄的书,但遭拒绝。此后,徐雪寒根据李克农转达的周恩来"分散、转移、隐蔽"的指示，要求新知在查封之前，抢先撤退，以保存干部，保持据点，减少损失，迎接更残酷的新战斗。当时，几个思想激进的年轻人想不通，认为不该自动停业，而应让当局来查封，以暴露国民党的反共真面目，扩大党在读者群众中的影响。父亲对他们进行了耐心的说服教育，细致分析政治形势后，告诉他们，新知书店主动收摊，改为由文化供应社接办，其实是错综复杂的政治高压下保存进步出版实力的巧妙对策。大家思想通后，马上做了存书和财产移交处理，一夜之间神速转移。书店职员沉着而坚定地分别踏上了新的征途。

徐雪寒伯伯后来赞许我父亲说："华应申团结全店同志，发挥党支部战斗堡垒领导作用"，使新知书店"不但会做生意，还是一支文化战斗队，一所革命学校，""领头人就是应申。"

许涤新（1906—1988）马克思主义经济学家。原名许声闻。广东揭阳人。抗战初期，参与创办《群众》周刊和《新华日报》，并任《群众》副主编。新中国成立后，先后担任上海市军管会财经委员会常务副主任，上海市工商局局长，华东财经委员会副主任，复旦大学经济研究所所长，中共上海市委员会统一战线工作部副部长、部长，上海市人民政府秘书长，中央统一战线工作部副部长，国务院第八办公室副主任，国家工商行政管理总局局长、党组书记，中国社会科学院经济研究所所长，中国社会科学院副院长，汕头大学校长等职。是中共八大代表，民建第四届中央委员会副主席，第一、三全国人大代表，第五、六届全国人大常委会委员。著有《中国经济的道路》《现代中国经济教程》《官僚资本论》《论我国的社会主义经济》《广义政治经济学》等，译有《恩格斯论〈资本论〉》等。

"三联"在传播出版马列著作方面的贡献

许涤新

生活书店的成立，已经50年；读书生活出版社和新知书店的成立将近50年。由这三家书店所组成的三联书店，也已经30多岁了！我在祝贺它们的成长的时候，禁不住要回忆它们的艰苦奋斗的过去！

首先使我回忆的是生活书店。生活书店是从邹韬奋同志的《生活》周刊发展而来的。"九一八"事变，特别是"一二八"事变之后，《生活》周刊的政治态度越来越进步。它的暴露国统区农村破产的通讯，它的反对纳粹德国的国际评论，都是引人注目的。那时，我正在"社联"（"中国社会科学家联盟"的简称，同"左翼作家联盟"["左联"]一样，都是"中国左翼文化总同盟"["文总"]领导下的组织，都是中国共产党领导下的文化群众团体）工作。为了

本文原载三联书店文献史料集编委会编《生活·读书·新知三联书店文献史料集》下册，三联书店2004年版。

教育群众，我经常劝"社联"的同志，要用《生活》作为读物，因为它的政治观点越来越同左翼文化运动相同，而它又是公开合法的刊物。不仅如此，日本帝国主义在上海发动"一二八"战争之后，生活书店在法租界的陶尔斐斯路开设了一家设备简陋的门市部，我经常到这个门市部看书买书，并利用它作为接头的地点。

新知书店是怎样组织起来的，我不清楚。至于《读书生活》的出版，却和我有了一点关系。《读书生活》是从那个设在南京路慈淑大楼的申报流通图书馆发展而来的。这件事要归功于后来成为救国会七君子之一而在日本投降后在昆明被国民党特务用无声手枪暗杀的李公朴先生。李公朴说服《申报》老板史量才设立这个为读者服务的图书馆；又进一步说服史量才在《申报》上开辟一个回答读者的问题的副刊——《读书生活》。当时由李公朴推荐而在申报流通图书馆和《申报》副刊《读书生活》负责的是柳湜同志，他是"社联"的一位盟员。为了提高理论问题的质量，他要求"社联"派出一位有理论修养的盟员来。"社联"党团考虑结果，决定派艾思奇同志去担负这一工作。从此，老艾就从上海泉漳中学的教师变为《读书生活》的编辑了。当时的政治形势，当时的追求光明的广大读者的如饥似渴的读书要求，促使《读书生活》从《申报》副刊发展成为独立的半月刊。艾思奇同志的风行一时的《大众哲学》就是他在这个半月刊上发表的文章编集而成的。

大约是在《读书生活》刚改为半月刊的时候，我就被国民党反动派所逮捕,并被投入苏州盘门外的伪陆军监狱。抗战爆发,国民党反动派被迫释放政治犯,我就是在1937年8月31日被无条件释放的。为了找党组织,我同几位同时出狱的同志在9月初到了上海。一到上海,就听到《读书生活》已经发展成为一个独立的出版社,并且准备出版中译本《资本论》。这是一个多么使人高兴的消息啊!国际无产阶级革命导师的这部光辉巨著之译成中文,那是大革

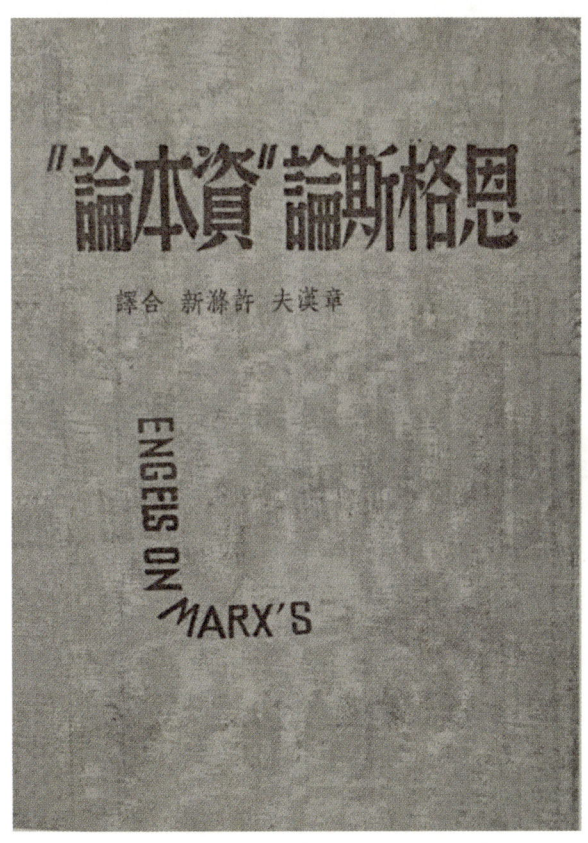

章汉夫、许涤新翻译的《恩格斯论〈资本论〉》

命失败以后全国革命青年的热切期望。陈豹隐（即当过北大教授的陈启修）只译了第一卷第一章（《商品与货币》），译文比英译本还要难读。侯外庐同志译了第一卷全卷，稿子送到商务印书馆，压了几年。日本帝国主义在上海发动"一二八"战争的时候，商务的编辑部毁于炮火，侯老的那部《资本论》译稿，也化为灰烬了。在那个暗无天日的社会里，在那个被国民党反动派摧残得奄奄一息的出版界里，有谁能有条件把这部200多万字的巨著全部译成中文呢？有哪个出版社有决心、有胆量敢出版这一部使资产阶级反动派发抖的《资本论》呢？感谢郭大力、王亚南两位同志的劳作！感谢读书生活出版社的大力支持，马克思这部前无古人的辉煌巨著，终于在上海排印出版了。不久就运到内地，国民党反动统治的心脏——雾都重庆也公开发行了！《资本论》中译本的出版，有力地推动了我国社会科学的发展和提高，一直到今天，这个译本还具有重大的价值。

我是生活、读书、新知以及三联书店的一个读者；同时，又是它们的一个作者。我有几本给读者有点印象的著作，就是这几家书店出版的。读书生活出版社在抗战中期，曾为我出版了《恩格斯论〈资本论〉》的中译本；生活书店在日本投降后曾为我出版了《中国经济的道路》；新知书店也在日本投降后曾为我出版了《现代中国经济教程》。在1947年秋间的香港，新知书店的负责人鼓励我写《广义政治经济学》。1949年春，当这部书第一卷交稿时，三家书店已经组成三联，因此，我的这部《广义政治经济学》，从第一卷到第三卷就都由三联书店出版了。作为一个读者，我要感谢三联；作为一个作者，我也要感谢三联，因为三联及其前身，都曾给我以鼓励和支持。

生活、读书、新知和三联书店，都是在艰难困苦中萌芽的，都是在国民党反动派的压迫、摧残之下挣扎过来的。只要读一读韬奋的《抗战以来》，就可以看清国民党反动派对于进步文化事业的残酷摧残，就可以看清这三家书店在国民党反动统治下过着什么日子。但是，有了广大读者的热烈支持，反动派是没法把这几家进步出版社扼杀的。它们不但没有被扼杀，而且在解放区，在海外，特别是在解放后的全国，大大地发展起来了。前程似锦，我在期望着三联的新发展、新成绩！

编后记

中国共产党成立一百多年来，世界历史发生了翻天覆地的变化。马克思恩格斯开创并为之献身的共产主义事业，已经成为千千万万中国劳动人民的伟大实践，并生机勃勃地向前发展。我们要时刻铭感作为科学的革命学说的马克思主义所散发出的足以与日月同辉的光芒，同时也不能忘怀马克思主义传入我国的艰辛历程。

20世纪初期，马克思主义经日本、俄国、西欧等渠道辗转传入中国，为寻求救亡图存、振兴中华的先进中国人带来了方向指引和改变现实的科学真理。在此过程中，一大批翻译家们用他们的热血铸就了永不褪色的马克思主义经典著作翻译事业。现在呈现在读者面前的这部著作，记录了新中国成立以前为我国马克思主义经典文献翻译事业作出突出贡献的翻译家们的感人事迹。本册共计收录回忆文章53篇，包括有关48位翻译家、出版家的口述、回忆文献，其中有我国共产主义运动先驱、传播马克思主义第一人李大钊，《共产党宣言》首译者陈望道，翻译最畅销红色经典文献的秦邦宪，等等。

当然，在马克思主义传播史上，还有许许多多作出重要贡献的翻译家们，但因未能查找到相关口述或回忆文献，以及很多翻译家的后人们无从联系，加之编者的能力和水平有限，使得部分马列主义经典著作翻译家没有被收录进这部书稿，这也是我们的一大遗憾。

  本书所收有关翻译家、出版家的口述和回忆文献，基本上以他们开始从事马列主义经典著作编译的时间为序。考虑到便于读者了解一些重要著作，如《资本论》的编译、出版历史，我们将有关《资本论》的文献集中排列在一起。

  在编辑过程中，对于一些仍存在争论的问题，以及回忆内容与史实或结论不完全一致的地方，我们出于对口述者的尊重，尽量不予以修改，原汁原味地呈现给大家。此外，由于现实条件的限制，为了更全面、更丰富地呈现更多翻译家们的风采，我们采用了部分已经刊发的文稿，在此表示感谢。

  最后，我们还要特别感谢李大钊的后人李亚中先生、陈望道的后人陈振新先生、李达的后人李典女士、恽代英的后人恽梅女士、郭沫若的后人郭平英女士、郑超麟的后人郑晓方女士、秦邦宪的后人秦红女士、何思敬的后人何理良女士，以及湖北大学田子渝教授、清华大学王宪明教授、青岛大学李曙新教授、军事科学院张树德研究员、《百年潮》编辑部杨琳老师的指导、支持和帮助。

  由于编者能力和客观条件的限制，本书难免存在不当之处。我们恳请广大读者及有关专家学者批评指正。

编 者
2024 年 9 月

图书在版编目（CIP）数据

播撒火种的伟大先驱 / 张甲秀，方闻昊主编． -- 北京：中央编译出版社，2025.4. --（马克思主义经典文献编译口述史 / 魏海生总主编）． -- ISBN 978-7-5117-4880-5

Ⅰ．D61

中国国家版本馆CIP数据核字第20254F817J号

播撒火种的伟大先驱

选题策划	张远航
责任编辑	彭永强　李媛媛
责任印制	李　颖
出版发行	中央编译出版社
网　　址	www.cctpcm.com
地　　址	北京市海淀区北四环西路69号（100080）
电　　话	（010）55627391（总编室）　（010）55627313（编辑室） （010）55627320（发行部）　（010）55627377（新技术部）
经　　销	全国新华书店
印　　刷	北京盛通印刷股份有限公司
开　　本	710毫米×1000毫米　1/16
字　　数	285千字
印　　张	29.75
版　　次	2025年4月第1版
印　　次	2025年4月第1次印刷
定　　价	125.00元

新浪微博：@中央编译出版社　　　微信：中央编译出版社（ID：cctphome）
淘宝店铺：中央编译出版社直销店（http://shop108367160.taobao.com）（010）55627331

本社常年法律顾问：北京市吴栾赵阎律师事务所律师　闫军　梁勤
凡有印装质量问题，本社负责调换，电话：（010）55627320